核心素养下 XIN SU YANG XIA

初中语文 CHU ZHONG YU WEN 教学方法探究 JIAO XUE FANG FA TAN JIU

张 正 王成效 张昭晗 著

哈尔滨出版社
HARBIN PUBLISHING HOUSE

图书在版编目（CIP）数据

核心素养下初中语文教学方法探究/张正，王成效，
张昭晗著 .--哈尔滨：哈尔滨出版社，2024.11.
ISBN978-7-5484-8248-2

Ⅰ.G633.302

中国国家版本馆 CIP 数据核字第 2024UM6228 号

书　　名：**核心素养下初中语文教学方法探究**
HEXIN SUYANG XIA CHUZHONG YUWEN JIAOXUE FANGFA TANJIU

作　　者：张　正　王成效　张昭晗　著
责任编辑：韩伟锋
封面设计：百家尚书

出版发行：哈尔滨出版社（Harbin　Publishing　House）

社　　址：哈尔滨市香坊区泰山路 82-9 号　邮编：150090

经　　销：全国新华书店

印　　刷：北京虎彩文化传播有限公司

网　　址：www.hrbcbs.com

E－mail：hrbcbs@yeah.net

编辑版权热线：（0451）87900271　87900272

开　　本：787mm×1092mm　1/16　印张：14　字数：250 千字

版　　次：2024 年 11 月第 1 版

印　　次：2024 年 11 月第 1 次印刷

书　　号：ISBN978-7-5484-8248-2

定　　价：68.00 元

专著简介

　　《核心素养下初中语文教学方法探究》一书系统性地阐述了在当前教育背景下，如何将核心素养理念深入融合初中语文教学中。本书全面分析了核心素养的定义、重要性及其在教育体系中的地位，进而详细探索了核心素养与语文学科之间的紧密关联，为语文教学活动的设计提供了理论支撑和实践指导。书中不仅主要研究了核心素养对教学目标、课程内容、教学方法、教学资源以及教师专业发展的影响，而且深入探讨了如何通过有效的课程设计与实施、评价体系与反馈机制、教学环境与学习氛围的创设，以及教育技术与资源的整合，促进学生核心素养的全面发展。本书旨在为初中语文教师提供一套实用的教学策略和方法，帮助他们在教育实践中更好地实现核心素养的培养目标，进而实现学生语文能力的提升和个人素质的全面发展。

前　言

　　《核心素养下初中语文教学方法探究》这本书旨在深入解析核心素养在当代教育体系中的重要性，特别是它与语文教学的紧密联系。我们将探讨如何通过有效的教学策略和内容选择，促进学生在语文学科上的全面发展，进而实现教育的综合目标。在教育领域，核心素养已成为一个关键词，它不仅仅是知识的积累，更重要的是能力、情感、态度和价值观的综合培养。本书通过深入的研究和实践案例分析，展现了核心素养在初中语文教学中的实际应用，包括如何设计语文教学活动，评价学生的核心素养，以及如何结合现代信息技术提升教学效果。从核心素养的定义到它在教育体系中的地位，本书详尽地分析了这一概念的各个方面。我们将看到，核心素养不仅影响着教学目标的设定和课程内容的选择，还深刻地影响着教学方法的创新和教学资源的利用。本书还关注了教师的专业发展以及如何利用教育技术和资源整合来提高教学效果。而且在教育的新时代背景下，本书提供了一种全新的视角来审视和改进初中语文教学。它不仅是给教育工作者的一份指南，也是给关心教育，特别是关心语文教育的每一位读者的启发。我们希望，通过对《核心素养下初中语文教学方法探究》这本书的阅读，读者能够获得关于如何更有效地培养学生核心素养的深刻体会，从而在教学实践中取得更佳的成效。

目　录

第一章　核心素养概述

　　这一章全面介绍了核心素养的概念、其在当代教育中的重要性以及如何在各个方面得到应用和评估。首先，通过对核心素养定义的阐述，明确了它包含的知识、技能、态度和价值观，并探讨了其与个人能力发展的关系。紧接着，探讨了核心素养在整个教育体系中的地位，包括在教育政策、课程设置、师资培训及教学方法中的体现。接下来，着重讨论了核心素养与语文学科之间的关系，强调语文教育如何促进核心素养的发展，以及语文素养在学生综合素质提升中的作用。之后，聚焦于设计语文教学活动时应如何考虑核心素养，包括教学目标的设定、活动内容的设计、教学方法的选择等方面。最后，探讨了评价核心素养的标准与方法，强调了评价过程的重要性和挑战，以及如何通过评价促进素养的提升。章节末还概述了国内外在核心素养研究方面的最新动态和未来的研究方向，为读者提供了一个关于核心素养研究的全球视角。

第一节　核心素养的定义与重要性

一、核心素养定义

核心素养是一个综合性的概念，它不仅仅涉及知识与技能的获取，还包括了态度和价值观的培养。这是一个在教育、社会和职业发展领域被广泛讨论和重视的概念。核心素养的定义可以因不同的背景、文化和学科而有所不同，但在整体上，它们都指向一个人所需具备的基本素养和能力，以在现代社会中生活、学习和工作。

核心素养包含了一定的知识。这些知识不仅仅是关于特定学科或领域的理论知识，还包括了对于世界的基本认知、社会现象的理解、历史、文化、科学等方面的知识。在一个全球化、信息化的时代，具备广泛而系统的知识可以帮助人们更好地理解世界，从而更好地适应社会的变化。

核心素养也包括了各种技能的培养。这些技能不仅仅是指基本的读写能力和计算能力，还包括了批判性思维、沟通能力、问题解决能力、团队合作能力、创新能力等。这些技能是在不同环境中进行交互、合作和竞争所必需的，同时也是个人成长和职业发展所需要的关键要素。

除了知识和技能，态度也是构成核心素养的重要部分。积极的学习态度、责任感、坚韧不拔、自我反思等都是培养核心素养所必需的。在面对困难和挑战时，拥有良好的态度可以帮助人们更好地应对，同时在成功时也能保持谦逊和感恩之心，这些都是人格修养的体现。

核心素养还涉及价值观的培养。价值观是人们对于美好生活和社会秩序的理解和追求，包括了道德观念、公民意识、社会责任感等。一个拥有良好价值观的人会在行为中展现出对社会的尊重、对他人的关爱和帮助，这对于建设和谐的社会和共同体至关重要。

核心素养不仅仅是一种能力的表现，更是一种综合素养的体现。它涵盖了知识、技能、态度和价值观等多个方面，是现代社会中一个人所必备的基本素养。在教育过程中，应该重视全面培养学生的核心素养，而不仅仅是注重知识的灌输，只有这样，学生才能真正地适应社会、立足未来。

二、素养与能力的关系

素养与能力之间存在着紧密的联系，二者相辅相成，共同促进个人的全面发展。

素养通常指的是一个人综合的品质和修养，包括思维素养、情感素养、道德素养、审美素养等多个方面。它不仅仅是知识的积累，更关乎个体的品格、思维方式以及对世界的认知和理解。素养的提升需要从多个维度进行，它是一个人综合素质的体现，是对个体的全面要求。

而能力，则是一个人完成某项任务或者应对某种情境所具备的潜在能量。它是由知识、技能和态度等因素综合而成的，涵盖了认知、情感和行为方面的表现。人的能力可以通过学习、实践和经验的积累不断提升，它与素养一样，也是一个持续发展的过程。

在素养与能力的关系中，首先需要明确的是，素养是能力发展的基础。一个人如果缺乏基本的素养，如良好的道德素养、扎实的思维素养等，很难在各个领域中展现出优秀的能力。例如，一个人即使具备了丰富的专业知识和技能，但如果缺乏基本的道德素养和情感素养，他的行为也很可能会受到限制，甚至走向错误的方向。因此，素养为个人能力的发展提供了重要的基础。

素养与能力之间存在着相互促进的关系。素养的提升可以促进个人能力的发展，而个人能力的提升又反过来促进了素养的进步。举个例子，一个人通过不断提升自己的思维素养，学会了更加有效地分析问题、解决问题，这就会使他在工作和生活中表现出更强的执行力和创造力，从而进一步提升了他的能力水平。反之，一个人通过不断锻炼自己的专业技能和实践经验，也可以增强自己的思维能力和创新能力，从而提升自己的思维素养。因此，素养与能力之间形成了一种良性循环，共同推动个人的全面发展。

素养和能力的提升也需要在具体的实践中相互结合。单纯地追求知识和技能的积累，往往难以真正提升个人的综合素养；而只强调素养的培养，又可能导致实际能力的匮乏。因此，在个人发展的过程中，需要将素养和能力结合，通过理论学习与实践经验的结合，不断提升自己的综合素质和实际能力。

需要指出的是，不同的素养对于个人能力的发展具有不同的重要性。在当今社会，除了传统的知识和技能之外，情感素养、创新素养等也越来越受到重视。这些素养不仅可以影响个人的情感表达和人际关系，还可以激发个人的创造力和创新能力，从而促进个人能力的全面提升。因此，要想实现个人能力的全面发展，就需要注重多方面素养的培养，使个人在各个方面都能够得到充分的发展。

素养与能力之间存在着紧密的联系，二者相辅相成，共同促进个人的全面发展。素养为个人能力的发展提供了基础，而个人能力的提升又反过来促进了素养的进步。在个人发展的过程中，需要将素养和能力结合，在理论学习与实践经验中相互促进，以实现个人能力的全面提升。同时，要注重多方面素养的培养，使个人在各个方面都能够得到充分的发展。只有这样，个人才能够在竞争激烈的社会中立于不败之地，实现自身的价值和目标。

三、当代重要性

在当代社会，核心素养的重要性越发突显，这是由多种因素共同作用的结果。在现代社会，人们面临着诸多挑战和变革，这些挑战涉及技术、经济、社会、文化等各个方面。在这种情况下，拥有一定的核心素养成了人们应对挑战、适应变革的重要基础。

技术的快速发展使得核心素养变得尤为重要。当代社会处于信息时代的浪潮之中，科技进步以惊人的速度改变着人们的生活方式和工作方式。人们需要具备良好的信息素养，能够迅速获取、评估和利用信息。此外，对于数字技术的理解和运用也成了必备的能力。随着人工智能、大数据、云计算等技术的不断普及，仅仅具备基本的数字素养已经远远不够，人们需要具备更深层次的理解和应用能力。这种技术变革带来了新的职业和工作方式，而适应这种变革的关键在于具备强大的学习能力和适应能力，这也是核心素养的一部分。

全球化的挑战使得跨文化交流和理解变得尤为重要。当今世界已经成为一个全球化的世界，人们的生活和工作往往跨越国界，这就需要人们具备跨文化交流的能力和跨文化理解的素养。在跨文化交流中，语言能力、文化意识、沟通技巧等都是至关重要的因素。只有具备了这些素养，人们才能够在国际舞台上取得更好的发展和合作机会。同时，全球化也带来了各种各样的挑战，例如文化冲突、资源竞争、环境问题等，而解决这些挑战往往需要跨国合作和共同努力。在这种情况下，具备全球意识和全球责任感的核心素养尤为重要。

社会变革和多元化使得人们需要具备更强的创新能力和批判思维。当代社会不断发生着社会结构、经济模式、文化观念等方面的变革，这就需要人们具备创新能力和变革意识。创新能力不仅仅指的是新技术的发明和创造，还包括了新的思维方式、新的组织形式等方面。而批判思维则是指对信息和观点进行深入分析和评估的能力，避免盲从和被误导。在一个信息泛滥的时代，批判思维尤为重要，它能够帮助人们筛选信息、辨别真假、厘清思路。这种创新能力和批判思维的培养需要从教育和社会环境两个方面入手，这也是培养核心素养的关键所在。

人们在当代社会需要具备良好的社会责任感和道德素养。随着社会的发展和进步，人们的生活水平得到了极大的提高，但同时也伴随着一些负面问题，例如资源浪费、环境破坏、社会不公等。在这种情况下，人们需要具备一定的社会责任感和道德观念，关心社会公益事业，尊重他人的权利和利益，以及维护社会的公平正义。只有具备了这些素养，人们才能够在社会中做出积极的贡献，促进社会的和谐与稳定。

当代社会中核心素养的重要性体现在多个方面，包括技术发展、全球化、社会变革、创新能力、批判思维、社会责任感等。这些素养不仅是个人发展的基础，也是社会进步的动力。因此，我们应该重视核心素养的培养，努力提高自身素质，为建设更加美好的社会做出自己的贡献。

四、教育目标的转变

在新时代教育中，核心素养的概念逐渐成为教育目标转变的核心。这一转变反映了社会和经济的快速发展，以及人类认知和技能需求的变化。传统的教育目标往往注重知识的传授和学生的应试能力培养，而核心素养的引入则更注重培养学生全面发展和适应未来社会的能力。

核心素养是指在不同领域中，个体为了适应不断变化的环境和社会需求而具备的基本能力和技能。这些素养包括但不限于批判性思维、创造力、沟通能力、合作精神、信息素养、解决问题的能力等。与传统教育目标注重知识传授和应试能力培养不同，核心素养更加注重学生的综合素养和可持续发展能力，强调学生在不同情境下的自主学习和实践能力。

在新时代的教育中，核心素养被赋予了重要的地位，成为教育目标转变的中心。这种转变反映了社会对人才需求的变化和认知科学的发展。传统的教育目标强调学生的记忆和应试能力，忽视了学生的创造力、批判性思维和实践能力。然而，随着社会经济的发展和科技的进步，仅仅依靠死记硬背的知识已经无法满足未来社会对人才的需求。相反，社会更需要具备创新意识、问题解决能力和团队合作精神的人才。因此，教育目标转变的核心是培养学生的核心素养，使其具备适应未来社会发展的能力。

核心素养下初中语文教学方法探究

核心素养的引入对教育体系和教学实践产生了深远影响。首先，它改变了教育的价值取向和教学方式。传统的教育注重知识的灌输和应试能力的培养，而核心素养的培养则更注重学生的自主学习和实践能力。教师不再是简单地向学生传授知识，而是扮演着引导者和激励者的角色，帮助学生发现和发展自己的潜能。教学不再是单一的传授知识，而是通过多样化的教学方法和活动，激发学生的兴趣和创造力，培养他们的综合素养和能力。

核心素养的引入促进了教育评价体系的转变。传统的教育评价主要以考试成绩为导向，忽视了学生的综合素养和能力发展。然而，核心素养的培养强调学生的实际能力和创新潜力，这就需要采用多元化的评价方式来全面评价学生的表现。除了传统的考试评价外，还可以采用项目评价、作品评价、实践评价等方式，更加全面地评价学生的综合素养和能力发展。

核心素养的引入也促进了教育资源的重新配置。传统的教育资源主要集中在知识传授和应试培训方面，忽视了学生的实践能力和综合素养的培养。然而，随着核心素养教育的推广，越来越多的教育资源被用于开展实践教学和课外活动，为学生提供更多的机会来发展自己的能力和兴趣。同时，也促进了教育资源的均衡配置，使更多的学生能够享受到高质量的教育资源，实现个性化发展。

核心素养在新时代教育目标中占据了重要的位置。它反映了社会对人才需求的变化和认知科学的发展，强调培养学生的综合素养和可持续发展能力。核心素养的引入改变了教育的价值取向和教学方式，促进了教育评价体系的转变，促进了教育资源的重新配置。因此，核心素养不仅是教育目标转变的核心，也是教育体系和教学实践的重要驱动力，将对未来教育的发展产生深远影响。

五、终身学习的基础

终身学习是一个在当今社会变化迅速的时代中变得越发重要的概念。在这个信息爆炸的时代，知识的更新速度越来越快，技术的发展也日新月异，这意味着一个人仅仅通过学校阶段获得的知识和技能很快就会被淘汰。因此，终身学习不仅仅是一种生活态度，更是适应和应对社会变革的必要方式。在这种背景下，探究核心素养对终身学习的意义显得尤为重要。

核心素养是指一个人在多个方面的基本能力和素质，包括但不限于批判性思维、沟通能力、合作精神、创新能力、信息素养等。这些素养不仅是在学校阶段所学到的知识和技能，更是贯穿整个人生的能力和素质。终身学习的基础就是建立在这些核心素养的基础之上的。

批判性思维是终身学习的基础之一。在不断学习的过程中，我们需要对所接收到的信息进行分析和评价，判断其真实性和可信度。这就需要我们具备批判性思维的能力，能够辨别信息的来源、逻辑和背景，从而做出正确的判断。批判性思维不仅仅是学习知识的手段，更是一种生活态度，能够帮助我们在日常生活中做出明智的决策。

沟通能力也是终身学习不可或缺的一部分。在现代社会中，人们需要与他人进行频繁的交流和合作，而良好的沟通能力能够帮助我们更好地表达自己的观点，理解他人的想法，从而促进信息的交流和共享。在学习过程中，我们需要通过与他人讨论、交流和合作来获取新的知识和经验，而良好的沟通能力可以帮助我们更好地与他人合作，共同完成学习任务。

合作精神也是终身学习的重要组成部分。在现代社会中，很少有工作是可以独立完成的，而大部分工作都需要与他人合作。因此，培养合作精神是非常重要的。在学习过程中，我们需要与同学、老师甚至是陌生人进行合作，共同解决问题、完成任务。而通过合作学习，我们不仅可以从他人身上学到新的知识和经验，更可以锻炼自己的团队合作能力，提高自己的综合素质。

创新能力也是终身学习的重要组成部分。在当今社会，创新是推动社会进步和发展的关键。而创新能力就是指我们能够不断地提出新的想法、解决新的问题、创造新的价值。在学习过程中，我们需要不断地进行思考和实践，尝试新的方法和途径，从而培养自己的创新能力。而通过创新学习，我们不仅可以为自己的个人发展打下良好的基础，更可以为社会的发展做出积极的贡献。

信息素养也是终身学习的重要组成部分。在信息爆炸的时代，我们需要不断地获取、理解和利用信息。而信息素养就是指我们能够熟练地使用信息技术和工具，准确地获取和评估信息，从而做出正确的决策。在学习过程中，我们需要通过各种渠道获取信息，包括书籍、网络、媒体等，而良好的信息素养可以帮助我们更好地利用这些信息，从而促进我们的学习和成长。

核心素养对于终身学习具有重要意义。批判性思维、沟通能力、合作精神、创新能力和信息素养是终身学习的基础，它们不仅可以帮助我们更好地适应和应对社会变革，更可以促进我们的个人发展和社会进步。因此，我们应该重视核心素养的培养，不断地提升自己的终身学习能力，从而在这个竞争激烈的时代中立于不败之地。

第二节　核心素养在教育体系中的地位

一、教育政策中的核心素养

教育政策中的核心素养一直是各国教育体系中的重要议题，其涉及的方面广泛而复杂，旨在培养学生全面发展所需的基本能力和素养。核心素养是指在知识、技能和态度等多方面的综合表现，旨在使学生具备批判性思维、创新能力、沟通能力以及社会责任感等重要素质。在教育政策中，对核心素养的强调体现了对教育目标的重新审视和调整，力求使教育更加符合当代社会的需求，促进学生全面发展和社会进步。

中国的教育政策在近年来对核心素养的重视有所增强。2016 年，中国教育部发布了《关于深化新时代素质教育改革全面提高人民群众素质的意见》，提出要坚持以立德树人为根本任务，突出培养社会主义建设者和接班人的核心素养。该意见强调了学生的综合素养培养，包括思想道德素养、科学文化素养、健康体育素养、审美与创新素养等方面。通过这一政策，中国教育体系更加注重学生的全面发展，注重培养学生的创新能力和综合素养，而不仅仅是注重应试能力。

美国的教育政策也对核心素养有所强调。美国教育部于 2015 年发布了《基础教育法案》，该法案明确规定了对学生整体素养的培养目标。ESSA 强调了学生的综合素养，包括学术素养、职业素养和公民素养等方面。此外，美国各州也都有自己的教育政策，大多数州都强调了对学生的核心素养的培养，如加利福尼亚州的《教育进步法案》便将培养学生的创新能力、沟通能力和批判性思维能力列为教育目标之一。这些政策的出台使得美国的教育更加注重学生的综合素养，致力于培养具有全面发展能力的公民。

欧洲各国的教育政策也对核心素养进行了重视。欧洲联盟提出的"欧洲 2020 战略"将教育作为其战略的重要组成部分，强调了欧洲教育的核心目标是培养具备终身学习能力、适应未来社会需求的公民。欧洲各国教育政策中普遍注重学生的综合素养培养，如芬兰的教育体系就以培养学生的创新能力、合作精神和批判性思维能力为重点，而德国的《德国联邦教育和培训报告》则强调了学生的文化素养和社会参与能力等方面。这些政策使得欧洲教育更加注重学生的全面发展和社会责任感，培养出更多具有综合素养的人才。

各国教育政策对核心素养的强调体现了对当代教育目标的重新认识和调整，旨在使教育更加符合当代社会的需求，促进学生全面发展和社会进步。这些政策的实施将有助于培养出更多具有综合素养和创新能力的人才，为国家的发展和进步提供有力支撑。

二、教育体系整合

教育体系整合是指在整个教育过程中，通过将各个教育阶段和层次的内容、方法和目标进行有机结合，以实现教育的连贯性、系统性和有效性。而核心素养是指在学习和成长过程中培养和发展的关键能力和品质，它们在不同的教育阶段都有着重要的地位。因此，如何在不同的教育阶段对核心素养进行整合和强调，是教育体系整合的重要内容之一。

在学前教育阶段，核心素养的培养应该以儿童的身心发展为出发点，注重培养他们的基本生活技能、社交能力和情感认知能力。比如，通过游戏和互动的方式，培养儿童的团队合作精神和沟通能力，同时引导他们学会自我管理和情绪调节。在这个阶段，教育体系可以整合各种富有趣味性的活动，以促进儿童的身心健康发展，并为其今后的学习打下良好的基础。

在基础教育阶段，核心素养的培养应该更加系统和全面。学校教育应该注重学科知识的传授，同时也要注重培养学生的批判性思维、创新能力和解决问题的能力。例如，在教学过程中，可以采用项目化学习、探究式学习等方法，让学生在实际操作中掌握知识，培养他们的动手能力和实践能力。此外，还应该注重培养学生的跨学科思维能力，让他们能够将不同学科的知识进行整合和应用，解决复杂的现实问题。

在高等教育阶段，核心素养的培养应该更加注重学生的自主学习能力和终身学习能力。大学应该为学生提供更多的选择空间，让他们根据自己的兴趣和能力选择学习的方向和课程。同时，还应该注重培养学生的独立思考能力和批判性思维能力，让他们能够进行深入的学术研究和探索。此外，还应该注重培养学生的团队合作能力和跨文化交流能力，让他们能够适应全球化的教育环境和职场需求。

教育体系整合应该以核心素养的培养为核心，通过整合不同教育阶段的内容、方法和目标，全面提升学生的综合素质和能力。只有这样，才能真正实现教育的目标，为学生的全面发展和社会的可持续发展做出贡献。

三、师资培养与素养

教师是教育事业中至关重要的一环，他们的素养和能力直接影响到教育质量和学生的成长。因此，教师培训中核心素养的培育方法显得尤为重要。在探讨这一问题之前，我们需要先明确教师应该具备的核心素养是什么。通常来说，教师的核心素养包括但不限于以下几个方面：

专业知识与教育技能。教师需要具备扎实的学科知识和教育理论知识，能够灵活运用这些知识指导教学实践。此外，教师还应该掌握一定的教学方法和技能，能够有效地组织教学活动，引导学生进行学习。

教师的人文素养和情感素养。教师不仅是知识的传递者，更是学生的引路人和榜样。因此，教师需要具备较高的人文素养，包括对人文精神和人文价值的理解与尊重，以及对学生的关爱和尊重。同时，教师还应该具备情绪稳定、善于沟通、富有同情心和责任感等情感素养，能够与学生建立良好的师生关系，促进学生的健康成长。

教师的创新能力和学习能力。教育事业日新月异，教师需要不断地更新自己的知识和教育理念，不断地提升自己的教育水平和教学能力。因此，教师需要具备较强的创新能力和学习能力，能够适应不同的教学环境和教学需求，不断地改进自己的教学方法和教学策略，提高教学效果。

教师的团队合作能力和领导能力。教师不仅需要在课堂上独当一面，还需要与学校的其他教师、教育行政部门和家长等形成良好的合作关系，共同促进学校的发展和学生的成长。因此，教师需要具备良好的团队合作能力，能够与他人合作共同完成教育任务。同时，教师还应该具备一定的领导能力，能够在团队中起到带头作用，引领团队不断前进。

针对以上教师核心素养，可以采取多种方法进行培育：建立完善的教师培训体系。教师培训是提升教师素养的重要途径，可以通过各种形式的培训活动，如教学研讨会、学术讲座、教学观摩等，为教师提供学习和交流的平台，帮助教师不断提升自己的教育水平和教学能力。

加强教师的专业发展。教师的专业发展包括学科知识的深造和教育理论的学习，可以通过参加学术会议、阅读教育专业书籍和期刊、进行教育研究等方式进行。此外，还可以邀请专家学者到学校举办讲座和指导，为教师提供专业指导和帮助。

注重教师的情感培养和人文素养的培育。可以通过心理健康教育、师德师风教育等方式，加强教师的情感培养和人文素养的培育，培养教师的责任感、同情心和尊重他人的精神，促进师生之间的和谐关系。

还可以通过课程设置和教学实践等方式培养教师的创新能力和学习能力。可以设置一些开放式的课程，鼓励教师开展教育教学研究和教学改革实践，提高教师的创新意识和实践能力。同时，可以加强教师的教学观摩和交流，鼓励教师相互学习和借鉴，不断提高自己的教学水平。

加强教师的团队合作和领导能力的培养。可以通过组织教研活动、制订教学计划、组织课题研究等方式，加强教师之间的团队合作，提高教师的团队合作能力。同时，可以通过选拔优秀教师担任教学组长或学科带头人等方式，培养教师的领导能力，引领团队共同进步。

四、课程设置中的体现

在课程设置中融入核心素养的元素是现代教育的一个重要趋势。核心素养不仅仅是传统学科知识的学习，更是涉及学生综合能力的培养，包括批判性思维、沟通能力、创新能力、社会责任感等方面。因此，各学科课程的设计需要考虑如何有效地融入这些核心素养，以培养学生全面发展的能力。

数学课程是培养学生逻辑思维、分析问题和解决问题能力的重要途径。在数学课程中，除了传授基本的数学概念和算法外，还应该注重培养学生的批判性思维和解决问题的能力。例如，在解决实际问题的过程中，学生需要运用数学知识进行分析，提出假设，并通过逻辑推理和数学证明来验证假设的正确性。这样的学习过程不仅有助于学生掌握数学知识，还可以培养其批判性思维和问题解决能力。

语文课程是培养学生沟通能力和批判性思维的重要途径。语文课程不仅仅是传授语言知识和文学常识，更重要的是培养学生的语言表达能力和批判性思维能力。在语文课程中，可以通过让学生阅读不同类型的文学作品、参与讨论和辩论等方式来培养其阅读理解能力、批判性思维能力和沟通能力。此外，语文课程还可以通过写作训练等方式培养学生的语言表达能力和创新能力，使其能够清晰、准确地表达自己的观点，并能够运用语言解决实际问题。

科学课程是培养学生科学素养和创新能力的重要途径。科学课程不仅仅是传授科学知识和实验技能，更重要的是培养学生的科学思维和创新能力。在科学课程中，可以通过设计探究性实验、开展科学项目等方式来培养学生的科学探究能力和创新能力。例如，可以让学生通过实验设计和数据分析来验证科学理论，并通过科学项目来解决实际问题，从而培养其科学思维和创新能力。

社会学科课程是培养学生社会责任感和全球视野的重要途径。社会学科课程不仅仅是传授社会知识和历史常识，更重要的是培养学生的社会责任感和全球视野。在社会学科课程中，可以通过开展社会实践活动、参与社会问题研究等方式来培养学生的社会责任感和全球视野。例如，可以让学生参与社区服务项目，了解社会问题，并通过研究社会问题的原因和解决方案来培养其社会责任感和全球视野。

各学科课程中都应该注重融入核心素养的元素，以培养学生全面发展的能力。通过数学课程培养学生的批判性思维和问题解决能力，通过语文课程培养学生的沟通能力和创新能力，通过科学课程培养学生的科学思维和创新能力，通过社会学科课程培养学生的社会责任感和全球视野，学生在学习过程中不仅掌握了基本的学科知识，还培养了综合能力，为其未来的发展打下良好的基础。

五、教学方法与核心素养

现代教学方法在促进核心素养的培养方面扮演着至关重要的角色。核心素养是指学生在学习过程中所获得的基本能力和综合素质，它包括了认知能力、情感态度、社会交往能力等多方面的素养。教学方法作为实现教学目标的手段之一，不仅仅是传授知识，更是塑造学生的核心素养。

现代教学方法注重学生主体地位，强调学生的自主学习和探究。传统的教学方法往往是老师为主导，学生被动接受知识。而现代教学方法倡导以学生为中心，通过启发学生的思维，激发学生的学习兴趣和动力。例如，项目式学习、问题导向学习等教学方法能够让学生在解决问题的过程中培养批判性思维、创新能力等核心素养。学生在实践中自主探究，从而培养了解决问题的能力，提升了综合素质。

现代教学方法强调跨学科和跨文化的整合。随着社会的发展，知识的边界日益模糊，跨学科的教学方法能够让学生更好地理解知识的关联性，促进综合素质的培养。例如，STEM教育（科学、技术、工程、数学）就是一种跨学科教学方法，它将不同学科的知识融合在一起，让学生通过实践应用知识，培养解决实际问题的能力，提升创新精神和团队合作能力。同时，跨文化的教学方法也能够让学生更好地理解和尊重不同文化背景下的价值观和习惯，培养学生的国际视野和跨文化交流能力。

现代教学方法注重个性化教育，充分考虑学生的差异性和多样性。每个学生都是独一无二的，他们有着不同的学习风格、兴趣爱好和能力水平。因此，教师需要根据学生的特点，采用不同的教学策略和方法，以最大程度地激发学生的学习潜能。个性化教育能够让学生更好地发挥自己的优势，弥补自己的不足，培养自信心和自我管理能力。通过个性化教育，学生能够更加全面地发展自己的核心素养，实现个性化成长。

现代教学方法注重实践与反思的结合。教育的目的不仅是传授知识，更是培养学生的能力和素养。因此，教学应该贯穿于学生的实践和反思过程中。例如，问题解决式学习强调学生通过解决实际问题来应用所学知识，而反思则是对解决问题过程的总结和思考，让学生能够发现问题、总结经验、不断完善自己的能力。通过实践与反思的结合，学生能够更好地掌握知识和技能，培养批判性思维、创新能力等核心素养。

现代教学方法注重情感与价值观的培养。除了传授知识和技能，教育更应该关注学生的情感态度和价值观。现代社会对于人才的需求不仅仅是具备一定的专业知识和技能，更重要的是要有正确的价值观和社会责任感。因此，教学应该注重培养学生的道德情操、社会责任感和团队合作精神等。例如，通过社会实践活动、志愿服务等方式，让学生深刻体会到社会的需要，激发他们的社会责任感和奉献精神。同时，教育也应该注重培养学生的情感管理能力，帮助他们树立正确的情感态度，增强心理健康和抗挫能力。

现代教学方法在促进核心素养的培养方面发挥着至关重要的作用。通过学生主体地位、跨学科和跨文化整合、个性化教育、实践与反思的结合以及情感与价值观的培养等方式，现代教学方法能够全面提升学生的认知能力、情感态度、社会交往能力等核心素养，使他们更好地适应未来社会的发展需求。

第三节　核心素养与语文学科的关联

一、语文学科的特点

语文学科，作为一门核心学科，是学生学习和成长过程中至关重要的一部分。它不仅仅是传授文字知识和语言技能，更是培养学生综合素养、人文精神和思维能力的重要途径。

语文学科的特点之一在于其涉及的范畴广泛。语文学科包含了语言、文字、文学等多个方面的内容。语言作为人类最基本的沟通工具，不仅仅是一种简单的工具性工具，更是一种文化、思想和价值观的载体。文字则是语言的表征形式，通过文字，人类记录了自己的历史、文化和思想。而文学则是语言和文字的艺术表现形式，通过文学作品，人们表达情感、探讨人生、传递智慧。因此，语文学科的范畴不仅仅是语言文字本身，更涵盖了人类的文化、历史和思想。

语文学科的特点之二在于其强调的是人文关怀和情感体验。与其他学科相比，语文学科更加注重人文精神的培养和情感体验的传递。语文学科不仅仅是为了传授知识，更重要的是要培养学生对文化的理解和情感的体验。通过文学作品的欣赏和阅读，学生可以感受到人类的情感共鸣，理解人生的意义，培养对美的追求和审美情趣。因此，语文学科在教学中注重培养学生的人文精神和情感体验，使他们成为有情感、有文化、有品位的人。

语文学科的特点之三在于其注重思维能力和创造性思维的培养。语文学科不仅仅是传授知识，更重要的是培养学生的思维能力和创造性思维。语文学科教学注重培养学生的逻辑思维、批判性思维和创造性思维。通过对文学作品的分析和解读，学生可以培养批判性思维，学会分析问题、辨析观点，培养独立思考能力。同时，通过作文、写作等形式的训练，学生可以培养创造性思维，学会表达自己的想法、感受和观点。因此，语文学科在教学中注重培养学生的思维能力和创造性思维，使他们成为有思想、有创意的人。

语文学科的特点之四在于其注重跨学科的整合和综合素养的培养。语文学科不仅仅是一门独立的学科，更重要的是与其他学科相互交融、相互渗透。语文学科教学不仅仅是传授语言文字知识，更注重培养学生的综合素养和跨学科能力。通过对历史、地理、哲学等多个学科的文本进行分析和解读，学生可以拓展自己的知识面，提升自己的综合素养。同时，语文学科也可以与其他学科进行合作，开展跨学科的综合性课程，促进学生的综合发展。因此，语文学科在教学中注重跨学科的整合和综合素养的培养，使学生具备综合运用知识的能力。

语文学科具有范畴广泛、强调人文关怀、注重思维能力和跨学科整合等特点。在教学中，语文学科不仅仅是传授知识，更重要的是培养学生的综合素养、人文精神和创造性思维，使他们成为有情感、有思想、有创意的人。

二、语文与核心素养的结合

语文教育作为一种传统的教育形式，在培养学生核心素养方面发挥着至关重要的作用。语文教育不仅仅是对文字、语言知识的传授，更是对思维、情感、文化等多方面素养的培养和提升。在当今社会，核心素养已经成为教育的重要目标之一，它不仅关乎学生个体的全面发展，更是国家整体竞争力的体现。因此，探究语文教育如何促进核心素养的发展具有重要的理论意义和实践意义。

语文教育在促进学生核心素养发展中扮演着扎实的基础作用。语文作为一种传承几千年的文化载体，是人类思想文明的结晶，也是其他学科的基础。语文教育从幼儿园开始就贯穿于学生的学习生活，培养学生的听、说、读、写等基本语言技能，为其后续学习提供了坚实的基础。掌握了扎实的语文基础，学生在学习其他学科时就会事半功倍，能够更加轻松地理解和吸收知识，从而提高学习效率，培养学生的学习兴趣和学习动力。

语文教育在促进学生思维能力的培养方面功不可没。语文学习不仅仅是对文字的理解和掌握，更是一种思维的训练和启发。在语文学习的过程中，学生通过阅读各种文学作品、语言表达，不仅能够了解作者的思想情感，更能够启发自己的思维，拓展自己的视野。例如，阅读名著可以让学生感受到不同的文化、历史背景下人们的生活状态和思考方式，促使他们形成独立思考的能力和批判性思维，从而更好地理解和应对复杂的社会现实。

语文教育在培养学生情感素养方面具有独特的作用。语文作为一种文化传承和情感表达的载体，通过文学作品、诗歌、散文等形式，可以引导学生去感受生活、感悟人生，培养学生的情感认知和情感表达能力。在语文课堂上，老师可以通过讲解文学作品背后的情感内涵，引导学生去感受其中的情感，体味其中的情感变化，从而增强学生的情感体验和情感理解能力。例如，通过阅读一些优秀的文学作品，学生可以感受到其中蕴含的美好情感，如爱、友情、亲情等，从而提高他们的情感共鸣能力，培养他们的人文关怀和社会责任感。

语文教育还在提升学生文化素养方面起到了不可替代的作用。语文学习不仅仅是学习文字和语言，更是学习一种文化传统和精神追求。通过学习古代文学、经典诗词等，学生可以了解到中华民族五千年的文化传统和精神文明，感受到其中的文化底蕴和智慧，从而增强他们的文化自信和文化认同感。同时，通过比较不同文化之间的异同，可以拓展学生的国际视野，增强他们的跨文化交流能力，培养他们的全球意识和国际竞争力。

语文教育在促进学生核心素养发展方面具有不可替代的作用。通过扎实的语文基础训练、丰富多样的文学阅读、深入的情感体验以及广泛的文化比较，可以全面提升学生的思维能力、情感素养、文化素养等核心素养，为他们未来的学习和生活打下坚实的基础。因此，我们应该重视语文教育，在教学实践中注重培养学生的核心素养，努力培养具有高素质的人才，为国家的繁荣和社会的进步做出积极的贡献。

三、语文教学中的素养培养

语文教学中的素养培养是教育的重要任务之一，它不仅仅是传授知识，更重要的是培养学生的综合素质，包括语言表达能力、批判性思维能力、审美情趣、文化品位等方面。

语文教学应注重培养学生的语言表达能力。语言是人类沟通、表达思想和情感的工具，而语文教学正是通过对语言的学习和运用来培养学生的语言表达能力。在课堂教学中，教师可以通过朗读、写作、演讲等方式引导学生提升语言表达能力。例如，通过朗读优秀文学作品，学生可以模仿其中的语言风格和表达技巧，提高自己的语感和表达能力；通过写作作业，学生可以锻炼自己的文字表达能力，培养逻辑思维和文字组织能力；通过演讲比赛等活动，学生可以提高自己的口头表达能力和自信心。通过这些活动，学生不仅能够提升自己的语言表达能力，还能够培养自己的自信心和沟通能力，从而为将来的学习和工作打下良好的基础。

语文教学应注重培养学生的批判性思维能力。批判性思维是指对信息进行分析、评价和判断的能力，是培养学生思维独立、理性思考的重要手段。在语文教学中，可以通过对文学作品、新闻报道、广告等不同类型的文本进行分析和评价来培养学生的批判性思维能力。例如，教师可以引导学生对文学作品中的人物形象、情节设计、主题思想等进行深入剖析，培养学生发现问题、解决问题的能力；同时，教师还可以引导学生对新闻报道和广告中的信息进行批判性思考，分析其真实性和客观性，培养学生的辨别能力和批判意识。通过这些活动，学生不仅能够提高自己的批判性思维能力，还能够培养自己的分析问题、解决问题的能力，为将来的学习和生活打下坚实的基础。

语文教学应注重培养学生的审美情趣。审美情趣是指对美的感知、理解和欣赏能力，是培养学生文化素养和情感修养的重要途径。在语文教学中，可以通过赏析优秀文学作品、欣赏经典诗词、观摩艺术表演等方式来培养学生的审美情趣。例如，教师可以组织学生集体阅读和讨论优秀文学作品，引导学生感受其中的美学意蕴和情感内涵；同时，教师还可以组织学生观摩音乐会、戏剧表演等文化活动，培养学生的审美情趣和艺术鉴赏能力。通过这些活动，学生不仅能够感受到美的力量和魅力，还能够提高自己的审美水平和文化素养，为将来的人生增添更多的色彩和意义。

语文教学应注重培养学生的文化品位。文化品位是指对文化传统、人文精神和道德观念的认同和理解，是培养学生正确价值观和道德观的重要途径。在语文教学中，可以通过传授优秀文学作品、经典诗词、历史故事等方式来培养学生的文化品位。例如，教师可以组织学生学习中国古代诗词、传统文化和历史故事，引导学生感受其中的人文情怀和道德品质；同时，教师还可以组织学生进行社会实践和志愿活动，培养学生的社会责任感和公民意识。通过这些活动，学生不仅能够了解和认同自己的文化传统和人文精神，还能够培养自己的道德情操和社会责任感，为将来的人生奠定坚实的道德基础。

四、文化传承与素养

文化传承与素养是人类社会发展中至关重要的方面，而语文教育在这一过程中扮演着不可或缺的角色。语文教育不仅仅是传授语言文字的工具性知识，更是培养学生综合素养、传承和弘扬民族文化的重要途径。在这个过程中，语文教育对核心素养的影响是多方面的，它涉及语言、文学、历史、文化等多个层面，塑造着学生的认知、情感、价值观和行为习惯。

语文教育作为传承和弘扬民族文化的媒介，对学生的文化认同和民族自豪感起着重要作用。语文教育不仅仅是教授语言文字的应用，更是通过经典文学作品、历史故事、传统节日等载体，向学生传递中华民族丰富的文化内涵。通过学习古诗词、经典文学作品，学生可以感受到中华传统文化的博大精深，从而增强对自己民族文化的认同感和自豪感。比如，通过学习《论语》《诗经》等经典著作，学生不仅能够领略到古代先贤的智慧，更能够理解中国传统价值观念，如孝道、忠义、礼仪等，从而培养出高度的文化自信心和自尊心。

语文教育对学生的语言表达能力和思维方式的培养也起着至关重要的作用。语文教育注重培养学生的语言表达能力，使其能够准确、清晰地表达自己的想法和情感。在学习过程中，学生不仅仅是被动接受知识，更是通过阅读、写作等活动，积极参与到语言的运用中去。这种参与性的学习过程不仅可以锻炼学生的语言组织能力和表达能力，更能够促进学生的思维发展。通过分析文学作品、讨论时事问题，学生可以培养批判性思维、逻辑思维和创造性思维，提高自己的综合素养水平。

语文教育还对学生的审美情趣和人文素养的培养起着重要的推动作用。通过接触各种文学艺术作品，学生可以培养自己的审美情趣，提高对美的鉴赏能力。阅读诗歌、小说、散文等文学作品，欣赏音乐、绘画、舞蹈等艺术形式，不仅可以陶冶情操，丰富内心世界，更能够提高学生的审美水平，使其具备欣赏和创造美的能力。同时，通过学习文学作品，学生可以感受到人文精神的力量，理解人类情感和价值追求的本质，从而培养出高度的人文素养和道德情操。

语文教育还对学生的社会责任感和公民素养的培养有着重要的意义。语文教育不仅仅是传授知识，更是培养学生的社会责任感和公民意识。通过学习历史、文学、时事等内容，学生可以了解社会发展的历史进程，认识到自己作为一个公民所应承担的责任和义务。通过参与讨论、辩论、社会实践等活动，学生可以提高自己的社会参与能力，增强对社会问题的关注和责任感，培养出积极向上的公民素养和社会责任感。

语文教育在文化传承中对核心素养的影响是多方面的，它不仅可以促进学生对民族文化的认同和自豪感，更可以培养学生的语言表达能力、思维方式、审美情趣、人文素养、社会责任感等多个方面的素养，使他们成为具有综合素养和社会责任感的新时代公民。

五、语文素养与综合素质

语文素养是指一个人在语言文字运用方面所具备的素质和能力，包括对语言文字的理解、表达、运用、鉴赏等方面的能力。而综合素质则是指一个人综合发展的各方面素质，包括智力素质、道德素质、身体素质、审美素质等。在教育实践中，语文素养与综合素质密切相关，它们之间相互促进、相互影响。

语文素养对学生综合素质的促进体现在语言表达能力的提升。语文素养的培养包括对语言文字的理解和表达能力的提高。通过学习语文，学生能够提高阅读理解能力，从而更好地理解各种信息、文本内容，培养批判性思维能力。同时，语文课堂也注重对学生语言表达能力的培养，通过各种形式的作文、演讲等活动，激发学生的创造力和想象力，提高他们的语言表达能力。一个能够清晰准确地表达自己想法的人，往往也具备较高的综合素质，因为他们能够更好地与他人沟通交流，表达自己的观点和看法，从而更好地理解他人、合作共事，有利于人际关系的建立和维护。

语文素养对学生综合素质的促进还表现在思维能力和创新能力的培养。语文学习不仅仅是对文字的理解和表达，更是对思维的训练和启发。在语文课堂上，教师通常会引导学生进行思维拓展、思维跳跃等活动，培养学生的逻辑思维能力、创造性思维能力和批判性思维能力。通过学习文学作品、历史文化、社会现象等，学生能够开拓眼界，拓展思维，培养对事物的深刻洞察力和综合分析能力。这些思维能力的培养对学生未来的学习和工作都具有重要意义，因为在现实生活中，面对各种问题和挑战，需要学生具备良好的思维能力和解决问题的能力，这也是综合素质的重要组成部分。

语文素养对学生综合素质的促进还表现在文化素养和审美素养的培养。语文学习是文化传承和传播的重要途径，通过学习语文，学生能够了解和感受传统文化、现代文化的精髓，培养对文化的认同感和自豪感。同时，语文课程也注重对文学、艺术等方面的学习和欣赏，通过阅读文学作品、欣赏音乐、观赏艺术作品等活动，培养学生的审美情趣，提高他们对美的理解和欣赏能力。一个具备良好文化素养和审美素养的人，往往更具有综合素质，因为他们能够更好地理解人生的意义和价值，更好地感受生活的美好，从而更加热爱生活、热爱学习，追求全面发展。

语文素养对学生综合素质的促进还体现在情感态度和价值观的塑造。语文学习不仅仅是对语言文字的学习，更是对人生态度和价值观的培养。在语文课堂上，教师不仅关注知识的传授，更注重对学生情感态度和价值观的引导和培养。通过学习文学作品，学生能够感受到人生的酸甜苦辣，体会到人性的善恶美丑，从而形成正确的人生观和价值观。同时，语文教育还注重对学生情感的培养，通过文学作品的感悟和交流，引导学生正确对待自己的情感，培养学生的情感表达能力和情感管理能力。一个情感丰富、情感稳定的人往往更具有综合素质，因为他们能够更好地处理人际关系，更加乐观积极地面对生活的挑战，从而更好地实现自我价值和社会价值。

语文素养对学生综合素质的促进作用是多方面的、全面的。它不仅仅是对语言文字能力的提高，更是对思维能力、文化素养、审美素养、情感态度等方面的培养和促进。

第四节　设计语文教学活动时的核心素养考量

一、教学目标与核心素养

在确定语文教学活动中的核心素养教学目标时，首先需要明确语文教学的本质和目的。语文教学不仅仅是为了传授文字知识，更重要的是培养学生的语言能力、思维能力和文化素养。因此，确定语文教学中的核心素养教学目标是为了确保学生能够在语言运用、思维表达和文化理解等方面全面发展，达到综合素养的提升。

语文教学的一个重要目标是培养学生的语言能力，包括听、说、读、写四个方面。在教学活动中，应该注重培养学生的语言表达能力，使其能够准确、流畅地运用语言进行交流和表达。此外，还要培养学生的阅读能力，使其能够理解各种文本，并能够从中获取信息和思想。

核心素养下初中语文教学方法探究

语文教学应该注重培养学生的思维能力，包括逻辑思维、批判性思维、创造性思维等方面。在教学活动中，可以通过分析文本、解决问题、进行讨论等方式，激发学生的思维，培养其分析问题、解决问题的能力。

语文教学还应该注重培养学生的文化素养，包括对传统文化、现代文化以及多元文化的理解和欣赏。在教学活动中，可以通过学习古代文学作品、现代文学作品以及不同地区、不同民族的文化，使学生能够了解和欣赏不同的文化，增强自己的文化素养。

随着信息技术的发展，信息素养也成了语文教学中不可忽视的一部分。语文教学应该注重培养学生获取、评估和利用信息的能力，使其能够在信息化的社会中更好地适应和发展。

在确定语文教学活动中的核心素养教学目标时，还需要考虑到学生的年龄、年级、兴趣爱好等因素，合理设计教学内容和教学方法，使之符合学生的实际情况和发展需求。同时，教师在制定教学目标时，还应该根据学校的教育目标和教学大纲进行合理调整，确保教学目标的达成与学校的教育目标保持一致。

在实际教学中，教师可以通过多种方式来达到上述教学目标。比如，可以设计各种类型的教学活动，如讲授、讨论、分组合作、实验等，激发学生的学习兴趣，提高他们的学习积极性；可以利用多媒体技术，丰富教学内容，提高教学效果；可以设计各种类型的评价方式，如作业、考试、实践活动等，及时了解学生的学习情况，为调整教学策略提供参考。

确定语文教学活动中的核心素养教学目标是语文教学工作的重要任务，只有合理确定了教学目标，才能更好地开展教学工作，培养出德智体美全面发展的优秀学生。

二、活动内容的设计

设计教学活动以培养学生的核心素养是教育工作者在教学实践中的一项重要任务。核心素养是指学生在学习过程中所获得的基本能力和综合素质，包括认知能力、情感态度、社会交往等方面的素养。在教学活动的设计中，教师需要结合课程目标和学生的实际情况，选择合适的教学方法和手段，引导学生积极参与，全面提升他们的核心素养。

设计教学活动需要考虑学生的特点和需求。教师应该了解学生的年龄、性别、兴趣爱好、学习能力等方面的信息，根据这些信息来确定教学活动的内容和形式。例如，对于小学生来说，可以设计一些生动有趣的游戏和实践活动，通过互动和竞赛的方式激发他们的学习兴趣；对于中学生来说，可以设计一些案例分析和讨论活动，引导他们思考和解决问题，培养他们的批判性思维和创新能力。

设计教学活动需要关注课程目标和核心素养的培养。教师应该明确课程目标，确定要培养的核心素养，然后根据这些目标和素养来设计教学活动。例如，如果课程目标是培养学生的创造力和创新能力，那么可以设计一些开放性的探究活动，让学生自由发挥想象力，提出新的观点和想法；如果课程目标是培养学生的合作精神和团队意识，那么可以设计一些小组讨论和合作实践活动，让学生学会与他人合作、沟通和协调。

设计教学活动需要注重任务驱动和问题导向。教师可以通过设置具体的任务和问题来引导学生思考和行动，激发他们的学习动力和兴趣。例如，可以设计一些情境模拟和角色扮演活动，让学生在实践中体验和解决真实的问题，培养他们的实践能力和解决问题的能力；可以设计一些探究性学习和项目制作活动，让学生自主选择研究课题，开展实地调查和实验研究，培养他们的探究精神和科学素养。

设计教学活动需要注重多元化和个性化。教师应该根据学生的差异性和多样性来设计教学活动，采用多种不同的教学方法和手段，满足不同学生的学习需求和学习风格。例如，可以结合讲授、示范、实验、讨论、游戏等多种教学形式，灵活运用教材、多媒体、网络等多种教学资源，让学生在不同的情境和环境中学习，促进他们全面发展和个性成长。

设计教学活动需要注重评价和反馈。教师应该及时对学生的学习情况进行评价和反馈，了解他们的学习进展和困难，及时调整教学策略和方法，帮助他们克服困难，提高学习效果。评价和反馈可以通过课堂观察、作业批改、测验考试等多种形式进行，也可以通过学生自评和互评来促进学生的自我认知和发展。

设计教学活动以培养学生的核心素养是一项复杂而又关键的任务，需要教师综合考虑学生的特点和需求，明确课程目标和核心素养，注重任务驱动和问题导向，多元化和个性化地设计教学活动，及时评价和反馈学生的学习情况，不断完善和提高教学质量，促进学生全面发展和个性成长。只有这样，才能真正实现教育的目标，培养出德智体美全面发展的社会主义建设者和接班人。

三、教学方法的选择

在教学方法的选择上，特别是针对语文教学，培养学生核心素养是至关重要的目标之一。核心素养是指学生在语文学习中所需具备的关键能力和品质，包括但不限于阅读能力、写作能力、批判性思维、沟通能力、跨文化意识等。为了有效地培养学生的核心素养，教师需要选择适合的教学方法。

启发式教学是一种有效的方法。通过提出问题、引导学生思考、激发学生的兴趣和好奇心，启发式教学能够培养学生的批判性思维和创造力。在语文教学中，教师可以设计一些富有启发性的问题，引导学生对文本进行深入思考和探究，例如，可以提出一些引人深思的主题或情境，让学生展开讨论和思考，从而培养他们的思维能力和表达能力。

合作学习也是一种有效的教学方法。以小组讨论、合作任务等形式，让学生在交流合作中相互学习、相互启发，培养他们的合作精神和团队意识。在语文教学中，可以设计一些小组讨论或合作项目，让学生共同阅读、分析文本，交流彼此的理解和观点，从而促进他们的思想碰撞和共同进步。

体验式学习也是一种值得推崇的教学方法。通过实践、体验，让学生深入感受语言的魅力和文学的美好，激发他们学习语文的兴趣和热情。在语文教学中，可以组织一些文学活动、文学赏析等，让学生通过实地参观、实际体验，感受语言的力量和文学作品的魅力，从而提高他们对语文学习的主动性和积极性。

个性化教学也是一种重要的教学方法。通过了解每个学生的特点、兴趣、学习需求，针对性地设计教学内容和教学方法，帮助每个学生发挥自己的潜能，实现个性化发展。在语文教学中，可以采用灵活多样的教学方式和手段，根据学生的实际情况和学习特点，进行个性化辅导和指导，引导他们在语文学习中找到适合自己的学习方法和路径。

除了以上提到的教学方法，还有许多其他的教学方法也可以用于培养学生的核心素养，例如问题解决式教学、情境教学、案例教学等。关键在于教师要根据学生的实际情况和学习需求，灵活运用不同的教学方法，结合教学内容和教学目标，设计合理有效的教学活动，从而实现语文教学的有效性和高效性。

选择适合培养核心素养的语文教学方法，需要教师具备丰富的教学经验和教学技能，同时也需要充分重视学生的个体差异和发展需求，注重培养学生的自主学习能力和创新能力，不断探索和实践，以提高语文教学的质量和水平，为学生的全面发展和未来的成才奠定坚实的基础。

四、学生参与与互动

学生参与与互动在教学活动中扮演着至关重要的角色。这种参与不仅仅是指学生在课堂上发言的频率，更重要的是指他们在课堂中的积极参与程度、思维深度以及与他人的互动方式。学生的参与方式对其素养的培养有着深远的影响，这不仅体现在学科知识的掌握上，更重要的是在思维能力、沟通能力、团队合作能力等方面。

学生参与与互动的重要性不言而喻。在传统的教学模式下，教师通常是知识的传授者，而学生则是被动接受者。然而，随着教育理念的更新与时代的发展，越来越多的教育工作者开始意识到学生参与与互动的重要性。学生参与与互动不仅可以增加课堂氛围的活跃度，更可以激发学生的学习兴趣，提高学习动机，增强学习效果。在参与与互动的过程中，学生不仅仅是被动地接受知识，更能够通过讨论、交流、合作等方式主动地探究问题，积极地构建自己的知识体系，提高思维能力和创造力。

学生参与与互动的方式多种多样。在教学活动中，学生可以通过发言、讨论、小组活动、课堂互动等方式来参与。其中，发言是学生参与的最基本形式之一。通过发言，学生可以表达自己的观点、分享自己的思考，从而促进思想交流和碰撞。此外，讨论是学生参与的另一种重要方式。在讨论中，学生可以就某一问题展开深入的思考，并与同学们进行交流和辩论，从而达到共同进步的目的。除此之外，小组活动也是学生参与的一种有效形式。通过小组活动，学生可以在小组中相互协作、交流想法，共同完成任务，培养团队合作能力。而课堂互动则是教师与学生之间、学生与学生之间进行交流与互动的重要途径，可以促进师生关系的密切，增强学习氛围。

学生参与与互动不仅仅是简单的参与行为，更是对学生素养培养的重要影响因素之一。首先，学生参与与互动可以促进学科知识的掌握。通过积极参与课堂活动，学生可以更加深入地理解和掌握所学的知识内容。在发言、讨论、小组活动等过程中，学生不仅能够加深对知识的理解，还可以从他人的观点和经验中获益，拓展自己的视野。其次，学生参与与互动有助于培养学生的批判性思维和创造性思维能力。在讨论和辩论中，学生需要分析问题、评价观点，并提出合理的论据和证据，这有助于培养学生的批判性思维能力。同时，通过小组活动和课堂互动，学生可以积极思考并提出创新性的解决方案，培养创造性思维能力。再次，学生参与与互动可以促进学生的沟通能力和表达能力。在课堂讨论和小组活动中，学生需要清晰地表达自己的观点和想法，并与他人进行有效的交流和沟通，这有助于提高学生的口头表达能力和书面表达能力。此外，学生参与与互动还可以培养学生的团队合作能力和领导能力。在小组活动中，学生需要相互合作、协调工作，共同完成任务，这有助于培养学生的团队合作意识和能力。同时，学生还有机会担任小组的领导者，指导组员、协调工作，从而培养领导能力。

然而，虽然学生参与与互动对素养培养有着积极的影响，但在实际教学中也存在一些挑战和难点。首先，由于学生个体差异较大，有些学生可能比较内向或者缺乏自信，对参与课堂活动持保留态度，这就需要教师采取一些措施，如营造良好的课堂氛围、鼓励学生表达观点、设立小组活动等，来激发学生的参与欲望。其次，由于课堂时间有限，教师往往需要在知识传授和学生参与之间进行平衡，有时可能会觉得时间紧迫，难以安排充分的互动环节。因此，教师需要在教学设计中充分考虑到学生参与与互动的时间和空间安排，合理安排课堂活动，确保每个学生都有机会参与其中。此外，有时学生参与与互动可能会导致课堂秩序的混乱，需要教师有针对性地管理课堂，确保参与与互动的有效进行，同时保持良好的教学秩序。

除了教师的引导和管理外，学校、家庭以及社会等环境也对学生参与与互动起着重要作用。学校可以通过丰富多彩的课外活动、学生社团等方式，为学生提供更多参与和互动的机会。家庭则可以培养学生良好的交往和沟通习惯，鼓励他们多与家人进行交流和互动。社会也可以通过各种社会实践活动、志愿者服务等途径，为学生提供参与和互动的平台，帮助他们增强社会责任感和团队合作能力。

五、教学评估与反馈

教学评估与反馈在教育领域中扮演着至关重要的角色，它们不仅是对学生学习情况的了解和评价，更是一种有效的教学指导和促进学生核心素养发展的手段。在教学评估与反馈的过程中，教师能够及时发现学生的学习问题和困难，有针对性地给予帮助和指导，从而推动学生的学习成长和核心素养的发展。

评估与反馈是教学过程中不可或缺的环节。评估是对学生学习情况的认知和了解，它包括形成性评估和终结性评估两种形式。形成性评估强调对学生学习过程的动态监测和反馈，以便及时调整教学策略和帮助学生克服困难；终结性评估则侧重于对学生学习成果的总结和评价，用于最终的学业成绩评定。而反馈则是在评估的基础上向学生提供指导和建议，帮助他们改进学习方法和提升学习效果。评估与反馈相辅相成，通过不断地评估和反馈，教师能够更好地了解学生的学习状况，为他们提供更加个性化和有效的教学支持。

教学评估与反馈对于促进学生核心素养的发展具有重要意义。首先，它能够帮助教师更好地了解学生的学习需求和能力水平。通过对学生的学习情况进行评估，教师可以了解到学生在不同方面的掌握程度和学习困难，从而有针对性地调整教学内容和方法，帮助学生更好地发展核心素养。例如，对学生的基础知识和技能进行形成性评估，可以帮助教师及时发现学生的学习差距，有针对性地进行教学辅导，从而提升学生的学习效果和核心素养水平。

教学评估与反馈能够激发学生的学习动机和兴趣。及时的形成性评估和反馈可以让学生了解到自己的学习进展和不足之处，激发他们的学习动力，增强他们的学习信心。同时，通过给予学生积极的反馈和鼓励，可以增强他们对学习的兴趣和热情，提高他们的学习主动性和积极性。例如，当学生在一项任务中取得进步时，教师可以及时给予肯定和赞扬，激励学生继续努力学习；当学生遇到困难时，教师可以给予耐心的指导和建议，帮助他们克服困难，从而增强学生的学习信心和动力。

教学评估与反馈能够促进学生的自主学习和批判性思维能力的发展。通过形成性评估和反馈，学生可以了解到自己的学习情况和存在的问题，从而主动地调整学习策略和方法，提高学习效果。同时，通过向学生提供开放性的反馈和引导，可以促使他们思考和分析问题，培养他们的批判性思维能力和解决问题的能力。例如，当学生在一项任务中表现出了创新思维和解决问题的能力时，教师可以给予肯定和鼓励，激励学生继续发挥自己的创造性和批判性思维能力。

教学评估与反馈能够促进学生的终身学习和自我发展。通过形成性评估和反馈，学生可以了解到自己的学习水平和发展方向，从而制订个性化的学习目标和计划，不断提高自己的学习能力和素养水平。同时，通过积极的反馈和指导，学生可以建立自信心和学习动力，培养终身学习的习惯和意识，不断追求自我完善和发展。例如，当学生在一项任务中取得了成功时，教师可以帮助他们总结经验和教训，指导他们制订下一阶段的学习目标和计划，从而促进他们的终身学习和自我发展。

第五节　评价核心素养的标准与方法

一、素养评价的重要性

素养评价是教育领域中的一项关键工作，它不仅关乎学生个体的成长发展，更关乎整个社会的进步与发展。在当今社会，传统的知识教育已经不能满足人们对于综合素养的需求，因此，评价学生核心素养的必要性日益凸显。

素养评价可以更全面地反映学生的学习成果。传统的教育评价往往只注重学生对于知识的掌握程度，而忽略了学生的综合素养，例如思维能力、创新能力、沟通能力等。然而，在现实生活中，这些素养同样至关重要。通过素养评价，可以全面地了解学生的学习状况，不仅仅是课堂上的表现，还包括他们在生活中、社交中所展现出的各种能力和素养，从而更好地指导教学实践，培养学生的全面发展。

素养评价有助于激发学生的学习动力和自主性。相比于传统的应试教育，素养评价更加注重学生的个性发展和自主学习。通过对学生素养的评价，可以发现学生的优势和不足，从而更有针对性地给予指导和帮助。学生在得知自己的优势所在后，会更加自信，更加积极地投入到学习中去，而对于不足之处，也能够及时发现并加以改进。这种积极的学习态度和自主性，对于学生的长远发展具有重要意义。

素养评价有助于推动教育的改革和创新。随着社会的发展和变革，对于人才的需求也在不断地发生变化，传统的知识教育已经无法适应社会的需要。因此，教育需要不断地改革和创新，以培养适应社会发展的人才。素养评价正是这一改革的重要组成部分。通过对学生综合素养的评价，可以及时发现教育教学中存在的不足和问题，并加以改进和完善，从而不断提高教育质量和水平。

素养评价还有助于提高教育公平。在传统的教育评价中，往往存在着片面化和功利化的倾向，即只关注学生的学习成绩，而忽略了他们的个性差异和发展需求。这导致了一些学生在教育评价中处于劣势地位，他们的特长和优势无法得到充分的展现和肯定。而素养评价则更加注重学生的个性发展和多元化发展，能够更好地体现每个学生的特长和优势，从而提高了教育的公平性和公正性。

素养评价对于教育的发展具有重要的意义。它不仅可以更全面地反映学生的学习成果，激发学生的学习动力和自主性，推动教育的改革和创新，还可以提高教育的公平性和公正性。因此，我们应该重视素养评价，不断完善评价体系，促进学生的全面发展，推动教育事业的进步和发展。

二、评价标准的制定

制定合理的核心素养评价标准是教育评价领域的关键任务之一。这项任务的重要性在于，素养评价标准直接关系到对学生综合素养的准确评估，对学生个体和整体教育水平的有效监测，以及对教育政策和教学改革的科学制定与调整。要制定合理的核心素养评价标准，需要从多个维度进行思考和设计，涉及教育哲学、心理学、教育学、评估学等多个领域的知识。

核心素养评价标准的制定应该是基于明确的教育理念和目标。教育的本质在于培养学生的全面发展，使其具备综合的素养。因此，评价标准应该围绕这一核心目标展开，明确反映出对于学生综合素养的期望和要求。例如，评价标准可以涵盖知识、技能、思维能力、情感态度等方面，以确保对学生综合素养的评价全面而准确。

核心素养评价标准的制定应该是基于科学的教育理论和心理学原理。教育评价是一个复杂的过程，需要考虑到学生的发展特点、学习过程中的心理变化以及不同素养之间的相互关系等因素。因此，评价标准的设计应该充分借鉴教育学和心理学的理论成果，确保评价标准既符合学生的认知特点，又能够全面反映学生的综合素养。

核心素养评价标准的制定应该是基于教育实践和教学经验的总结。评价标准的设计不能脱离实际的教学环境和学生的学习情况，必须紧密结合具体的教学实践，考虑到不同学科、不同学段以及不同类型学校的特点和需求。只有通过深入的教学实践和实证研究，才能够制定出切实可行、符合实际需求的评价标准。

核心素养评价标准的制定应该是基于国际经验和先进理念的借鉴。教育评价是一个全球性的话题，各国在这方面都积累了丰富的经验和成果。因此，在制定核心素养评价标准时，应该借鉴国际上的先进理念和成功经验，吸收其他国家的优秀做法，使评价标准更加科学、合理、国际化。

核心素养评价标准的制定应该是一个动态的过程，需要不断地修订和完善。随着教育理念的不断发展、学生需求的不断变化以及社会的不断进步，评价标准也需要与时俱进，及时调整和更新，以确保其始终能够有效地反映学生的综合素养和教育的发展方向。

制定合理的核心素养评价标准是一项复杂而又重要的任务，需要综合考虑教育理念、教育理论、教育实践以及国际经验等多个方面的因素。只有通过全面深入的思考和研究，才能够制定出科学、合理、具有可操作性的评价标准，为学生的全面发展和教育的持续改进提供有力支持。

三、评价方法的多样性

制定合理的核心素养评价标准是教育评价领域的关键任务之一。这项任务的重要性在于，素养评价标准直接关系到对学生综合素养的准确评估，对学生个体和整体教育水平的有效监测，以及对教育政策和教学改革的科学制定与调整。要制定合理的核心素养评价标准，需要从多个维度进行思考和设计，涉及教育哲学、心理学、教育学、评估学等多个领域的知识。

核心素养评价标准的制定应该是基于明确的教育理念和目标。教育的本质在于培养学生的全面发展，使其具备综合的素养。因此，评价标准应该围绕这一核心目标展开，明确反映出对于学生综合素养的期望和要求。例如，评价标准可以涵盖知识、技能、思维能力、情感态度等方面，以确保对学生综合素养的评价全面而准确。

核心素养评价标准的制定应该是基于科学的教育理论和心理学原理。教育评价是一个复杂的过程，需要考虑到学生的发展特点、学习过程中的心理变化以及不同素养之间的相互关系等因素。因此，评价标准的设计应该充分借鉴教育学和心理学的理论成果，确保评价标准既符合学生的认知特点，又能够全面反映学生的综合素养。

核心素养评价标准的制定应该是基于教育实践和教学经验的总结。评价标准的设计不能脱离实际的教学环境和学生的学习情况，必须紧密结合具体的教学实践，考虑到不同学科、不同学段以及不同类型学校的特点和需求。只有通过深入的教学实践和实证研究，才能够制定出切实可行、符合实际需求的评价标准。

核心素养评价标准的制定应该是基于国际经验和先进理念的借鉴。教育评价是一个全球性的话题，各国在这方面都积累了丰富的经验和成果。因此，在制定核心素养评价标准时，应该借鉴国际上的先进理念和成功经验，吸收其他国家的优秀做法，使评价标准更加科学、合理、国际化。

核心素养评价标准的制定应该是一个动态的过程，需要不断地修订和完善。随着教育理念的不断发展、学生需求的不断变化以及社会的不断进步，评价标准也需要与时俱进，及时调整和更新，以确保其始终能够有效地反映学生的综合素养和教育的发展方向。

制定合理的核心素养评价标准是一项复杂而又重要的任务，需要综合考虑教育理念、教育理论、教育实践以及国际经验等多个方面的因素。只有通过全面深入的思考和研究，才能够制定出科学、合理、具有可操作性的评价标准，为学生的全面发展和教育的持续改进提供有力支持。

四、评价过程中的挑战

评价过程中的挑战是教育评估中一个重要而复杂的方面。评价核心素养涉及对学生各方面能力的全面评估，包括认知、情感、社会和实践等方面。在评价这些核心素养时，可能会遇到一系列问题，这些问题需要认真分析和解决，以确保评价的有效性和公平性。以下是一些可能出现的挑战以及相应的解决方案。

评价核心素养可能面临的挑战之一是多样性和复杂性。核心素养不仅涵盖了认知能力，还包括了情感、社会和实践等多个方面，因此评价过程需要考虑到这些不同方面的特点和表现。解决这个问题的方法是采用多元化的评价方法，包括观察、问卷调查、访谈、作品展示等多种方式，以全面地了解学生的素养水平。

评价核心素养可能面临的挑战是主观性和客观性的平衡。在评价过程中，评价者可能会受到主观偏见的影响，导致评价结果的不客观。为了解决这个问题，评价者需要接受专业培训，提高评价的客观性和准确性。此外，可以采用多个评价者对同一学生进行评价，并对评价结果进行综合分析，以减少主观因素的影响。

评价核心素养可能面临的挑战是评价工具的有效性和准确性。评价工具的设计需要考虑到核心素养的多样性和复杂性，以确保评价结果的准确性和可靠性。为了解决这个问题，可以采用多种评价工具相结合的方法，比如结合定性和定量评价方法，以及使用标准化评价工具和个性化评价工具相结合的方式，以全面地评价学生的核心素养水平。

评价核心素养可能面临的挑战还包括评价标准的不清晰和不一致。评价标准的不清晰会导致评价结果的不可靠性，而评价标准的不一致会导致评价结果的不公平性。为了解决这个问题，评价者需要明确核心素养的评价标准，并对评价标准进行统一和规范化。此外，可以通过专家评审、讨论和修订等方式，不断完善评价标准，以确保评价的公平性和准确性。

评价核心素养可能面临的挑战是评价结果的反馈和应用。评价结果的反馈需要及时、有效地传达给学生、家长和教育者，以促进学生的成长和发展。评价结果的应用需要与教学实践相结合，指导教师进行个性化教学，满足学生的不同需求。为了解决这个问题，可以建立健全的评价结果反馈机制和应用机制，包括定期组织评价结果反馈会议、编制个性化学习计划等方式，以促进评价结果的有效利用。

评价核心素养在教育评估中具有重要的意义，但也面临着诸多挑战。要解决这些挑战，需要采取综合性的策略，包括多元化评价方法、专业化评价者培训、有效的评价工具设计、清晰和一致的评价标准、健全的评价结果反馈和应用机制等。只有这样，才能确保评价的有效性、公平性和可持续性，促进学生的全面发展和成长。

五、持续评价与反馈

持续评价与反馈是教育中至关重要的环节，它不仅仅是为了评价学生的学习成绩，更重要的是通过对学生学习过程的观察和分析，促进其核心素养的提升。核心素养是指学生在学习过程中所需具备的一系列基本能力和综合素质，包括批判性思维、沟通能力、解决问题的能力、创新思维等。在当今快速变化的社会中，仅仅追求知识的积累已经不再足够，更需要培养学生的核心素养，使其具备面对未来挑战的能力。而持续评价和反馈正是实现这一目标的有效途径之一。

持续评价和反馈能够帮助教师更好地了解学生的学习状态和需求。通过持续的评价，教师可以对学生的学习情况有一个全面而准确的了解，包括他们的学习进度、学习方法、理解程度等方面的情况。而通过及时的反馈，教师可以及时了解到学生的学习困难和问题，帮助他们及时解决，从而保证学习的顺利进行。比如，教师可以通过课堂小测验、作业、课堂讨论等形式对学生进行持续评价，然后根据评价结果及时给予反馈，指导学生进行针对性的学习和提高。

持续评价和反馈有助于培养学生的自我认知能力和自主学习能力。通过不断地接受评价和反馈，学生可以逐渐形成对自己学习情况的客观认识，了解自己的优势和不足，从而更好地调整学习策略，提高学习效果。同时，持续的反馈也有助于激发学生的学习动力和自主性，让他们在学习中变得更加积极主动。例如，当学生在作业中出现错误时，教师可以给予具体的反馈和建议，让学生明白自己的错误所在，并且引导他们自己去寻找解决问题的方法，从而培养其自主学习的能力。

持续评价和反馈也能够促进学生的批判性思维和问题解决能力的提升。在评价和反馈的过程中，教师可以针对学生的表现提出挑战性的问题，激发他们的思维，引导他们进行深入思考和分析。通过不断地思考和探索，学生可以逐渐培养起批判性思维的能力，提高他们分析和解决问题的能力。同时，通过对学生解决问题的过程进行反馈，教师可以帮助他们发现问题解决中存在的不足和局限性，引导他们不断改进和完善解决问题的方法。

持续评价和反馈还有助于建立起良好的师生关系和学习氛围。通过及时的评价和反馈，教师可以向学生传递出自己的关心和支持，让学生感受到自己在学习上得到了重视和帮助，从而建立起良好的师生关系。同时，持续的评价和反馈也能够营造出一个积极向上的学习氛围，让学生在轻松愉快的氛围中进行学习，更加专注和投入。

持续评价和反馈对于促进学生核心素养的提升具有重要的意义。通过持续评价和反馈，教师可以更好地了解学生的学习情况和需求，帮助他们提高自我认知能力和自主学习能力，培养批判性思维和问题解决能力，同时也能够建立起良好的师生关系和学习氛围，为学生的全面发展打下良好的基础。因此，我们应该重视持续评价和反馈的作用，不断探索有效的评价和反馈方法，为学生的成长和发展提供更好的支持和帮助。

第六节　核心素养发展的国内外研究动态

一、国际研究概况

在国际范围内，对核心素养的研究已成为教育领域的热点之一。核心素养是指个体在特定领域内具备的基本技能、知识和能力，这些技能、知识和能力对于个体在社会、经济、文化等方面的发展至关重要。近年来，国际上对核心素养的研究呈现出多样化和跨学科的特点，涉及教育学、心理学、社会学等多个学科领域，其研究成果对于教育改革和个体发展具有重要的启示和指导作用。

国际研究关注核心素养的内涵和框架。核心素养的内涵涵盖了语言素养、数理素养、信息素养、科学素养、跨文化素养等多个方面。研究者通过对这些素养的深入分析和界定，构建了相应的理论框架，例如美国的"21世纪技能框架"、联合国教科文组织的"信息素养框架"等，这些框架为核心素养的评价和培养提供了理论指导。

国际研究聚焦于核心素养的评价体系。核心素养的评价是教育改革和教学实践的重要环节。国际上的研究者通过开发各种评价工具和方法，努力实现对核心素养的全面、客观、准确的评价。例如，PISA（Programme for International Student Assessment）是国际上公认的对学生核心素养进行评价的项目之一，它涵盖了语言、数学和科学等多个领域，通过跨国比较的方式，为各国政策制定提供了重要参考。

国际研究关注核心素养的培养策略和方法。核心素养的培养是教育的根本任务之一，国际上的研究者通过实证研究和实践探索，提出了多种有效的培养策略和方法。例如，项目化学习、合作学习、问题解决等方法被认为能够有效地促进学生的核心素养发展；另外，信息技术的应用也为核心素养的培养提供了新的途径和手段。

国际研究还关注核心素养与个体发展、社会变迁的关系。核心素养是个体在现代社会中获取信息、解决问题、适应变化的重要能力，它与个体的职业发展、社会参与等方面密切相关。因此，国际上的研究者通过长期的追踪研究和横断面调查，探讨了核心素养与个体发展、社会变迁之间的内在联系，为个体发展和社会进步提供了理论支持和实践指导。

国际研究在核心素养领域取得了丰硕的成果，这些成果不仅丰富了对核心素养的理解和认识，也为教育改革和实践提供了重要的理论支持和实践指导。然而，需要指出的是，当前国际研究仍存在一些问题和挑战，例如评价体系的标准化、培养策略的实施效果等方面仍需进一步研究和完善。因此，未来国际研究应继续深化对核心素养的研究，不断探索新的理论和方法，以促进个体发展和社会进步。

二、国内研究现状

中国在核心素养研究方面已经取得了显著的进展，并且在这一领域呈现出了一些独特的特点。核心素养是指个体在学习、生活和工作中所必须具备的基本技能、知识和品质，包括批判性思维、沟通能力、合作精神、信息素养等方面的能力。这些素养不仅是个体成长发展的基石，也是国家发展的重要支撑。

中国在核心素养研究方面的进展可分为两个主要阶段。第一个阶段是对传统核心素养概念的理解和探索，这一阶段主要集中在对传统教育体系中注重的基本素养如语文、数学、科学等的研究。随着时代的变迁和社会的发展，人们开始意识到传统的学科知识不再足以应对现代社会的复杂挑战，因此，逐渐有了对更广泛、更综合性的核心素养的研究需求。第二个阶段则是对新型核心素养的探索和构建，这一阶段着重于批判性思维、创新能力、信息素养、跨文化交流能力等新型素养的研究和培养。在这一阶段，中国的核心素养研究逐渐走向多元化，不仅注重个体能力的培养，还注重社会环境、文化背景等因素对核心素养的影响。

中国在核心素养研究方面的特点体现在以下几个方面：

中国政府高度重视核心素养的培养，在教育改革中将之作为重要目标之一。政府出台了一系列相关政策文件和教育改革方案，鼓励学校和教育机构注重学生的全面发展，包括认知、情感、品德、审美等多个方面，而不仅仅是注重传统学科知识的传授。

中国的核心素养研究呈现出综合性和跨学科的特点，不仅有教育学、心理学、认知科学等传统学科的参与，还有社会学、经济学、信息科学等其他学科的交叉融合。这种跨学科的合作有助于深入理解核心素养的内涵和培养机制。

中国的核心素养研究不仅停留在理论探讨，更加注重实践和应用。许多研究项目和课题都会结合实际教育环境，通过实地调研、案例分析等方式，探讨如何更好地培养和提升学生的核心素养。

中国的核心素养研究不仅关注普通学生的素养培养，还关注特殊群体如残障儿童、贫困地区学生等的素养培养问题。同时也关注不同地区、不同社会群体之间的素养差异，致力于打破社会不公平现象，促进素质教育的普及。

中国的核心素养研究与国际接轨，积极开展国际交流与合作。中国的研究者参与国际学术会议、合作研究项目，借鉴国外先进经验和理念，同时也将中国的研究成果推向国际舞台，促进国际核心素养研究的发展。

中国在核心素养研究方面取得了显著的进展，其特点主要体现在政策导向和教育改革、综合性研究和跨学科合作、注重实践和应用、关注特殊群体和社会差异以及国际交流与合作等方面。随着时代的变迁和社会的发展，中国的核心素养研究将继续深入发展，为促进人才培养和国家发展提供更加坚实的理论和实践支撑。

三、比较研究的意义

比较研究在中外核心素养研究上的意义在于深入了解不同文化和教育体系下的教育理念、教学方法以及学生素养的培养情况。通过比较分析，我们可以发现中外教育的异同，从而更好地借鉴和吸收其他国家的成功经验，促进教育改革和提升学生核心素养的水平。

比较研究可以帮助我们认识到不同文化和教育体系对于核心素养的理解与强调方面存在的差异。例如，在西方国家，核心素养常常被理解为包括批判性思维、沟通能力、团队合作等方面，强调培养学生的自主学习能力和创新精神；而在中国，核心素养的概念更多地强调基础知识和技能的掌握，重视学生的学科素养和综合能力的培养。通过比较研究，我们可以看到不同文化背景下教育目标的差异，这有助于我们思考如何更好地结合本国国情，制定适合本国实际的教育政策和教学方案，以培养学生更全面的核心素养。

比较研究还可以帮助我们发现其他国家在核心素养培养方面的成功经验，并加以借鉴和吸收。世界各国在教育领域都有着丰富的经验和独特的教育理念，通过比较研究可以发现其中的优秀之处。例如，芬兰在教育方面以其强调个性化教育、尊重学生自主学习的理念而闻名；日本则注重学生的纪律和自律意识培养，有着严谨的教育体系和教学方法。借鉴这些国家的成功经验，可以为我国教育改革提供宝贵的参考，有助于我们更好地培养学生的核心素养。

比较研究还可以促进不同国家之间的交流与合作，推动全球教育水平的提升。在全球化的今天，各国之间的交流与合作日益频繁，通过比较研究可以促进教育领域的国际合作。例如，可以开展跨国教育项目，让学生有机会接触不同国家的教育体系和教学方法，从而培养跨文化交流与合作能力；同时，教育专家和学者也可以通过国际学术交流与合作，共同探讨教育改革的路径和方法，推动全球教育水平的提升。

比较研究还可以促进我国教育改革的深化和创新。我国正处于教育改革的关键时期，面临着培养更多具有创新精神和国际竞争力的人才的迫切需求。通过比较研究，我们可以了解到其他国家在教育改革方面的做法和成果，可以借鉴其成功经验，同时也可以吸取其失败教训，为我国的教育改革提供参考和借鉴。比较研究可以拓宽我们的视野，激发我们对教育改革的思考，促使我们不断探索教育的创新之路。

比较研究在中外核心素养研究上的意义重大。通过比较分析，我们可以深入了解不同文化和教育体系下的教育理念和教学方法，发现其他国家在核心素养培养方面的成功经验，并借鉴其做法，推动我国教育改革的深化和创新，促进全球教育水平的提升。因此，比较研究具有重要的理论和实践意义，值得我们深入开展和推广。

四、研究方法的演变

核心素养研究是当今教育领域中一个备受关注的话题，它关注的是学生需要具备的基本能力和素养，以应对现代社会复杂多变的挑战。在这一领域中，研究方法的选择和演变是至关重要的，因为它们直接影响着我们对核心素养的理解和评估。

核心素养通常指的是一系列跨学科的能力和技能，包括但不限于批判性思维、沟通能力、创新能力、解决问题的能力等。这些素养不仅仅是学科知识的应用，更是一种综合性的能力，能够帮助学生更好地适应社会和职业生涯的需求。

在核心素养研究的早期阶段，研究方法主要集中在定性研究上。定性研究通常包括文献综述、案例分析、深度访谈等方法。通过这些方法，研究者可以深入了解学生在各种情境下展现出的核心素养，并探究这些素养对学生学习和生活的影响。例如，一些研究通过深度访谈学生和教师，了解他们对批判性思维或沟通能力的理解和实践，从而揭示核心素养在教育实践中的具体表现和影响因素。

随着时间的推移，研究方法逐渐向定量研究转变。定量研究通过问卷调查、实证研究等方法，量化核心素养的表现和影响因素，从而提供更具有统计学意义的结论。定量研究的出现丰富了对核心素养的理解，使研究者能够更全面地把握学生在不同领域的素养水平。例如，一些研究通过问卷调查大量样本，探究不同年龄、不同学科背景的学生在核心素养上的差异，从而为教育政策的制定提供依据。

除了定性和定量研究外，近年来，混合方法的应用也逐渐受到重视。混合方法结合了定性和定量研究的优势，通过多种数据收集和分析方法，全面地理解核心素养及其影响因素。例如，一些研究采用先定性研究，深入了解核心素养的内涵和特点，然后通过定量研究验证和量化这些发现，以获得更全面的结论。

除了研究方法本身的演变外，核心素养研究还受到了跨学科和国际化的影响。随着全球化进程的加速，不同国家和地区对核心素养的研究逐渐呈现出交流与合作的趋势。跨学科的合作不仅丰富了核心素养研究的视角，还促进了不同学科领域之间的融合与创新。例如，教育学、心理学、社会学等学科的研究者共同探讨核心素养的内涵和评价方法，为跨学科教育的发展提供了理论支持和实践经验。

信息技术的发展也为核心素养研究提供了新的契机。虚拟现实、人工智能、大数据等新技术的应用，使得研究者可以更加高效地收集和分析数据，从而深入探究核心素养的内涵和影响因素。例如，虚拟现实技术可以模拟各种学习情境，观察学生在不同情境下的核心素养表现，为个性化教育和教学设计提供依据。

核心素养研究的方法从早期的定性研究逐渐演变为定量研究和混合方法，并受到跨学科和国际化、信息技术等多种因素的影响。未来，随着社会的发展和教育的变革，核心素养研究的方法将继续创新和演变，为教育改革和人才培养提供更加有效的支持。

五、未来研究方向

未来核心素养研究的可能发展方向和重点领域是一个备受关注的话题，因为随着社会的不断发展和变化，人们对于个体在各个领域中所需具备的核心素养也在不断地更新和演变。

未来核心素养研究可能会更加关注跨学科和综合性。在过去，核心素养往往是针对特定领域或学科的，如数学素养、语言素养等。然而，随着知识的不断增长和社会的日益复杂化，未来的研究可能会更加注重跨学科和综合性的素养。这意味着个体需要具备更广泛的知识和技能，能够在不同领域中进行跨界合作和创新。

未来核心素养研究可能会更加关注技术和信息素养。随着科技的快速发展和信息的爆炸式增长，技术和信息素养已经成为现代社会中不可或缺的一部分。未来的研究可能会探讨个体如何有效地获取、评估和利用信息，以及如何运用技术工具解决问题和创造价值。

未来核心素养研究可能会更加关注创新和创造力。创新和创造力是推动社会进步和发展的重要驱动力，未来的研究可能会探讨个体如何培养和发挥创新潜能，以及如何在日常生活和工作中实现创新和创造。

　　未来核心素养研究可能会更加关注社会情感素养。社会情感素养是指个体对自己和他人的情感认知、情感管理和情感表达能力，是构建健康社会关系和提升个体幸福感的重要因素。未来的研究可能会探讨个体如何培养和发展社会情感素养，以及如何在社会交往中建立积极健康的人际关系。

　　未来核心素养研究可能会更加关注环境和可持续发展素养。环境和可持续发展已经成为全球关注的焦点问题，个体需要具备相关的知识、意识和行动能力，以应对日益严峻的环境挑战。未来的研究可能会探讨个体如何培养和发展环境和可持续发展素养，以及如何在日常生活和工作中促进可持续发展。

　　未来核心素养研究可能会更加关注全球化和跨文化素养。全球化已经成为不可逆转的趋势，个体需要具备跨文化交流和合作的能力，以适应多元化和多样化的社会环境。未来的研究可能会探讨个体如何培养和发展全球化和跨文化素养，以及如何在跨文化交流中建立和谐稳定的关系。

　　未来核心素养研究的发展方向和重点领域将涵盖跨学科和综合性、技术和信息素养、创新和创造力、社会情感素养、环境和可持续发展素养，以及全球化和跨文化素养等多个方面。这些研究将有助于促进个体全面发展和社会可持续进步。

第二章 语文教学目标与核心素养

　　本章聚焦于如何将核心素养融入语文教学的各个方面。明确了语文教学的综合目标，强调了知识和技能的培养在语文学科中的重要性，并探讨了有效的教学过程和方法。特别关注的是情感、态度与价值观的形成，这被认为是语文教育中不可或缺的部分。章节进一步探讨了核心素养如何通过阅读理解和写作表达能力的提升而得到加强。通过具体的教学策略和活动，本章旨在展示如何在语文教学中综合发展学生的核心素养，不仅仅局限于知识掌握，还包括情感、态度和价值观的培育。整个章节强调了语文教育在培养学生全面素质方面的独特作用，以及它在现代教育体系中的核心地位。

第一节　语文教学的综合目标

一、整体教学理念

语文教学的整体理念是构建一个促进学生语言能力、文化认知和审美情感全面发展的教育环境。在这个环境中，语文教学不仅仅是简单地传授文字知识，更是通过各种教学手段和方法培养学生综合素养，提升他们的综合能力。

语文教学的一个重要目标是培养学生的语言能力。语言是人类交流和思维的工具，良好的语言能力不仅有助于学生表达自己的思想和情感，还有利于他们的学习和生活。因此，语文教学应该注重培养学生的听、说、读、写能力。在听的方面，教师可以通过讲解课文、播放录音等方式让学生接触到地道的语言表达，培养他们的听力理解能力；在说的方面，可以通过课堂讨论、口语练习等活动提高学生的口头表达能力；在读的方面，要引导学生多读书，积累词汇、提高阅读理解能力；在写的方面，要让学生多写作文，锻炼他们的写作能力。通过这些方式，可以全面提高学生的语言能力，使他们能够更加自如地运用语言进行沟通和表达。

语文教学还应该培养学生的文化认知。语文作为一门人文学科，不仅仅是学习语言的工具，更是了解和感悟人类文化的途径。因此，语文教学应该通过讲解古今中外的经典文学作品、介绍各种文化背景等方式，帮助学生了解和认识不同的文化，增强他们的文化自信心。比如，可以通过课文分析、名人事迹介绍等方式，让学生了解中国古代文化的博大精深，激发他们对中华传统文化的兴趣；同时，也可以通过讲解外国文学作品、介绍外国文化习俗等方式，帮助学生了解和尊重不同文化之间的差异，培养他们的跨文化交际能力。这样的教学，可以让学生在语文学习中不仅仅是学会语言，更是了解和感悟人类文化，提升他们的文化素养。

语文教学还应该培养学生的审美情感。语文作为一门艺术学科，不仅仅是学习语言的工具，更是感悟美的途径。因此，语文教学应该通过讲解优秀的文学作品、欣赏优美的语言表达等方式，培养学生的审美情感。比如，可以通过课文分析、名篇欣赏等方式，让学生了解和欣赏文学作品中的艺术之美，激发他们对文学艺术的热爱；同时，也可以通过讲解诗词歌赋、音乐舞蹈等方式，让学生感受不同艺术形式中的美，培养他们的审美情感。通过这样的教学，可以让学生在语文学习中不仅仅是学会语言，更是感悟美的力量，提升他们的审美素养。

语文教学的整体理念是构建一个促进学生语言能力、文化认知和审美情感全面发展的教育环境。在这个环境中，语文教学应该注重培养学生的语言能力，通过各种听说读写的活动提高他们的语言表达能力；同时，还应该注重培养学生的文化认知，通过介绍各种文学作品和文化背景增强他们的文化自信心；同时，还应该注重培养学生的审美情感，通过欣赏优秀的文学作品和艺术形式提升他们的审美素养。只有在这样一个全面发展的教育环境中，学生才能真正受益，实现个人全面发展的目标。

二、能力培养

在语文教学中，能力培养是一个至关重要的方面。除了传授语言知识和技能外，教育者也应该致力于培养学生的思维能力、沟通能力和创新能力。这些能力不仅是在语文学科中取得成功所必需的，也是学生在日常生活和未来职业中必不可少的技能。因此，教师应该在课堂上积极采取措施，以促进学生在这些方面的全面发展。

思维能力是指学生运用逻辑、分析和判断等方式解决问题的能力。在语文教学中，培养学生的思维能力意味着不仅要教会他们如何理解和分析文本，还要鼓励他们思考抽象的概念、推理文章的逻辑结构以及对文字背后的深层含义进行解读。为了培养学生的思维能力，教师可以采用启发式教学方法，鼓励学生进行讨论和互动，引导他们自主探索问题的解决方法，培养他们的批判性思维和创造性思维。例如，教师可以通过提出开放性的问题或引导学生进行文本分析来激发学生的思维，帮助他们建立自己的见解和观点。

沟通能力在语文教学中也是至关重要的。沟通能力涉及学生有效表达自己的想法和观点，以及理解他人的意图和表达。在语文学科中，沟通能力不仅体现在口头表达上，还包括书面表达和阅读理解。因此，教师应该设计一些任务和活动，帮助学生提高他们的沟通能力。例如，可以组织学生进行小组讨论、辩论或演讲，让他们有机会锻炼自己的口头表达能力；同时，教师还可以布置写作任务，要求学生撰写文章或评论，培养他们的书面表达能力。通过这些活动，学生不仅可以提高自己的沟通技巧，还可以增强自信心，更好地与他人交流和合作。

创新能力的培养也是语文教学中不可忽视的一部分。创新能力是指学生能够独立思考、提出新颖观点和解决问题的能力。在语文学科中，培养学生的创新能力意味着教师需要为他们提供丰富多样的学习体验，激发他们的想象力和创造力。例如，可以设计一些富有挑战性和启发性的任务，让学生运用所学知识去解决现实生活中的问题，或者鼓励他们重新创作文学作品，展示自己的独特见解和风格。此外，教师还可以引导学生进行跨学科的思考和探索，将语文学科与其他学科进行有机结合，促进学生的综合性发展。

语文教学应该致力于培养学生的思维能力、沟通能力和创新能力。通过采取启发式教学方法、组织小组讨论和写作活动以及提供丰富多样的学习体验，教师可以帮助学生全面发展这些能力，使他们在语文学科中取得更好的成绩，也为他们未来的发展打下坚实的基础。

三、知识与技能结合

在语文学习中融合知识学习和技能训练是一项至关重要的任务。语文学习不仅仅是掌握文字的表面意义，更重要的是理解语言背后的文化、历史和思想。因此，将知识学习与技能训练结合，可以更好地促进学生的综合素养和语文水平的提升。

知识学习为语文学习提供了丰富的内容和深刻的内涵。语文不仅仅是一种工具，更是一种载体，通过语言可以传达出文化、历史、价值观等丰富的内容。因此，语文学习应该与其他学科的知识相结合，比如历史、文学、哲学等。通过学习这些知识，可以帮助学生更好地理解语言背后的文化内涵，提高语文素养。

技能训练是语文学习的重要组成部分。语文学习不仅要求学生掌握语言表达的基本技能，如听、说、读、写，还要求学生具备批判性思维、文学鉴赏能力等高级技能。因此，在语文学习中，不仅要注重基础技能的训练，还要注重提高学生的综合素养。比如，通过课堂讨论、写作练习等方式，培养学生的批判性思维和文学鉴赏能力，使他们能够更好地理解和表达复杂的意义。

知识学习和技能训练应该相互促进、相互渗透。在知识学习中，可以通过技能训练来加深理解，提高记忆效果。比如，通过写作练习来巩固对知识的理解，通过口头表达来提高语言的运用能力。而在技能训练中，也可以融入一些知识内容，比如通过阅读文学作品来提高写作能力，通过学习历史背景来提高对文学作品的理解能力。

要实现知识学习与技能训练的结合，需要教师发挥重要作用。教师应该根据学生的实际情况和学习需求，设计合适的教学内容和方法，注重知识和技能的有机结合。同时，教师还应该关注学生的学习过程，及时调整教学策略，帮助他们充分发挥潜力，提高语文水平。

知识学习与技能训练的结合是语文学习的重要任务，可以帮助学生更好地理解语言背后的文化内涵，提高语文素养和综合素质。要实现这一目标，需要教师和学生共同努力，注重知识和技能的有机结合，促进语文学习的全面发展。

四、情感与态度培育

情感与态度培育在语文学习中具有至关重要的作用，它不仅影响着学生对语文学科的学习态度和学习成绩，更深刻地塑造了他们的人格品质和价值观念。重视培养学生对语文学习的兴趣、热情及正确的学习态度，是教育工作者在语文教育中应该始终坚持的重要原则。

语文学习是一种情感投入的过程。语言是人类交流的工具，而语文学习则是对这一工具的掌握与运用。在语文学习的过程中，学生需要通过阅读、写作、讨论等方式去感知和表达情感，因此情感的培育成为了语文教育中的重要一环。通过赏析文学作品，学生可以感受到作品所蕴含的情感，从而产生共鸣和情感投入。比如，当学生读到一首充满悲情的诗歌时，他们能够感受到诗人的情感并与之产生共鸣，这种情感的交流不仅增加了学生对文学作品的理解，更激发了他们对语文学习的热情。

正确的学习态度是语文学习成功的关键。在学习语文的过程中，学生需要具备认真、负责任和持之以恒的学习态度。语文学科的学习需要学生耐心细致地阅读、思考和分析，这就要求他们在学习中保持专注、不放弃，并且持之以恒地坚持下去。只有树立正确的学习态度，才能在学习中不断克服困难，不断提高自己的语文水平。例如，面对一篇难以理解的文章，学生如果能够以积极的态度去面对并尝试解读，就有可能突破难关，取得更好的学习效果。

培养学生对语文学习的兴趣和热情是促进其全面发展的重要途径。语文学习不仅仅是为了应付考试或者掌握知识，更重要的是通过语文学习培养学生的审美情趣、情感表达能力和文学素养。如果学生对语文学习失去了兴趣和热情，那么他们就可能失去对文学、诗歌、散文等文学形式的欣赏和理解，从而影响到他们的个人修养和情感世界的丰富程度。因此，教育者应该通过丰富多彩的教学活动和方法来激发学生的学习兴趣，比如组织课外读书活动、举办朗诵比赛等，让学生在愉悦和积极的氛围中感受语文学习的乐趣。

正确的学习态度也对学生的个人发展起到了重要的促进作用。在语文学习的过程中，学生不仅仅是在获取知识，更重要的是在培养自己的思维能力、表达能力和创造能力。这些能力对学生的终身发展具有重要的意义。例如，通过写作作文，学生可以提高自己的逻辑思维能力和文字表达能力；通过参与讨论，学生可以培养自己的沟通能力和合作精神。因此，通过培养学生正确的学习态度，不仅能够提高他们的语文水平，更能够促进其全面发展和成长。

情感与态度培育在语文学习中具有重要的作用。通过重视培养学生对语文学习的兴趣、热情及正确的学习态度，可以激发学生的学习动力，提高他们的学习效果，并促进其全面发展和成长。教育者应该从多个方面入手，通过丰富多彩的教学活动和方法，引导学生树立正确的学习态度，培养他们的语文情感，从而使语文教育更加有效地实现其育人目标。

五、文化传承与创新

文化传承与创新是当今教育领域关注的重要议题之一。在语文教学中，传承中华优秀传统文化不仅是一项重要任务，也是推动学生全面发展的有效途径之一。然而，单纯地传承传统文化或者只追求创新，都不能满足时代的需求和学生的成长。因此，将文化传承与创新有机结合，是当前语文教学的重要任务之一。

传承中华优秀传统文化是语文教学的重要内容之一。中华优秀传统文化博大精深，历经千年，蕴含着丰富的思想和智慧，对塑造民族精神、提升文化自信具有重要意义。在语文教学中，通过课文选材、课外阅读等方式，向学生传授经典文学作品、古代诗词歌赋等传统文化精髓，让学生了解和感受中华民族的优秀传统，培养他们对传统文化的认同感和自豪感。比如，通过学习《论语》《诗经》等经典著作，可以让学生领略先贤的智慧和道德观念，引导他们树立正确的人生价值观和道德观念。

传承传统文化也有助于弘扬民族文化，促进民族文化的多样性和繁荣发展。中国是一个历史悠久、文化底蕴深厚的国家，各地区都有着独特的文化传统和风俗习惯。通过在语文教学中传承地方文化，可以让学生了解和感受到各地文化的魅力，增强他们的文化自信心和认同感。比如，在教学中可以选择一些反映地方风情和民俗习惯的作品，让学生了解和体验各地文化的独特魅力，从而增强对民族文化的认同和理解。

然而，单纯地传承传统文化容易使学生产生审美疲劳和学习厌倦，因此，激发学生的创新思维也是语文教学的重要任务之一。创新是时代的要求，也是人才培养的关键。

在传承传统文化的同时，教师应该注重培养学生的创新意识和创新能力，激发他们的创造潜能。比如，在教学中可以采用启发式教学法、问题式教学法等灵活多样的教学方法，引导学生主动思考、积极探究，培养他们的批判性思维和创新意识。同时，也可以通过开展课外活动、组织文化艺术节等形式，为学生提供展示才华的舞台，激发他们的创造力和创新精神。

文化传承与创新的有机结合也有助于促进语文教学的质量提升和教育效果的提升。传承传统文化可以为学生提供丰富的文化素材和优秀的文学作品，培养他们的语感和审美情趣；而激发创新思维则可以提升学生的综合能力和创造力，培养他们的创新意识和创新能力。因此，文化传承与创新的有机结合不仅可以使语文教学更具有吸引力和感染力，也可以提升学生的学习兴趣和学习动力，进而提高语文教学的效果和质量。

文化传承与创新是语文教学中的重要任务，既要传承中华优秀传统文化，又要激发学生的创新思维。只有将传统文化与创新思维有机结合起来，才能更好地满足时代的需求，促进学生全面发展。因此，教师应该注重在语文教学中传承传统文化的同时，培养学生的创新意识和创新能力，为他们的成长和发展提供更广阔的空间和更丰富的机会。

第二节　知识与技能的培养

一、语言知识掌握

语言知识掌握在个人的学习和发展中扮演着至关重要的角色。它不仅仅是学习一门语言所必需的基础，更是我们与世界交流、思想表达的工具。在语言知识掌握的范畴中，我们首先要重视语文基础知识的学习，其中包括汉字、词汇、语法等方面。

汉字是中华文化的瑰宝，也是中国人的文字基础。汉字的学习不仅仅是为了认识字形，更重要的是了解其背后的文化内涵。汉字是通过象形、指事、会意、形声等方式形成的，每个字背后都蕴含着丰富的文化和历史，掌握汉字就是在学习中国文化的基础上打下坚实的基础。在现代社会，虽然我们生活在数字化的时代，但汉字依然是我们日常生活和工作中不可或缺的一部分。从写作文到读取文件，从书写邮件到撰写论文，汉字都贯穿其中，因此，掌握好汉字的学习至关重要。

词汇是语言运用的基础。词汇量的多少直接影响了我们的语言表达能力。一个词汇丰富的人，能够更准确、更生动地表达自己的意思，与他人更加畅快地交流。而词汇量不足则可能导致沟通不畅、表达困难。因此，要想在语言上有所突破，就必须注重积累词汇，不断地扩大自己的词汇量。这包括日常生活中的积累，也包括阅读、听力等方面的积累。通过不断地接触新的词汇，我们可以不断地丰富自己的语言表达能力，提升自己的语言水平。

语法是语言运用的规范。掌握好语法知识，可以使我们的语言表达更加准确、规范。语法规则是语言交流的基础，它规范了词语之间的搭配、句子的构成等，使得我们的语言表达更加清晰、明了。例如，在英语中，掌握好时态、语态、句型结构等语法知识，可以帮助我们正确地表达自己的意思，避免出现歧义或者错误。因此，在学习语言的过程中，语法知识的掌握是非常重要的一环，不能忽视。

语言知识掌握中重视语文基础知识的学习是非常重要的。汉字、词汇、语法等方面的学习不仅仅是为了应对考试或者应对特定的工作场合，更是为了提升自己的语言表达能力，丰富自己的思想内涵。通过不断学习和积累，我们可以逐渐掌握好这些基础知识，从而在语言的世界中游刃有余，展现出自己的风采。

二、阅读技能提升

在当今信息爆炸的时代，阅读技能的重要性越发凸显。阅读不仅是获取知识的途径，更是培养思维能力、拓展视野、提高审辨能力的重要手段。尤其对于学生而言，阅读技能的提升不仅是学业上的需要，更是未来终身学习的基础。在教育实践中，培养学生的阅读理解能力，涵盖了分析文本、理解深层含义等多个方面，这其中包含着教师的教学策略、学生的学习态度以及教育环境的构建等多种因素。

培养学生的阅读理解能力需要注重教师的教学策略。教师在课堂教学中应该注重启发式教学，引导学生通过自主阅读、思考、讨论等方式主动探索、发现文本的内涵和深层含义。教师可以设计一些启发性的问题，引导学生思考文本背后的意义，或者通过小组讨论的方式促进学生之间的交流与碰撞。同时，教师还应该根据学生的实际水平和阅读能力，合理选择文本，并通过适当的指导和反馈帮助学生渐渐提升阅读理解的能力。

培养学生的阅读理解能力需要重视学生的学习态度。学生在面对阅读任务时应该保持积极的态度，主动投入到阅读中去，而不是仅仅停留在表面阅读的层面。在学习过程中，学生需要培养批判性思维，审视文本内容，理解作者的意图和观点，同时也要学会将所读内容与自身的经验、知识联系起来，形成自己的见解和思考。另外，学生还应该注重积累词汇量，提高阅读速度和理解能力，这需要长期的积累和不断的练习。

教育环境的构建也是培养学生阅读理解能力的重要因素。学校应该创造良好的阅读氛围，提供丰富多样的阅读资源，如图书馆、数字化图书馆、报纸、期刊等，让学生有更多的选择和机会进行阅读。同时，学校还可以开展各种形式的阅读活动，如朗读比赛、读书分享会等，激发学生的阅读兴趣，增强他们的阅读体验。另外，家庭和社会也应该给予学生更多的支持和鼓励，营造良好的家庭阅读环境，父母可以给孩子提供适合年龄的阅读材料，与孩子一起分享阅读的乐趣，共同促进孩子的阅读理解能力的提升。

培养学生的阅读理解能力是教育工作中的重要任务之一。这不仅需要教师在教学中精心设计教学策略，引导学生深入理解文本，更需要学生保持积极的学习态度，主动投入到阅读中去。同时，教育环境的构建也是非常重要的，学校和家庭应该共同努力，营造良好的阅读氛围，为学生的阅读提供更多的支持和帮助。只有这样，才能真正培养出具有较高阅读理解能力的学生，为其未来的学习和生活奠定坚实的基础。

三、写作技巧训练

写作技巧训练对于提高学生的表达能力至关重要。在现代社会中，写作不仅是一种学术能力，更是一种必备的沟通技能。无论是在学术领域、职业生涯还是日常生活中，都需要良好的写作能力来清晰、准确地表达想法和观点。因此，指导学生掌握各种文体的写作技巧是教育中不可或缺的一环。

写作技巧训练应该从基础开始。学生需要掌握如何构思文章、组织结构、选择合适的词汇和句型等基本技能。这些基础技能对于写作的质量起着至关重要的作用。例如，学生需要学会如何通过提出论点、论据和结论来构建一个逻辑严谨的论证结构；他们还需要学会如何使用恰当的词汇和句型来表达自己的观点，使文章更加生动、有说服力。

写作技巧训练应该涵盖各种文体，包括但不限于议论文、说明文、叙事文、抒情文等。不同的文体有不同的写作特点和要求，学生需要根据不同的写作目的和读者群体来选择合适的文体，并灵活运用相应的写作技巧。例如，议论文要求逻辑严谨、论证充分，需要运用一些逻辑推理和辩证方法来支撑自己的观点；而叙事文则需要注重情节的安排、人物的塑造和语言的生动性，以吸引读者的注意力。

写作技巧训练还应该注重实践。理论知识固然重要，但只有通过实际的写作练习，学生才能真正掌握和运用这些技巧。教师可以设计一些写作任务或项目，让学生在实际的写作实践中不断提高自己的写作能力。例如，让学生写一篇关于自己家乡的说明文，或者写一篇关于自己经历的叙事文。通过这些实践，学生可以不断地发现自己的不足之处，并且逐步改进和提高。

写作技巧训练还应该注重反馈和指导。学生在写作过程中难免会遇到各种问题和困难，而及时的反馈和指导可以帮助他们及时发现问题，并且找到解决的方法。教师可以通过批改学生的作文、提出修改意见、组织写作讨论等方式来给予学生及时的反馈和指导。同时，学生之间也可以相互交流、互相学习，通过彼此的讨论和反馈来共同进步。

写作技巧训练应该注重培养学生的写作兴趣和自信心。写作是一项需要长期坚持和不断积累的技能，而学生只有在对写作感兴趣并且有自信心的情况下才能够持之以恒地进行下去。因此，教师应该通过激发学生的写作兴趣，鼓励他们充分发挥自己的想象力和创造力，让他们在写作中找到乐趣和成就感。同时，教师也应该及时表扬学生的进步和成就，帮助他们建立自信心，从而更有动力地投入到写作中去。

写作技巧训练对于提高学生的表达能力至关重要。通过掌握各种文体的写作技巧，学生可以更加清晰、准确地表达自己的想法和观点，从而提高他们的写作水平和沟通能力。同时，写作技巧训练还可以培养学生的创造力、逻辑思维能力和自信心，使他们在未来的学习和工作中都能够游刃有余地应对各种写作任务。因此，教育工作者应该重视写作技巧训练，为学生提供更加全面和有效的写作教育。

四、听说能力强化

加强口语交际和听力理解的训练是提高语言能力的重要途径之一。在当今社会，随着全球化的不断发展，交流和沟通的重要性日益凸显，而口语交际和听力理解作为语言能力的两个重要组成部分，在各种场合都具有重要的应用价值。因此，加强口语交际和听力理解的训练对于个人的学习和职业发展都至关重要。

口语交际是人们日常生活中不可或缺的能力。无论是在家庭、学校、工作场所还是社交场合，都需要与他人进行口头交流。一个能够流利表达自己想法、清晰表达观点的人更容易获得他人的理解和支持。而加强口语交际的训练，可以提高个人的口头表达能力，使其能够更自信地与他人交流，不仅有助于个人的社交能力提升，也能够增强个人在工作和学习中的竞争力。

听力理解是有效沟通的基础。在日常生活中，我们不仅需要表达自己的想法，还需要理解他人的意思。而听力理解能力的强弱直接影响到我们对他人所说内容理解的准确程度。加强听力理解的训练，可以提高个人对语言细节的敏感度，加深对语言语调、语速等方面的理解，从而更好地理解他人的意图和表达，避免沟通中的误解和歧义，提高沟通效率。

加强口语交际和听力理解的训练也有助于提高个人的学习效率和学习成绩。在学习过程中，口语交际和听力理解是获取知识的重要途径之一。通过与他人交流讨论、听取老师讲解等方式，可以更好地理解学习内容，加深对知识点的印象，并且通过口语表达自己的想法，可以更深入地理解和消化所学知识。因此，加强口语交际和听力理解的训练可以提高个人在学习中的积极性和主动性，从而取得更好的学习成绩。

随着信息时代的发展，语言交流的方式也在不断更新。现代人更多地通过手机、电脑等电子设备进行文字交流，但这并不意味着口语交际和听力理解的能力变得不重要。相反，随着信息量的增加和交流方式的多样化，口语交际和听力理解的能力显得更加重要。在面对电话会议、视频会议等形式的远程交流时，良好的口语表达能力和听力理解能力可以更好地与他人进行沟通，保证沟通的顺畅和高效。

针对加强口语交际和听力理解的训练，可以采取多种方法和途径。首先，可以通过大量的口语练习来提高口语表达能力，例如模拟对话、口语演讲等。其次，可以通过多听多说来提高听力理解能力，例如听新闻、听录音、参加英语角等。此外，还可以通过参加语言培训班、请专业老师辅导等方式进行系统性的训练和提高。

加强口语交际和听力理解的训练对于个人的发展具有重要意义。无论是在学习、工作还是社交等方面，良好的口语交际和听力理解能力都是成功的关键之一。因此，我们应该重视口语交际和听力理解的训练，不断提高自己的语言能力，以适应社会发展的需要，实现个人的自我提升和发展。

五、批判性思维培养

在语文学习中，培养学生的批判性思维和问题解决能力至关重要。批判性思维是指对信息进行分析、评价和推理的能力，而问题解决能力则是指在面对各种问题时，能够运用逻辑思维和创造性思维找到解决方案的能力。这两种能力在语文学习中的培养，不仅有助于学生更好地理解和运用语言，还能提升其综合素养，为未来的学习和生活奠定坚实的基础。

语文学习是培养批判性思维的重要途径之一。语文作为一门涉及文字、语言、逻辑和文化的学科，要求学生在阅读、写作和表达中具备批判性思维。在阅读文本时，学生需要审视作者的观点、论证和立场，辨别事实与观点，从而形成自己的理解和观点。通过批判性的阅读，学生可以培养分析问题、评价信息的能力，提升逻辑思维和判断能力。同时，在写作和表达中，学生也需要对所表达的内容进行思辨和推理，确保文字的逻辑严谨和说服力。因此，语文学习提供了丰富的素材和实践场景，有助于学生在实践中培养批判性思维。

语文学习也是培养问题解决能力的有效途径。语文学习中的问题不仅仅是语言表达方面的困难，还包括理解、分析和解决文本中的难点。解决这些问题需要学生发挥创造性思维，运用逻辑推理和联想能力，找到合适的解决方案。例如，在阅读理解中，学生可能会遇到生词、难句或者不理解的段落，需要通过上下文理解、词汇推测等方法来解决问题；在写作中，学生可能会遇到构思不清、逻辑不连贯等问题，需要通过反复修改和思考来找到解决方案。通过解决这些问题，学生可以不断提升解决问题的能力，培养自信心和独立思考的能力。

除此之外，语文学习还可以培养学生的批判性思维和问题解决能力，通过与他人的讨论和交流。在课堂上，老师可以组织学生进行小组讨论或者互动交流，让学生通过分享观点、对话讨论的方式，共同探讨文本中的问题和疑惑，从而激发学生的思维和创造力。在这个过程中，学生不仅可以听取他人的观点和看法，也可以学会尊重和理解他人的观点，培养合作精神和团队意识。同时，通过与他人的交流和讨论，学生还可以发现自己的不足之处，从而不断完善和提升自己的批判性思维和问题解决能力。

语文学习还可以通过提供多样化的学习资源和方法来培养学生的批判性思维和问题解决能力。在教学过程中，老师可以结合课堂教学和课外阅读，引导学生接触不同类型和风格的文本，从而拓展学生的视野和思维空间。同时，老师还可以借助现代技术手段，如互联网、多媒体等，为学生提供丰富多彩的学习资源和工具，激发学生的学习兴趣和好奇心。通过多样化的学习资源和方法，学生可以在实践中不断探索和发现，培养批判性思维和问题解决能力。

语文学习是培养学生批判性思维和问题解决能力的重要途径之一。通过批判性的阅读、写作和表达，学生可以培养分析问题、评价信息的能力，提升逻辑思维和判断能力；通过解决文本和语言中的问题，学生可以培养解决问题的能力，提升自信心和独立思考的能力。此外，与他人的讨论和交流，以及多样化的学习资源和方法，也为学生培养批判性思维和问题解决能力提供了丰富的机会和可能性。因此，教师应该在语文教学中注重培养学生的批判性思维和问题解决能力，为他们的综合素养和未来的学习生活打下坚实的基础。

第三节　过程与方法的指导

一、教学方法多样化

教学方法的多样化是教育领域中一个备受重视的议题。在传统的教学模式中，往往以讲授为主导，教师站在讲台上讲授，学生则被动地接受知识。然而，随着教育理念的不断演进和教学技术的不断发展，越来越多的教育工作者和学者开始意识到，单一的教学方法可能无法满足不同学生的学习需求和个性特点。因此，教学方法的多样化成了当代教育改革的一个重要方向。在这个过程中，采用讲授、讨论、合作等多种教学方法已经成为一种普遍的趋势。

讲授是传统教学中最为常见的教学方法之一。通过教师的讲解，学生可以快速了解到大量的知识内容。讲授具有信息传递快速、内容清晰明了等优点，适用于一些基础知识和概念的传授。然而，单一的讲授模式容易导致学生养成被动接受的习惯，而且对于一些复杂的概念或者抽象的知识内容，纯粹的讲授往往难以让学生深刻理解和掌握。因此，仅仅依靠讲授很难实现教育的真正目的。

讨论是一种更加开放和互动性强的教学方法。学生可以在教师的引导下，积极参与到课堂讨论中，分享自己的看法和理解，与同学进行交流和互动。讨论的优点在于可以激发学生的思维和创造力，培养学生的批判性思维和解决问题的能力。同时，通过与他人的交流，学生可以从不同的角度去理解和分析问题，拓宽自己的视野。然而，讨论也存在一些问题，比如一些学生可能会沉默不语，导致讨论效果不佳；另外，讨论过程中可能会出现一些争论或者混乱，需要教师有一定的管理能力来引导和控制。

合作学习是一种强调学生之间合作和团队合作的教学方法。在合作学习中，学生通常会被分成小组，共同完成一些任务或者项目。通过合作学习，学生可以互相协助、共同探讨问题，培养团队合作和沟通能力。合作学习也有利于学生彼此之间的交流和理解，促进学生之间的友谊和团队精神。然而，合作学习也存在一些挑战，比如可能会出现自由载体和责任不明确等问题，需要教师进行适当的引导和监督。

除了上述几种教学方法之外，还有很多其他的教学方法，比如案例分析、角色扮演、实验教学等。每种教学方法都有其独特的优势和适用场景，教师可以根据具体的教学目标和学生的特点来选择合适的教学方法。同时，也可以结合多种教学方法，设计多样化的教学活动，以提高教学效果。

教学方法的多样化是教育改革的一个重要方向，可以有效地激发学生的学习兴趣，提高学习效果。采用讲授、讨论、合作等多种教学方法，可以使学生在不同的情境下获得更加全面和深入的学习体验，培养学生的综合能力和创新能力，促进学生的全面发展。因此，教师应该在教学实践中不断探索和尝试，灵活运用各种教学方法，为学生创造一个积极、开放和多元的学习环境。

二、学习过程指导

学习过程的指导是教育中至关重要的一环，它直接关系到学生的学习效果、学习态度以及学习能力的培养。在教育实践中，我们经常强调学生的学习成绩，但更为重要的是要关注学生的学习过程，因为一个良好的学习过程不仅能够提高学生的学习效果，还能够培养他们的自主学习能力和解决问题的能力。

学习策略是指学生在学习过程中采用的一系列行为或方法，以实现学习目标。学习策略可以分为认知策略和元认知策略两类。认知策略是指学生在学习过程中运用的具体的学习方法，如记忆、理解、分析、联想等。而元认知策略则是指学生对自己的学习过程进行监控和调节的能力，包括目标设置、计划制订、学习监控、反思等。在指导学生学习过程中，我们应该重视培养学生的元认知策略，帮助他们建立良好的学习习惯和自主学习能力。例如，我们可以教导学生如何设定明确的学习目标，如何制订有效的学习计划，如何监控自己的学习进度，以及如何在学习过程中不断地反思和调整自己的学习策略。

除了学习策略外，学习方法也是学生学习过程中不可或缺的一部分。学习方法是指学生在学习过程中采用的一种系统的学习方式或方法论。不同的学科和不同的学习内容往往需要采用不同的学习方法。例如，在学习数学和自然科学的时候，学生通常需要采用一些逻辑推理和问题解决的方法；而在学习语言和文学的时候，则需要采用一些阅读理解和写作表达的方法。因此，在指导学生学习过程时，我们需要根据不同的学科和学习内容，灵活运用不同的学习方法，帮助学生更好地理解和掌握知识。此外，我们还可以引导学生通过合作学习、探究学习等方式，拓展学习方法，提高学习效率和学习能力。

除了学习策略和学习方法外，学习过程的指导还需要关注学生的学习动机和学习态度。学习动机是学生参与学习活动的内在动力，它直接影响着学生的学习积极性和学习成果。因此，我们在指导学生学习过程时，需要重视激发学生的学习兴趣和学习动机，让他们能够在学习过程中保持积极的态度和高涨的学习热情。与此同时，我们还需要关注学生的学习态度。良好的学习态度是学生取得学习成果的重要保障，因此我们应该通过鼓励、赞扬和激励等方式，培养学生良好的学习态度，引导他们树立正确的学习观念，建立积极的学习心态。

在学习过程的指导中，教师扮演着至关重要的角色。教师不仅是知识的传授者，更是学生学习过程的引导者和指导者。因此，教师应该具备丰富的教育理论知识和教学实践经验，能够灵活运用不同的教学方法和教学策略，根据学生的实际情况，量身定制个性化的学习指导方案。与此同时，教师还应该关注学生的学习需求和学习特点，及时发现和解决学生学习中的问题和困难，帮助他们克服学习障碍，提高学习效果。此外，教师还应该与学生建立良好的师生关系，倾听学生的意见和建议，激发学生的学习潜能，共同促进学生的全面发展。

三、实践活动安排

在语文教育中，实践活动是不可或缺的一部分，它为学生提供了一个更加丰富、立体的学习环境，有助于巩固所学知识，培养语言表达能力，激发学生学习语文的兴趣。其中，朗读比赛和作文大赛作为两种主要的实践活动形式，既有各自独特的特点，也相辅相成，共同促进学生语文素养的全面提升。

朗读比赛作为一种口语实践活动，能够有效提高学生的语言表达能力和听力理解能力。通过朗读比赛，学生不仅能够锻炼语音语调，提高发音准确性，还能够培养语言的韵律感和节奏感。在比赛中，学生们不仅需要注重语言的准确性和流畅性，还需要理解文章的内涵，把握语言的情感和表达方式，这对于提升学生的语言表达能力和情感表达能力具有重要意义。同时，朗读比赛还可以培养学生的自信心和表达欲望，激发学生对语文学习的兴趣和热情。

作文大赛则是一种书面表达实践活动，能够促进学生的文字表达能力和思维逻辑能力。通过作文大赛，学生们能够锻炼自己的文字表达能力，提高文字组织和排比能力，培养自己的文采和修辞技巧。在作文大赛中，学生们不仅需要注重文章的结构和组织，还需要注重文章的内容和主题，提出自己独特的见解和观点，这对于提升学生的思维深度和逻辑思维能力具有重要意义。同时，作文大赛还可以培养学生的创新意识和批判思维，激发学生对语言艺术的追求和探索。

朗读比赛和作文大赛还可以有效促进学生的合作与竞争意识。在朗读比赛和作文大赛中，学生们不仅需要展示自己的个人能力，还需要与他人合作，学习他人的优点，借鉴他人的经验，共同提高。同时，比赛的竞争环境也可以激发学生的学习动力，促使他们更加努力地学习，不断提高自己的语文水平。

朗读比赛和作文大赛作为语文教育中的重要实践活动，对于提升学生的语言表达能力、文字表达能力和思维逻辑能力具有重要意义。通过这些实践活动，学生不仅可以巩固所学知识，提高语文水平，还可以培养自信心和合作精神，激发学习兴趣，为他们的终身发展打下坚实的语文基础。因此，组织丰富多彩的语文实践活动，如朗读比赛、作文大赛等，对于促进学生全面发展、提高学生语文素养具有重要意义，值得我们高度重视和积极推广。

四、技能训练与实际应用

在现代社会，语文技能的实际应用日益凸显其重要性。语文技能不仅仅是学习语言文字的能力，更是一种在日常交流、公共演讲等场景下能够有效表达思想、沟通交流的能力。因此，技能训练与实际应用在语文学习中占据了至关重要的地位。

日常交流是语文技能的重要实际应用之一。无论是与家人、朋友还是同事之间的交流，都离不开语言文字的运用。一个具有良好语文技能的人能够更准确地表达自己的意思，更清晰地理解他人的观点，从而建立起良好的人际关系。在日常交流中，语文技能的实际应用体现在用词准确、语句通顺、表达清晰等方面。例如，在家庭中，父母与子女之间的沟通需要一定的语文技能，这不仅能够增进亲子之间的感情，还有助于孩子语言表达能力的提升。在工作场合，员工之间的有效沟通也需要良好的语文技能作为基础，这有助于团队协作的顺利进行，提高工作效率。

公共演讲是另一个需要语文技能的实际应用场景。无论是在学校的演讲比赛中，还是在企业的会议中，公共演讲都需要演讲者具备良好的语言表达能力和说服力。一个能够流畅表达思想、条理清晰、语言得体的演讲者往往能够吸引听众的注意力，达到预期的演讲效果。语文技能的实际应用在公共演讲中体现在演讲稿的撰写、演讲技巧的运用、语言的修辞手法等方面。例如，一个优秀的演讲者能够运用恰当的修辞手法，如比喻、排比、引用等，使演讲内容更加生动有趣，更容易引起听众的共鸣和认同。

除了日常交流和公共演讲，语文技能还可以在其他实际应用场景中得到体现。比如，在写作方面，无论是写日记、写邮件还是写报告，都需要良好的语文技能来表达自己的思想和观点。在阅读方面，对于各类文学作品、新闻报道、学术论文等的阅读理解，也需要一定的语文功底。此外，在社交媒体上的文字表达、评论和互动，同样需要语文技能来准确表达自己的意思，避免产生误解和歧义。

语文技能的实际应用贯穿于日常生活的方方面面。无论是在日常交流、公共演讲还是其他场景下，都需要具备良好的语文技能来有效地表达自己的思想、理解他人的观点，并与他人进行有效的沟通和交流。因此，技能训练与实际应用在语文学习中具有重要意义，只有通过不断的实践和训练，才能够不断提升自己的语文水平，更好地适应现代社会的需要。

五、个性化学习支持

个性化学习支持是一种基于个体学生需求和特点的教学方法，旨在提供定制化的学习体验，以满足不同学生的学习需求和发展水平。这种教学方法将学生视为独特的个体，关注其学习风格、兴趣、能力和学习目标，并据此为其量身定制学习计划和教学内容。个性化学习支持的实施需要教育者采用多样化的教学策略和资源，以促进学生的学习成果和个人发展。

个性化学习支持强调了学生的多样性。每个学生都是独一无二的个体，拥有自己独特的学习需求和发展路径。传统的教育模式往往是一刀切的，忽视了学生的个性差异，导致一些学生在学习中失去了兴趣或者感到挫败。而个性化学习支持则充分尊重学生的个性，关注其学习特点和需求，为其提供个性化的学习体验。

个性化学习支持注重了学生的自主性和自主学习能力的培养。通过个性化学习支持，学生有更多的机会参与学习决策和规划，根据自己的兴趣和目标选择学习内容和学习方式。这样的学习过程不仅可以增强学生的学习动机和学习投入度，还可以培养学生的自主学习能力和解决问题的能力，为其未来的学习和生活奠定良好的基础。

个性化学习支持倡导了学习过程的灵活性和个性化。传统的教学模式通常是固定的、统一的，学生需要按照统一的进度和要求进行学习，这种刚性的学习方式往往不能满足不同学生的学习需求和节奏。而个性化学习支持则提倡了学习过程的灵活性和个性化，允许学生根据自己的学习进度和能力选择学习内容和学习方式，从而更好地满足其学习需求和发展水平。

个性化学习支持还强调了教育技术的应用和创新。随着信息技术的不断发展和普及，教育技术在个性化学习支持中发挥着越来越重要的作用。通过教育技术,教育者可以更好地了解学生的学习需求和特点,为其提供个性化的学习支持和辅导。比如,通过数据分析和人工智能技术,可以实现对学生学习行为和学习进度的实时监测和分析,从而为其提供个性化的学习建议和辅导。

个性化学习支持还需要教育者和学校管理者的支持和配合。个性化学习支持需要教育者具备更多的教学技能和教育理念,以更好地满足学生的学习需求和发展水平。同时,学校管理者需要制定相应的政策和措施,为个性化学习支持提供必要的支持和资源保障。只有教育者和学校管理者的共同努力,才能够更好地实现个性化学习支持的目标,为学生提供更优质的教育服务。

个性化学习支持是一种基于个体学生需求和特点的教学方法,旨在提供定制化的学习体验,以满足不同学生的学习需求和发展水平。个性化学习支持强调了学生的多样性,注重了学生的自主性和自主学习能力的培养,倡导了学习过程的灵活性和个性化,强调了教育技术的应用和创新,需要教育者和学校管理者的支持和配合。个性化学习支持有望成为未来教育发展的主要趋势,为学生提供更加个性化和优质的教育服务。

第四节　情感、态度与价值观的形成

一、情感体验与表达

情感体验与表达在语文学习中扮演着至关重要的角色。在语文学习的过程中,情感的体验和表达不仅仅是为了传递知识,更是为了让学生建立情感联结,加深对文学作品的理解,提升语言表达能力,培养综合素养。鼓励学生在语文学习中进行情感体验和表达,不仅能够激发学生的学习兴趣,更能够促进他们的全面发展。

情感体验与表达有助于学生建立情感联系。语文作为一门人文学科,其背后蕴含着丰富的情感元素。文学作品往往通过文字表达出人物的内心感受、情感体验,让读者产生共鸣。通过对文学作品的阅读和分析,学生可以与作品中的人物情感产生共鸣,进而建立起与作品的情感联系。这种情感联系不仅能够使学生对作品产生更深的理解,还能够激发学生对文学的热爱,促进其主动阅读和探索。

情感体验与表达有助于加深对文学作品的理解。文学作品中蕴含着丰富的情感和意义，而情感体验和表达是理解文学作品的重要途径之一。通过对文学作品中人物的情感体验和表达的分析，可以帮助学生深入理解作品的主题、情节和人物形象。例如，在阅读一篇诗歌时，通过体验诗人的情感，理解诗歌中所表达的情感，就能更好地把握诗歌的意义和美感。因此，鼓励学生在语文学习中进行情感体验和表达，有助于加深他们对文学作品的理解，提升他们的文学鉴赏能力。

情感体验与表达还有助于提升语言表达能力。语言是情感的载体，情感体验和表达是语言运用的重要方面。通过对情感的体验和表达，学生可以更加灵活地运用语言，表达自己的情感和观点。例如，在写作文时，如果学生能够真实地体验和表达自己的情感，就能够使文章更加生动、有感染力，吸引读者的注意力。因此，通过情感体验和表达的训练，不仅可以提升学生的语言表达能力，还能够培养他们的写作技巧，使其成为具有表达能力的语言使用者。

情感体验与表达有助于培养学生的综合素养。情感体验和表达不仅仅是语文学习的一部分，更是人文素养的体现。通过对文学作品的情感体验和表达，学生可以培养自己的情感情操，提升自己的人文素养。同时，情感体验和表达还能够培养学生的审美情趣和创造力，促进其全面发展。例如，当学生学会欣赏一首诗歌时，不仅能够感受到诗歌中蕴含的情感和美感，还能够激发自己的创作欲望，尝试自己创作诗歌。因此，鼓励学生在语文学习中进行情感体验和表达，不仅有助于提升他们的语文水平，还能够培养他们的综合素养，促进其全面发展。

情感体验与表达在语文学习中具有重要意义。情感体验和表达可以帮助学生建立情感联系，加深对文学作品的理解，提升语言表达能力，培养综合素养。因此，鼓励学生在语文学习中进行情感体验和表达，不仅有利于学生的个人发展，更有利于促进教育的全面发展。

二、价值观培养

在当代社会中，价值观培养是教育工作的一个重要方面，而文学作品在这一过程中扮演着至关重要的角色。文学作品是人类智慧和情感的结晶，它不仅仅是一种艺术形式，更是一种传递价值观念和道德准则的重要媒介。通过文学作品等教材来培养正确的价值观和道德观，不仅能够帮助人们更好地理解和认识自我，还能够引导人们形成积极健康的人生观、价值观和道德观，从而促进社会的和谐稳定和个体的全面发展。

文学作品能够通过情节设置、人物塑造等手法，展现出不同的价值取向和道德准则。

在文学作品中，作者通过虚构的故事情节和各种人物形象，反映出自己对于价值观和道德观的思考和认识。这些作品中的主人公往往会在生活中面临各种困境和选择，他们的行为和抉择往往能够反映出一定的价值取向和道德准则。比如，在《红楼梦》中，林黛玉、贾宝玉等主要人物的命运和抉择，展现了作者对于传统礼法和人情世故的思考，引发了读者对于人性、情感和价值观的深入思考。

文学作品能够通过情感共鸣和情感沟通的方式，潜移默化地影响读者的思想和情感。文学作品往往具有强烈的感染力和感召力，它能够唤起读者内心深处的情感共鸣，引发读者对于人生、爱情、友情、家庭等话题的深入思考。通过与文学作品中的人物形象产生情感共鸣，读者不仅能够更加深入地理解作品所传达的价值观和道德观，还能够在情感体验中接受和认同这些价值观念。比如，《小王子》中小王子对于友谊、责任和成长的探索，触动了无数读者的心灵，引发了人们对于生命意义和人生价值的思考。

文学作品还能够通过丰富的文化内涵和人文精神，引导人们形成正确的世界观和人生观。文学作品不仅反映了特定历史时期和特定文化背景下的社会现实和人文精神，更传递了作者对于人生、社会和文化的深刻思考和理解。通过阅读文学作品，人们可以了解不同文化背景下的生活方式、价值取向和道德准则，从而拓宽自己的视野，增进对于多元文化的理解和尊重。比如，在中国古典文学作品中，蕴含着丰富的儒家、道家、佛家等思想理念，这些作品不仅可以帮助人们了解中国传统文化的精髓，更能够引导人们形成正确的人生观和价值观。

然而，需要注意的是，文学作品并非一味强调某种特定的价值观和道德准则，而是通过展现多样化的人生观和价值观，让读者在思考和选择中形成自己的判断。因此，在进行文学作品等教材的价值观培养时，教育者需要充分尊重学生的主体性和个性差异，引导他们通过自主思考和实践经验，逐步形成健康积极的人生观和价值观。同时，教育者还应该注重培养学生的批判思维能力和文学鉴赏能力，让他们能够辨析文学作品中的价值取向和道德观念，形成独立、全面的审美观和人生观。

通过文学作品等教材来培养正确的价值观和道德观，是教育工作中一项重要而又复杂的任务。文学作品以其丰富的情感表达和深刻的人生思考，能够引导人们认识自我、理解他人，形成正确的人生观和价值观，从而促进社会的和谐稳定和个体的全面发展。然而，在实际教育实践中，教育者需要充分认识到文学作品对于人的思想和情感的影响是多样化的和复杂的，需要因材施教，注重方法和策略的灵活运用，以实现价值观培养的有效性和积极性。

三、审美情感培育

审美情感培育是教育中一个至关重要的方面,它不仅仅是培养学生对美的感知能力,更是引导他们在审美领域中形成积极向上的情感态度和人生观。在教育实践中,诗歌、散文等文学形式扮演着重要的角色,它们通过丰富的语言、深刻的意境和情感表达,深深地触动着学生的心灵,促使他们在阅读、欣赏中领悟美的内涵,从而培养出高尚的审美情感。

诗歌作为一种高度凝练的文学形式,以其简洁而深刻的语言、独特的韵律和丰富的意象,能够直抵人心,激发出人们内心深处对美的渴望和追求。通过诗歌的欣赏,学生能够感受到诗人对生活、情感、自然等方面的独特感悟,进而引发出对生命、对世界的深刻思考。例如,李白的《将进酒》以豪迈激昂的语言,表达了对人生豁达豪情的向往,激励着人们勇敢追求自己的梦想;而杜甫的《登高》则以壮美的景象和深邃的思考,唤起了人们对人生境界的追求和对理想信念的坚守。这些经典之作不仅能够给学生带来美的享受,更能够在情感上激发他们对美好人生的向往和追求。

散文作为一种自由散漫的文体,以其真实、自然、贴近生活的特点,能够更加深入地触及学生的内心世界,引发出更加细腻、复杂的情感共鸣。散文常常以抒情、叙事、议论等方式呈现,既可以表达作者对生活、人生的感悟,也可以展现出作者对历史、社会的思考。例如,鲁迅的《从百草园到三味书屋》通过对北京的变迁描写,表达了对旧时代的怀念和对现实的不满,引导人们反思时代的变迁和人生的意义;而朱自清的《春》则以抒情的笔调,描述了春天的美好景象,让人们在阅读中感受到自然的生命力和美的力量。这些散文作品以其真挚的情感和生活的质感,打动了学生的心灵,让他们在平凡的生活中发现不平凡的美。

除了诗歌和散文,文学还有许多其他形式,如小说、戏剧等,都能够为学生提供审美情感的培育场所。小说以其丰富的想象力和复杂的情节,能够带领学生走进不同的人生世界,体验各种不同的情感冲击;戏剧则以其生动的舞台形式和丰富的表演语言,将故事情节呈现得淋漓尽致,使学生能够在欣赏中领悟到人生的戏剧性和多样性。总之,文学形式的多样性为学生提供了丰富多彩的审美体验,帮助他们在审美情感上得到更加全面和深入的培育。

然而,要实现通过诗歌、散文等文学形式培养学生的审美情感,还需要教育者在教学实践中采取一系列有效的策略和方法。首先,教育者应该注重选材,精选经典文学作品,使学生在阅读中接触到优秀的文学作品,感受到其中蕴含的美的力量和情感渗透。其次,教育者应该注重引导,通过适当的解读和分析,帮助学生理解文学作品背后的深层含义和情感表达,引导他们在阅读中主动思考、感悟美的内涵。再次,教育者应该注重互动,鼓励学生参与到文学作品的欣赏和讨论中,分享自己的感受和体会,拓展视野、丰富思想。最后,教育者应该注重实践,通过创设各种情境和活动,让学生在实践中感受美的魅力,提升审美情感的品味和水平。

四、文化自觉与认同

文化自觉与认同是当代教育中一项重要的任务,尤其对于中国的教育而言,增强学生对中华文化的自觉和认同更是必不可少的一环。中华文化悠久而璀璨,蕴含着丰富的哲学、历史、艺术和价值观念,对塑造个体的认知、行为和态度产生着深远影响。而在当今社会,随着全球化的深入和文化多元化的加剧,如何使年轻一代对中华文化产生自觉并认同其独特性,成了教育界亟待解决的问题。

了解中华文化的历史与传统是培养文化自觉与认同的基础。中华文化源远流长,涵盖了数千年的历史和丰富的传统。通过深入了解中国古代文明的发展历程、政治制度、科技成就、文学艺术等方面,学生可以感受到中华文化的博大精深。了解中华文化的历史与传统,有助于学生建立对自己民族文化的认同感,从而培养对中华文化的自觉与认同。

文化教育在学校教育中的地位至关重要。学校作为社会主要的文化传承和塑造机构,承担着培养学生文化自觉与认同的重要责任。学校可以通过课程设置、教材编写、活动组织等方式,将中华优秀传统文化融入教育教学中。例如,在语文课堂上,可以通过讲解古诗词、经典文学作品等方式,让学生感受到中华文化的魅力;在历史课堂上,可以通过讲述历史故事、展示历史文物等方式,让学生了解中华文化的传承与发展。通过学校的文化教育,可以激发学生对中华文化的浓厚兴趣,增强他们的文化自觉与认同。

家庭教育也是培养文化自觉与认同的重要途径。家庭是孩子最早接触到的社会单位,家庭教育对于孩子的思想观念和价值取向具有至关重要的影响。家长可以通过日常生活中的言传身教,向孩子传递中华传统文化的精神内涵。比如,家长可以与孩子一起欣赏中国传统节日、制作传统美食、参加传统文化活动等,让孩子在家庭氛围中感受到中华文化的独特魅力。同时,家长还应该引导孩子正确对待外来文化的冲击,让他们在多元文化的交融中保持对中华文化的自觉与认同。

社会环境也对培养文化自觉与认同起到着重要作用。社会是文化传承和创新的舞台，良好的社会环境可以为学生提供更广阔的文化认同空间。政府、社会组织、媒体等各方应共同努力，营造尊重、包容、发展中华文化的社会氛围。比如，政府可以出台相关政策，支持中华文化的传承和发展；社会组织可以举办各类文化活动，吸引更多的人参与其中；媒体可以加大对中华文化的宣传力度，提升中华文化的知名度和影响力。通过社会环境的共同努力，可以为学生树立正确的文化认同观念，增强他们的文化自觉与认同。

增强学生对中华文化的自觉与认同是当前教育事业中的重要任务。只有让学生真正了解中华文化的历史与传统，将中华优秀传统文化融入学校教育和家庭教育中，营造良好的社会环境，才能培养出对中华文化自觉与认同的新一代，推动中华文化的传承与发展。这不仅是教育的责任，也是社会的责任，需要政府、学校、家庭以及全社会的共同努力来实现。

五、品格教育

品格教育是教育事业中至关重要的一环，它不仅仅是传授知识和技能，更是培养学生的品德、修养和人格。在当今社会，品格教育已经成为教育改革的重要方向之一。注重品格教育的目的在于培养学生的社会责任感和人文关怀，使他们成为具有高尚品德和良好行为习惯的人才。

品格教育的重要性不言而喻。在当今社会，人们更加关注个体的品德和素质，而非仅仅是知识水平。一个人的品德和道德修养直接影响着他的言行举止以及对社会的贡献。因此，教育者必须将品格教育置于教育的核心位置，通过教学和实践引导学生树立正确的人生观、价值观和行为准则。只有这样，学生才能够在未来的生活中成为真正有用、有益的社会人才。

培养学生的社会责任感是品格教育的重要内容之一。社会责任感是指个体意识到自己在社会中的地位和角色，并且愿意承担起对社会、对他人负责任的态度和行动。通过教育，学生应该被引导认识到自己作为社会的一员，应该为社会的发展和进步做出自己的贡献。这种责任感不仅体现在个人行为上，更体现在对社会问题的关注和解决上。比如，学生可以通过参与志愿活动、关注社会热点问题等方式培养自己的社会责任感，从而成为具有担当精神的人才。

除了社会责任感，人文关怀也是品格教育的重要内容之一。人文关怀是指个体对他人的关心、关爱和帮助，是一种体现人道主义精神的行为。在当今社会，人们之间的关系日益冷漠，缺乏人文关怀已经成为一个普遍存在的问题。因此，教育者应该通过品格教育引导学生关注身边的人，学会从他人的角度去思考问题，培养学生的同情心和爱心，使他们具备与人为善、乐于助人的品质。只有这样，社会才能更加和谐，人与人之间的关系才能更加和睦。

在实践中，品格教育的开展需要全社会的参与和支持。除了学校教育之外，家庭教育、社会教育等也都起着不可替代的作用。家长应该成为孩子品格教育的第一任老师，通过言传身教的方式引导孩子树立正确的价值观和行为准则。社会各界也应该为品格教育提供更多的资源和支持，比如通过举办各种品格教育活动、建立品格教育基地等方式，为学生的品格教育提供更多的机会和平台。

品格教育是教育事业中至关重要的一环，它不仅能够培养学生的社会责任感和人文关怀，更能够提升学生的整体素质和竞争力。只有注重品格教育，我们才能培养出更多具有高尚品德和良好行为习惯的人才，为社会的发展和进步做出更大的贡献。因此，我们应该共同努力，将品格教育工作做得更好，为建设美好的社会提供更加坚实的基础。

第五节 核心素养与写作表达能力

一、写作能力的重要性

提高学生的阅读理解能力是教育中的重要目标之一，因为这种能力不仅对学生学习其他学科，如语言、文学、历史、科学等具有重要意义，而且对于其未来的学业和职业发展也至关重要。在当今信息爆炸的时代，培养学生的阅读理解能力不仅要求他们能够获取信息，更重要的是能够理解、分析、评估和运用所阅读的内容。因此，通过核心素养培养来提高学生的阅读理解能力是一个非常有效的方法。

核心素养是指在特定情境中运用知识、技能、态度和价值观来解决问题、做出决策和表达意见的综合能力。核心素养包括信息素养、思维素养、人际与情感素养、学习与创新素养以及审美与实践素养。这些素养相互交织、相互渗透，共同构成了一个人综合素质的基础。

在提高学生阅读理解能力的过程中，信息素养起着关键作用。信息素养不仅仅是指学生具备获取信息的能力，更包括对信息的理解、分析、评估和应用能力。通过培养学生的信息素养，可以使他们能够更好地理解所阅读的内容，并从中获取有用的信息。为了培养学生的信息素养，教师可以采取多种策略。例如，教师可以设计一些阅读任务，要求学生在阅读过程中提出问题、总结信息、分析作者的观点等，以促进学生对阅读材料的深入理解。此外，教师还可以教授学生一些信息检索的技巧，让他们能够更加高效地获取所需信息。

除了信息素养，思维素养也是提高学生阅读理解能力的重要因素。思维素养是指学生具备系统思考、批判性思维、创造性思维等能力。通过培养学生的思维素养，可以使他们更好地理解、分析和评估所阅读的内容。为了培养学生的思维素养，教师可以采用启发式教学法。例如，教师可以引导学生通过提出问题、进行讨论、进行案例分析等方式，培养他们的批判性思维能力。此外，教师还可以设计一些开放性的问题，激发学生的创造性思维，帮助他们更好地理解和应用所学知识。

人际与情感素养也对提高学生阅读理解能力起着重要作用。人际与情感素养是指学生具备良好的人际交往能力和积极的情感态度。通过培养学生的人际与情感素养，可以使他们更好地与他人合作、交流和分享，从而促进对阅读材料的理解和应用。为了培养学生的人际与情感素养，教师可以设计一些合作学习的活动。例如，教师可以让学生分组阅读某一篇文章，并在小组内进行讨论和交流，从而促进彼此之间的合作和交流。此外，教师还可以引导学生分享自己的阅读体验和感受，培养他们的情感态度，使他们更加积极地参与阅读活动。

除了上述核心素养外，学习与创新素养和审美与实践素养也对提高学生阅读理解能力起着重要作用。学习与创新素养是指学生具备主动学习和创新能力。通过培养学生的学习与创新素养，可以使他们更好地理解和运用所学知识。为了培养学生的学习与创新素养，教师可以设计一些开放性的学习任务，鼓励学生主动探索和发现知识。例如，教师可以让学生通过实验、调查等方式，深入了解所学知识，并进行创新性的思考和实践。审美与实践素养是指学生具备欣赏美的能力和进行实践活动的能力。通过培养学生的审美与实践素养，可以使他们更好地理解文学作品和艺术作品，并从中获取启发。为了培养学生的审美与实践素养，教师可以设计一些文学欣赏和艺术实践的活动。例如，教师可以让学生朗诵诗歌、表演戏剧等，从而培养他们的审美情趣和实践能力。

二、文体掌握与创意写作

文体掌握与创意写作在教育中扮演着至关重要的角色。通过教导学生掌握不同文体的写作技巧，以及激发他们的创意写作潜能，不仅可以提高他们的写作能力，还可以培养他们的创造力和思维能力。在现代社会，写作已经成为一种必备的能力，不论是在学业上还是在职场中，都需要具备良好的写作技巧。因此，教育者应该重视文体掌握和创意写作的教学，以培养学生全面发展的写作能力。

文体掌握是写作的基础。文体是指不同的写作形式或风格，如记叙文、议论文、说明文、抒情文等。每种文体都有其独特的特点和写作技巧，掌握这些技巧对于学生的写作能力至关重要。例如，记叙文要求生动具体地叙述事件或故事，需要注意情节的安排和语言的生动性；议论文要求明确表达观点，并提供充分的论据和逻辑支持；说明文要求清晰地解释事物的原理或过程，需要注重逻辑性和条理性；抒情文则要求表达情感和思想，需要注重语言的优美和感染力。通过教导学生掌握这些不同的文体，可以帮助他们更加灵活地运用不同的写作形式，提高写作的表达效果和传达能力。

创意写作是写作的灵魂。创意写作是指通过想象力和创造力来进行写作，使作品更具有个性化和独创性。在现代社会，创意已经成为一种重要的竞争优势，对于培养学生的创意写作能力具有重要意义。创意写作不仅可以提高学生的写作水平，还可以培养他们的想象力、创造力和思维能力，使他们能够更好地应对未来的挑战和机遇。因此，教育者应该通过各种方式激发学生的创意写作潜能，帮助他们不断探索和发展自己的创意。

为了教导学生掌握不同文体的写作技巧，并激发他们的创意写作潜能，教育者可以采取以下几种方法：

通过教学和训练来提高学生的写作技能。教育者可以设计各种写作任务和练习，让学生在实践中逐步掌握不同文体的写作技巧。例如，可以安排学生写作不同类型的文章，如记叙文、议论文、说明文等，然后进行评阅和反馈，帮助他们发现不足之处并加以改进。通过反复练习和指导，学生可以逐渐提高自己的写作水平，掌握不同文体的写作技巧。

通过阅读来拓展学生的写作视野。阅读是写作的源泉，通过阅读优秀的文学作品和范例，可以帮助学生了解不同文体的特点和写作技巧，激发他们的写作灵感和创意。教育者可以引导学生阅读各种文学作品，如小说、诗歌、散文等，让他们感受不同文体的魅力和表现形式。同时，可以组织学生参加文学沙龙或写作比赛，让他们有机会展示自己的写作才华，激发他们的写作热情和创意潜能。

通过创意活动来激发学生的写作潜能。创意活动是培养学生创意写作能力的有效途径，可以通过各种方式来进行。例如，可以组织学生进行写作讨论会，让他们分享自己的写作经验和心得体会，相互学习和交流；可以组织写作工作坊或写作营，邀请专业作家或写作老师来指导学生写作，帮助他们提高写作水平；还可以组织写作比赛或创意作品展，鼓励学生展示自己的创意作品，激发他们的写作热情和创造力。通过这些创意活动，可以激发学生的写作潜能，培养他们的创意写作能力，使他们能够更好地应对未来的挑战和机遇。

通过个性化指导来引导学生发展自己的写作风格。每个人都有自己独特的写作风格，教育者应该根据学生的个性和特点，给予个性化的指导和支持。例如，可以根据学生的兴趣和爱好，设计个性化的写作任务和项目，让他们有机会发展自己的写作风格可以针对学生的写作特点和问题，提供个性化的指导和建议，帮助他们克服困难，发展自己的写作技能。通过个性化指导，可以更好地激发学生的写作潜能，培养他们的创意写作能力，使他们能够在写作中找到自己的定位和风格。

在教导学生掌握不同文体的写作技巧和激发创意写作潜能的过程中，教育者还需要关注以下几个方面：

需要关注学生的写作动机和兴趣。学生的写作动机和兴趣是影响其写作表现的重要因素，教育者应该根据学生的兴趣和需求，设计有吸引力的写作任务和活动，激发他们的写作热情和创意潜能。例如，可以根据学生的兴趣爱好，设计不同主题的写作任务，让他们能够找到写作的乐趣和意义，提高写作的积极性和参与度。

需要关注学生的写作环境和资源。学生的写作环境和资源对于其写作能力的发展起着重要作用，教育者应该为学生提供良好的写作环境和丰富的写作资源，为他们的写作学习和实践提供支持和保障。例如，可以建立多媒体写作室或写作工作室，为学生提供写作设备和资源，创造良好的写作氛围和条件；可以邀请专业作家或写作老师来指导学生写作，提供专业的指导和建议，帮助他们提高写作水平和创意能力。

需要关注学生的写作反馈和评价。写作反馈和评价是帮助学生提高写作能力的重要途径，教育者应该及时给予学生写作反馈和评价，指导他们发现不足之处并加以改进，提高写作表现和水平。例如，可以组织写作小组或写作团队，让学生相互交流和评价，提供建设性的反馈和意见；可以定期组织写作展示或写作比赛，让学生有机会展示自己的创意作品，获得他人的认可和肯定，激励他们继续努力和进步。

需要关注学生的写作素养和价值观。写作素养和价值观是影响学生写作品质的关键因素，教育者应该注重培养学生的写作素养和价值观，引导他们树立正确的写作观念和价值取向，培养他们的写作责任感和社会责任感。例如，可以组织学生参与社会实践和公益活动，让他们通过写作来反映社会现实和关注社会问题，发挥写作的正能量和社会影响力；可以引导学生关注文学作品和经典著作，培养他们的审美情趣和人文素养，提高他们的写作品质和水平。

三、语言运用与表达清晰

语言运用与表达清晰是一项至关重要的能力，它直接关系到沟通的效果和信息的传递。在日常生活中，无论是口头交流还是书面表达，我们都需要注意语言的准确运用，以确保表达清晰、准确。在各个领域，如学术研究、商务交流、政治演讲等，语言的清晰表达更是至关重要。

语言的准确运用是确保沟通有效的关键。语言作为人类交流的工具，其准确性直接影响到信息的传递和理解。一个词汇的使用不准确或语法结构混乱可能导致信息的误解或歧义，从而破坏沟通的效果。因此，在使用语言进行交流时，我们需要尽可能地准确选择词汇，并遵循语法规则，以确保所传达的信息能够被准确理解。

表达清晰是有效沟通的基础。清晰的表达意味着信息能够以简洁、明了的方式传递给听者或读者，避免了歧义和误解。清晰的表达需要言之有物，结构合理，逻辑严谨。

在口头交流中，清晰的表达可以通过语速适中、语调抑扬顿挫等方式实现；在书面表达中，清晰则需要注意段落结构、句子连接以及文字组织，使文章的逻辑关系清晰可见。

除了在日常生活中，语言运用与表达清晰对于一些特定领域尤为重要。比如，在学术研究中，清晰的语言表达是确保研究成果被准确理解和接受的前提。一篇清晰的学术论文应该具备逻辑严密、观点清晰、数据可信的特点，以便读者能够准确理解作者的研究方法和结论。在商务交流中，语言的准确运用和清晰表达更是至关重要。商务文件、合同协议等文档需要精准的用词和严谨的语法，以避免产生任何歧义，从而保护各方的权益。

政治演讲也是需要语言运用与表达清晰的领域之一。政治演讲通常涉及重大议题和公共利益，因此演讲者需要用清晰明了的语言表达自己的观点和政策，以赢得听众的支持和信任。一场清晰的政治演讲不仅可以激发听众的情感共鸣，还能够让听众清晰地理解演讲者的政治主张，从而产生积极的影响。

那么，如何提高语言运用与表达的清晰度和准确性呢？首先，需要不断积累语言素材，包括词汇、短语、惯用语等。通过大量阅读、听力和写作练习，可以丰富自己的词汇量，提高对语言的敏感度。其次，需要注重语言的逻辑结构和组织，保持清晰的思维逻辑，在表达时遵循一定的语言规范和逻辑顺序。再者，及时反馈和修正也是提高语言表达能力的有效方法。在口语交流中，可以通过与他人的交流和讨论，及时发现和纠正自己的语言错误，提高表达的准确性和流畅度。在书面表达中，可以通过请教老师、同学或专业编辑等人士，获得针对性的建议和指导，进一步提高文章的语言质量。

语言运用与表达清晰是一项需要长期培养和提高的能力。它不仅关系到日常交流的效果，也关系到各个领域的专业素养和表达能力。通过不断地积累语言素材，注重语言的逻辑结构和组织，及时反馈和修正，我们可以逐步提高语言的准确性和清晰度，从而更好地与他人进行有效的沟通和交流。

四、逻辑思维与结构组织

在培养学生写作中的逻辑思维能力和文章结构组织能力方面，教育工作者需要采取一系列有效的方法和策略。逻辑思维是指人们在认识和表达问题时，按照一定的规律和原则，进行思考、推理、判断、分析、综合等认识活动的能力。文章结构组织能力则是指学生在写作过程中，能够合理安排文章的结构，使之条理清晰、层次分明、逻辑严密，达到表达思想的目的。

培养学生逻辑思维能力和文章结构组织能力需要教师注重课堂教学的设计和引导。在教学中，教师可以通过设计启发性的问题，引导学生进行思辨和分析，从而激发学生的逻辑思维能力。例如，可以设计一些与日常生活相关的问题，让学生进行思考和讨论，逐步培养他们的逻辑思维能力。同时，在指导学生写作时，教师应该着重讲解文章结构的基本原则和常用方法，例如"总—分—总"结构、"因果关系"结构等，让学生了解如何根据不同的写作目的选择合适的结构。

教师可以通过组织各种写作活动来培养学生的写作能力。写作是提高学生逻辑思维能力和文章结构组织能力的有效途径之一。在写作过程中，学生需要对所学知识进行整合和运用，这有助于促进他们的逻辑思维能力的发展。因此，教师可以设计各种写作任务，如写作日记、议论文、说明文等，让学生不断练习并逐步提高写作水平。同时，在学生完成写作任务后，教师应该及时给予反馈和指导，帮助他们发现问题并加以改进，进而提升他们的文章结构组织能力。

利用辅助工具和资源也是培养学生逻辑思维能力和文章结构组织能力的有效手段。现代技术的发展为教育提供了丰富的资源和工具，教师可以利用这些资源和工具来辅助教学。例如，可以利用电子白板、多媒体课件等教学工具展示各种写作范例，让学生通过观摩和分析，了解优秀作品的结构特点，从而提升自己的写作能力。同时，还可以引导学生利用互联网资源进行资料查找和信息整理，培养他们的信息处理能力和逻辑思维能力。

教师还可以通过开展讨论和辩论等活动来促进学生的逻辑思维能力和文章结构组织能力的培养。在课堂上，教师可以组织学生进行小组讨论或辩论，让他们就某一话题展开思想碰撞和观点交流，从而锻炼学生的逻辑思维和表达能力。通过参与讨论和辩论，学生不仅可以了解不同观点的论据和论证，还可以学会如何合理组织自己的思想和观点，提高文章的逻辑性和说服力。

培养学生在写作中的逻辑思维能力和文章结构组织能力是教育工作者的重要任务之一。通过合理设计课堂教学、组织各种写作活动、利用辅助工具和资源、开展讨论和辩论等手段，可以有效提升学生的写作水平，培养他们的逻辑思维能力和文章结构组织能力，为其未来的学习和工作打下坚实的基础。

五、个性化与情感表达

在写作过程中展现个性化风格和情感表达是一种强调个体独特性和情感共鸣的重要

手段。这种写作风格的鼓励不仅可以提高文本的感染力，还可以促进学生在表达自我、沟通情感和展现独特思维方面的能力。个性化与情感表达的结合不仅仅是写作技巧，更是一种表达内心真实感受和观点的重要方式。

个性化的写作风格可以增强作品的独特性和辨识度。每个人都有着独特的生活经历、情感体验和思维方式，因此，展现个性化的写作风格可以使作品从众多文字中脱颖而出，更容易被读者所记住。比如，在描述同一个事件或场景时，不同的人会有不同的感受和表达方式，而通过个性化的写作风格，可以让读者更加深刻地感受到作者独特的观点和情感。

情感表达是写作中不可或缺的一部分。情感是人类交流的基础，通过情感表达，作者可以与读者建立起更加紧密的情感联系，促使读者更深入地理解作者的观点和感受。情感表达不仅限于正面情感，也包括负面情感，比如愤怒、悲伤等，而这些情感的真实表达可以使作品更加真实和生动。例如，一篇描述自然景色的文章，如果作者能够真实地表达自己对大自然的敬畏和惊叹之情，那么读者也更容易被文章所感染，与作者产生共鸣。

个性化的写作风格和情感表达也有助于培养学生的独立思考能力和自我表达能力。在写作过程中，学生需要思考自己的观点和感受，并将其用文字表达出来。这种过程不仅可以帮助学生更好地理解自己的内心世界，还可以锻炼他们分析问题、归纳总结的能力。同时，通过将自己的情感和观点真实地表达出来，学生也能够建立起自信心，更加自信地与他人交流和沟通。

然而，个性化与情感表达在写作中也需要注意一些问题。首先，个性化并不意味着放任自流，而是需要在保持独特性的同时，注重文采和逻辑性。因此，在展现个性化的同时，学生也需要注意语言的准确性和连贯性，避免过度夸张或情感用词不当导致文章失去说服力。其次，情感表达需要建立在真实的基础上，而不是为了迎合读者而虚构情感。因此，学生在写作时应该真实地表达自己的感受和观点，而不是刻意追求感人泪下的效果。

个性化与情感表达在写作中具有重要意义。通过展现个性化的写作风格和真实的情感表达，不仅可以提高作品的感染力，还可以促进学生的自我表达能力和独立思考能力。因此，教师应该在写作教学中注重培养学生的个性化写作能力和情感表达能力，引导他们真实地表达自己的观点和情感，从而使写作教学更加富有成效。

第三章　语文课程内容与核心素养

　　本章围绕如何将核心素养融入语文课程内容进行详细探讨。首先，分析了语言文字运用在培养学生核心素养中的作用，强调实际语言应用能力的培养。接着，探讨文学知识与鉴赏在提升学生审美和文化素养方面的重要性。进一步深入到古代文化与经典阅读，强调通过阅读经典文学作品来增强学生的文化认同和历史意识。现代文阅读与理解部分，则侧重于学生对现代语境下的文本理解和批判性思维的培养。书面表达与创意写作节强调了写作技能在表达思想、情感和创新能力培养中的作用。最后，语言文化与交际能力一节探讨了语文教育在提升学生交际技能和跨文化理解能力方面的重要作用。整章内容旨在展示如何通过语文教育全面提升学生的核心素养，包括知识掌握、思维能力、文化理解和表达技能。

第一节　语言文字运用

一、基础语法知识

语言是人类交流和表达思想的重要工具，而语法则是语言的基本结构和规则。它是对语言中词汇、句子和短语等元素之间相互关系的规范描述，是理解和使用语言的基础。

语言的基本结构包括词汇、句子和短语。词汇是构成语言的基本单位，它们代表着具体的概念、对象或行为。句子是由词汇组成的完整表达意思的单位，它由主语、谓语和宾语等成分组成。而短语则是词组成的部分句子，通常用来表示一个特定的意义或功能。这些基本结构相互组合形成了丰富多样的语言表达。

语法规则是指控制语言结构和语法关系的规则，它们规定了词汇、句子和短语之间的正确组合方式。语法规则包括词法、句法和语法三个方面。

词法是语言中词汇的形态和构词规则。它包括词类（名词、动词、形容词等）的划分和词形变化（时态、语态、数等）的变化规则。例如，在英语中，动词有不同的时态和语态，如一般现在时、过去时、进行时等，这些时态的变化符合语法规则，使得句子的意思更加清晰和准确。

句法是语言中句子的结构和组成规则。它包括了句子成分的排列顺序、修饰成分的位置和语序等规则。在英语中，一般的语序是主语－谓语－宾语的顺序，但也有例外情况，如倒装句、疑问句等，它们都遵循着特定的句法规则。

语法是语言中句子之间的逻辑关系和连贯性规则。它包括了句子之间的连接方式、语气的表达、主谓一致等规则。在英语中，连词和标点符号是连接句子和表达语气的重要手段，它们能够使句子之间的关系更加清晰和紧密。

除了以上三个方面，语法规则还涉及语言的语音、语义和语用等方面。语音规则指的是语音的发音规则和语音之间的组合方式；语义规则是指词汇和句子的意义之间的关系和约束规则；语用规则是指语言使用中的社会文化规范和交际准则。

语言的基本结构和语法规则是理解和运用语言的基础。通过学习语法知识，我们可以更加准确地表达自己的思想，更好地理解他人的意图，从而实现有效的交流和沟通。因此，深入了解和掌握语言的基础知识对于提高语言能力和交际技巧是至关重要的。

二、词汇与表达

词汇与表达是语言能力的重要组成部分，它们对于有效沟通、清晰表达观点以及展现思想深度至关重要。在现代社会，随着信息传递的速度和范围的不断扩大，拥有丰富的词汇量和恰当的语言表达能力变得越发重要。

词汇量的积累是提高语言能力的基础。语言是思想的载体，而词汇则是构建思想的基石。一个人掌握的词汇量越丰富，他表达思想的能力就越强大。丰富的词汇使人能够准确、精练地表达自己的想法，让沟通更加顺畅。例如，在描述一个人时，如果只能用简单的形容词，如"好""坏"，那么表达的信息会非常有限。但是，如果你掌握了更多的形容词，如"友善的""慷慨的""聪明的"等，就能够更准确地描述一个人的品质和特点，让人们对这个人有更深入的了解。

恰当的语言表达能力对于个人的职业发展和社交能力至关重要。无论是在工作场合还是日常生活中，我们都需要通过语言与他人进行交流和合作。在工作中，一个人能否清晰地表达自己的想法和观点往往直接影响到他的工作效率和职业发展。一个具有良好语言表达能力的人，不仅能够更好地与同事合作，还能够更好地向上级汇报工作成果，赢得他人的信任和尊重。在社交场合，恰当的语言表达能力也能让人更加自信地与他人交流，建立良好的人际关系。

词汇积累和恰当的语言表达能力还对个人的学习和思维能力有着积极的影响。语言是思维的工具，而丰富的词汇和恰当的语言表达能力能够帮助人们更清晰地思考问题，更深入地理解知识。通过阅读、写作等方式不断积累词汇，可以拓展自己的思维边界，提高自己的综合素养。此外，通过不断练习语言表达，可以提高自己的逻辑思维能力和表达能力，让自己的思想更加清晰地传达给他人。

然而，要想提高词汇积累和语言表达能力，并不是一件容易的事情。首先，需要有持之以恒的学习态度和方法。可以通过阅读各种不同类型的书籍、报纸和杂志，来不断扩大自己的词汇量。此外，还可以利用词汇书、词汇 App 等工具来系统地学习和记忆词汇。其次，需要多加练习，不断地运用新学到的词汇和语言表达方式。可以通过写作、演讲、对话等方式来锻炼自己的语言表达能力，逐步提高自己的表达水平。最后，要注重积累语境中的词汇使用方法，学会根据不同的语境选择恰当的词汇和表达方式，以避免语言的歧义和误解。

词汇积累和恰当的语言表达能力对个人和社会都具有重要意义。它不仅能够提高个人的沟通能力和社交能力，还能够促进个人的学习和思维能力的发展。因此，我们应该重视词汇积累和语言表达能力的培养，不断地提高自己的语言水平，以更好地适应现代社会的发展需求。

三、听说读写技能

听说读写技能是语言学习中至关重要的部分，它们相互交织，相辅相成，构成了语言运用的全面能力。这四项技能是听力、口语、阅读和写作，它们在语言学习中扮演着不可或缺的角色。

听力是语言学习的基石之一。通过听力，学习者能够接触到真实的语言使用环境，了解语音、语调、语速等语言的实际运用情况。同时，通过听取不同来源的语音材料，学习者可以提高对语言的理解能力，从而更好地应对各种语言交际情境。例如，通过听取录音或者视频，学习者可以模仿母语者的发音、语调和语速，从而提高自己的语音表达能力。此外，通过听取不同主题的对话、讲座、新闻等，学习者可以扩大自己的词汇量，了解不同领域的专业术语，提高自己的语言应用能力。

口语是语言交际的重要方式之一。通过口语，学习者可以与他人进行实时的语言交流，表达自己的想法、观点和情感。口语训练不仅能够提高学习者的语言流利度，还能够培养学习者的交际能力和表达能力。例如，通过参加语言交流活动、模拟对话、角色扮演等方式，学习者可以提高自己的口语表达能力，增强自信心，更好地融入语言环境中去。此外，口语训练还可以帮助学习者克服语言焦虑，提高应对各种语言交际情境的能力。

阅读是语言学习中提高语言理解能力的重要途径。通过阅读，学习者可以接触到各种形式的语言材料，包括文章、故事、新闻、论文等，了解不同主题和风格的语言表达方式，拓展自己的视野和知识面。阅读不仅可以帮助学习者提高语言理解能力，还可以提高学习者的词汇量、语法结构和语言表达能力。例如，通过阅读各种类型的文章，学习者可以学习到不同的词汇和语法结构，了解不同的表达方式，从而提高自己的语言应用能力。此外，阅读还可以帮助学习者培养批判性思维能力，提高学习者的阅读理解水平，从而更好地理解文章的含义和作者的观点。

写作是语言学习中培养语言表达能力的重要手段。通过写作，学习者可以将自己的想法、观点和情感以书面形式表达出来，锻炼自己的文字表达能力和逻辑思维能力。写作训练不仅可以帮助学习者提高语言表达能力，还可以帮助学习者巩固所学的语言知识，加深对语言规则和结构的理解。例如，通过写作不同类型的文章，学习者可以提高自己的语言组织能力、逻辑思维能力和文字表达能力，培养自己的创造力和想象力。此外，写作还可以帮助学习者克服语言表达障碍，提高自己的写作速度和质量，从而更好地应对各种语言应用情境。

听说读写技能是语言学习中至关重要的部分，它们相互交织、相辅相成，构成了语言运用的全面能力。通过有效地练习听力、口语、阅读和写作技能，学习者可以提高自己的语言水平，更好地应对各种语言交际情境，实现自我提升和发展。因此，我们应该重视听说读写技能的培养，注重理论与实践相结合，采取多种方法和途径，不断提升自己的语言能力，为自己的学习和生活打下坚实的基础。

四、语言准确性与流畅性

语言的准确性和表达的流畅性是有效沟通的重要组成部分。无论是在书面还是口头表达中，准确的语言和流畅的表达都可以帮助信息传达者更好地表达意图，同时也能够使接收者更容易理解和接受所传达的信息。在任何交流中，语言的准确性和流畅性都是至关重要的，因为它们直接影响到交流的效果和质量。

准确的语言意味着使用恰当的词汇、语法和语义，以确保所传达的信息与说话者的意图完全一致。准确的语言可以减少歧义和误解，从而提高沟通的效率和效果。例如，如果一个人在描述一个特定的概念时使用了不准确的词汇或语法结构，可能会导致听者对其理解产生偏差，甚至完全误解说话者的意图。因此，在沟通中，语言的准确性是确保双方理解和认同的基础。

流畅的表达也是成功沟通的关键因素之一。流畅的表达意味着信息的传递能够连贯、自然地进行，而不会出现断断续续或结构混乱的情况。流畅的表达可以提高听者的注意力和理解能力，使其更容易跟随说话者的思路和逻辑。相比之下，如果表达不流畅，可能会导致听者失去兴趣，甚至无法完全理解说话者的意思。因此，在沟通中，保持表达的流畅性对于有效传递信息至关重要。

在现实生活中，语言的准确性和表达的流畅性通常需要长期的学习和实践才能达到。首先，要提高语言的准确性，一个人需要不断地学习和积累词汇、语法规则和语义知识。通过阅读、写作、听力和口语练习等方式，可以帮助个人提高自己的语言能力，从而更准确地表达自己的意思。其次，要提高表达的流畅性，一个人需要培养自己的逻辑思维能力和表达技巧。这包括学会合理组织语言结构、运用恰当的连接词和过渡词，以及练习提高语速和语调的变化，从而使表达更具连贯性和吸引力。

利用科技手段也可以有效地提高语言的准确性和表达的流畅性。例如，利用语音识别技术可以帮助个人检查自己口头表达的准确性和流畅性，从而及时发现和纠正错误。同时，利用自然语言处理技术可以帮助个人分析和优化书面表达的准确性和流畅性，例如通过检查语法错误、建议更恰当的词汇和提供修改建议等方式。

在教育和培训领域，也应该重视语言准确性和表达流畅性的培养。教师和培训者可以通过设计相关的课程和教学活动，引导学生和学员提高他们的语言能力，并提供充足的实践机会，让他们在实际交流中不断提升自己的语言水平。同时，应该注重培养学生和学员的批判性思维和创造性思维能力，使他们能够更灵活地运用语言，以及更准确地表达自己的观点和想法。

语言的准确性和表达的流畅性是有效沟通的重要前提。通过不断学习和实践，以及利用科技手段的支持，个人可以提高自己的语言能力，使自己在交流中能够更准确、更流畅地表达自己的意思，从而更有效地与他人进行沟通和交流。

五、实际应用场景

语言知识在日常生活和学术场合中的实际应用是广泛而深刻的。语言是人类最重要的交流工具之一，通过语言，人们能够表达思想、传递信息、建立关系、探索知识等。在日常生活中，语言的应用涉及各个方面，从简单的日常交流到复杂的社交场合，语言无处不在。在学术场合中，语言的应用则更加深入，涉及学术研究、论文撰写、学术交流等方面。

在日常生活中，语言是人们交流的主要工具，无论是与家人、朋友、同事还是陌生人交流，都离不开语言的应用。比如，人们在家庭中通过语言表达情感，沟通需求，传递信息，构建亲密关系。在社交场合中，语言也扮演着重要的角色，人们通过语言交流来建立新的社交关系，维护已有的社交关系，展示自己的个性和魅力等。此外，语言还在日常生活中的各个领域发挥着作用，比如在工作中用于沟通合作，在购物中用于询问商品信息，在旅行中用于交流导航等等。

在学术领域，语言是知识传递和学术交流的主要工具，学者们通过语言表达自己的研究成果，与同行进行学术讨论，推动学科的发展。首先，在学术研究中，语言知识被用于理论构建、实证研究、数据分析等方面。研究者们需要使用准确、清晰的语言表达自己的研究思路和方法，阐述研究结果和结论。其次，在学术写作中，语言知识起到至关重要的作用。学术论文、期刊文章、学术书籍等都需要使用规范、精练的语言表达，以确保信息传递的准确性和可信度。此外，在学术交流中，语言知识也是必不可少的。学者们通过学术会议、研讨会、讲座等形式进行学术交流，交流自己的研究成果，与同行进行讨论，获取反馈和启发。

语言知识在日常生活和学术场合中的应用是多方面的、广泛的、深入的。无论是在日常生活中还是在学术场合中，语言都是人类交流的重要工具，是思想交流、信息传递、社交互动的载体。因此，加强语言知识的学习和运用对于提高个人的交流能力、社交能力和学术能力都具有重要意义。

第二节 文学知识与鉴赏

一、文学流派与历史

中国文学源远流长，其历史悠久，文学流派也丰富多样。在中国文学发展的历史长河中，不同的文学流派在不同的历史时期兴起、繁荣和衰落，反映了当时社会、政治、文化等方面的特点和变化。

古代中国文学流派中最为重要的是古文学和古诗词。古文学是中国文学的开端，主要表现为史书、典籍、儒家经典等文体，反映了古代社会的政治、经济、文化等方面。儒家经典如《论语》《孟子》等，是古代中国儒家思想的集大成者，体现了儒家文化的核心价值观。在古代诗词方面，唐诗是中国古典诗歌的巅峰之作，代表了中国古代诗歌的最高艺术水平，诗人如李白、杜甫、王维等留下了许多不朽的诗篇，他们的作品以其深刻的思想和优美的艺术形式为后人所传诵。

随着社会的变迁和文化的交流，中国的文学也逐渐形成了多种流派，其中最具代表性的是现代文学。现代文学起源于 19 世纪末 20 世纪初，随着中国社会的现代化进程和文化变革而兴起，对传统文学体裁进行了革新和改造，呈现出新的面貌。在中国现代文学的发展历程中，影响最为深远的是五四文学运动。五四运动是中国近现代史上一次重要的思想解放和文化变革运动，推动了中国文学的现代化进程，提倡新文学、新思想，反对旧文学、旧观念。五四文学运动的代表人物有鲁迅、郁达夫、茅盾等，他们的作品揭示了当时社会的黑暗现实，探索了个人与集体、民族与现代化之间的矛盾与冲突，具有深刻的社会批判意义。

除了五四文学运动之外，中国现代文学还有许多其他流派，如新文学、现代派文学、现实主义文学、浪漫主义文学等。新文学是 20 世纪初期兴起的一种文学流派，主张以新的文学观念和艺术手法来表现现实生活，代表人物有胡适、梁实秋等；现代派文学则强调个性表达和艺术创新，代表人物有冰心、萧红等；现实主义文学追求真实、客观、现实的艺术表现，代表人物有巴金、老舍等；而浪漫主义文学则注重情感表达和想象力，代表人物有张爱玲、席慕蓉等。

近现代中国文学中还出现了一些特殊的文学流派，如抗战文学、革命文学、思想启蒙文学等。抗战文学是指抗日战争时期创作的一批以反抗日本侵略为主题的文学作品，代表人物有巴金、丁玲等；革命文学则是指中国革命时期创作的一批以革命斗争为主题的文学作品，代表人物有毛泽东、周恩来等；而思想启蒙文学则是 20 世纪末 21 世纪初兴起的一种文学流派，主张通过文学作品来传播思想启蒙、科学知识和人文精神，代表人物有余华、韩寒等。

中国文学的流派丰富多样，反映了中国社会历史的变迁和文化的发展。不同的文学流派在不同的历史时期具有不同的特点和意义，它们在中国文学史上留下了丰富多彩的篇章，对中国文学的发展产生了重要的影响。通过研究和探讨中国文学的各个流派及其历史背景，可以更好地理解中国文学的演变过程，把握中国文学的发展脉络，从而更好地欣赏和理解中国文学的丰富内涵和多样风采。

二、文学理论基础

文学理论是指对文学现象、文学作品及其创作、传播、接受等方面进行深入思考和系统总结的理论体系。在文学创作和批评中，文学理论具有重要的指导作用，可以帮助人们更好地理解文学作品，把握文学创作的规律，提升文学批评的水平。在中国的文学史上，有许多作家和作品与文学理论密切相关，通过他们的作品和思想，可以深入了解中国文学理论的发展和演变。

中国文学的理论基础可以追溯到古代经典文学作品，如《诗经》《论语》等。在这些作品中，已经包含了一些文学创作的原则和规律，对后世的文学创作产生了深远的影响。比如，《诗经》中的诗歌，注重抒发情感、表现生活，奠定了中国古代诗歌的基本特征；

《论语》中的语言简练、言之有物，对后世散文的发展也产生了重要影响。

随着时间的推移，中国的文学理论逐渐丰富和深化。宋代文学理论的代表人物之一苏轼，提出了"以志写情"的文学观，强调文学作品应该真实反映作者的情感和思想，使读者产生共鸣。他的诗歌和散文中，常常表现出对生活的热爱和对人性的关怀，具有很高的艺术价值。另一位重要的文学理论家王国维，则在《人间词话》中系统阐述了词的艺术理论，强调词应该"意味悠长"，追求意境的深远和情感的升华，对后世词人的创作产生了重要影响。

到了近现代，中国的文学理论又迎来了新的发展。鲁迅是中国现代文学的先驱之一，他对文学的关注不仅局限于艺术层面，更多地关注社会现实和人性的问题。他在《狂人日记》《阿Q正传》等作品中，通过对人物形象的塑造和社会现实的揭示，提出了对文学的新认识，强调文学应该关注社会的变革和人类的尊严。鲁迅的文学理论对中国文学的现代化起到了重要推动作用，激发了一大批作家对社会现实的关注和批判。

20世纪后期以来，中国的文学理论进入了多元化的阶段。不同学派的文学理论相互碰撞、融合，形成了丰富多彩的文学理论景观。比如，新时期的现代主义文学理论强调文学的形式革新和语言实验，代表作家有王小波、余华等；后现代主义文学理论则更加强调叙事的多样性和对权力结构的批判，代表作家有莫言、史铁生等。他们的作品不仅在文学形式上进行了大胆尝试，更在文学思想上提出了许多新的见解，推动了中国文学的发展。

除了以上提到的一些代表性作家和作品，中国文学理论还涵盖了许多其他方面的内容，比如文学批评方法论、文学与文化关系等。例如，魏晋南北朝时期的文学批评家刘勰在《文心雕龙》中系统总结了古代文学的艺术规律，对后世文学批评产生了深远影响；近年来，随着文化研究的兴起，文学与文化关系的研究也成为中国文学理论的重要方向之一，一些学者通过对文学作品的文化解读，探讨了文学与社会、历史、地域等方面的关系，为中国文学理论的发展开辟了新的思路。

中国的文学理论基础在历史上经历了漫长的发展过程，从古代经典到现代多元，形成了丰富多样的文学理论体系。通过学习基本的文学理论和批评方法，我们可以更好地理解中国文学的发展脉络，把握文学作品的精髓，为文学创作和研究提供有益的启示。

三、文学鉴赏能力

文学鉴赏能力是指个体对文学作品进行深入理解、欣赏和分析的能力。这一能力既包括对文学作品的主题、情节、人物以及语言形式等方面的感知和理解，也包括对作品所表达的思想、情感以及文化内涵的解读和评价。培养文学鉴赏能力对于个体的人文素养、审美情趣以及思维品质都具有重要意义。

了解文学的基本概念和分类是培养文学鉴赏能力的基础。文学是人类语言文字的艺术表达形式，它包括诗歌、散文、小说、戏剧等多种文体。每种文体都有其独特的表现方式和特点，了解这些基本概念有助于个体更好地理解和欣赏文学作品。此外，了解文学作品的分类和流派也有助于个体更好地把握作品的内涵和特色，从而更深入地进行分析和评价。

培养文学鉴赏能力需要不断地阅读和欣赏优秀的文学作品。通过阅读大量的文学作品，个体可以不断扩展自己的文学视野，提高对文学作品的感知和理解能力。在阅读过程中，个体不仅要关注作品的情节和人物，还要注意作品所表达的思想和情感，以及语言形式和艺术手法等方面的特点。通过对不同作品的比较和分析，个体可以逐渐形成自己独特的文学审美观。

参加文学研讨会和讨论活动也是培养文学鉴赏能力的有效途径。在这些活动中，个体可以与其他文学爱好者一起讨论和交流对文学作品的看法和感受，从而开阔自己的思维，深化对文学作品的理解和分析。在与他人的交流中，个体还可以从其他人的观点和见解中学习到新的思维方式和分析方法，从而不断提升自己的文学鉴赏能力。

了解文学作品背后的历史背景和文化内涵也是培养文学鉴赏能力的重要内容。文学作品往往反映了特定时代和特定文化背景下的社会现实和人们的思想情感，了解这些背景有助于个体更深入地理解和欣赏作品。因此，个体在阅读文学作品时，除了关注作品本身，还应该了解作品所处的历史背景和文化背景，这样才能更好地把握作品的内涵和意义。

培养文学鉴赏能力还需要个体具备一定的文学素养和批评能力。文学素养是指个体对文学作品的基本知识和理解能力，包括诗歌、散文、小说等不同文体的特点和表现方式，以及文学批评理论和方法等方面的知识。批评能力是指个体对文学作品进行深入分析和评价的能力，包括对作品的结构、风格、语言运用等方面进行批评和评价。只有具备了一定的文学素养和批评能力，个体才能更准确地理解和评价文学作品，从而培养出更高水平的文学鉴赏能力。

培养文学鉴赏能力是一个系统的过程，需要个体从多个方面进行努力。通过了解文学的基本概念和分类、阅读优秀的文学作品、参加文学研讨会和讨论活动、了解作品背后的历史背景和文化内涵，以及具备一定的文学素养和批评能力等方式，个体可以逐步提高自己的文学鉴赏能力，从而更好地欣赏和理解文学作品，丰富自己的精神生活，提升个人的人文素养和审美情趣。

四、文学与社会文化

文学作品与社会文化之间的关系是一个复杂而深远的话题，其互动影响着彼此的发展与演变。中国作品作为文学的重要组成部分，不仅反映了当时的社会文化，同时也在不断地塑造和影响着社会文化的发展。

文学作品往往是社会文化的镜子。通过作品中的人物、情节、语言等方面的描写，我们可以窥见当时的社会生活、文化风貌以及人们的思想观念。比如，在中国古典文学中，很多作品通过塑造不同的角色形象，展现了当时社会的阶级结构、伦理道德观念、政治风貌等。《红楼梦》中的贾宝玉、林黛玉等人物形象，就在一定程度上反映了清代封建社会的一些特点和矛盾。而在现代文学作品中，比如鲁迅的《狂人日记》、茅盾的《子夜》等，作者通过对人物心理的描写和对社会现实的反映，展现了当时社会的不公与黑暗，进而引发了读者的思考和反思。因此，文学作品往往成为人们了解历史、洞察社会的重要窗口。

文学作品也在一定程度上塑造和影响着社会文化。作为一种文化形式，文学作品通过艺术的手法传递着各种思想观念、道德伦理、审美情趣等内容，从而对读者产生影响。比如，古代的《论语》《道德经》等经典文学作品，通过对人生哲理、道德规范的阐述，对中国传统文化产生了深远的影响，成为中国古代社会文化的重要组成部分。而近现代的文学作品，比如鲁迅的作品、韩寒的作品等，也都在一定程度上影响了当时社会的价值观念和思想潮流。特别是在一些重大历史事件或社会变革中，文学作品往往扮演着重要角色，通过对事件的记录和解读，引导着社会的思想和行为。

文学作品还在促进着社会文化的多样性和创新。在一个社会中，文学作品往往代表着不同的声音和观点，反映了社会各个群体的生活和思想状态。比如，在当代中国，随着经济的快速发展和社会的多元化，文学作品也呈现出多样性和丰富性。有的作品关注城市生活，描绘了现代都市人的精神困境和追求；有的作品关注农村生活，呈现了乡村变革和农民命运的变迁；还有的作品关注社会底层人群，反映了弱势群体的生存状态和心理变化。这些作品通过不同的视角和笔法，丰富了社会文化的表达形式，促进了社会的文化创新和进步。

文学作品还在一定程度上推动着社会的发展和变革。作为一种表达和传播思想的工具，文学作品往往能够唤起人们的共鸣和情感共鸣，进而激发起社会的行动和改变。比如，在中国近现代历史中，一些文学作品如《海瑞罢官》《彷徨》等，通过对社会现实的揭露和对人性的探索，引发了一系列社会运动和改革探索，推动了中国社会的进步和发展。而在当代，一些关注社会问题的文学作品，比如关于环境保护、性别平等、人权尊重等方面的作品，也都在一定程度上推动了社会的进步和改革，引发了人们对社会问题的思考和讨论，促进了社会的变革和进步。

文学作品与社会文化之间的关系是一种复杂而深刻的互动关系。作为社会文化的重要组成部分，文学作品既反映了当时的社会文化，又在一定程度上塑造和影响着社会文化的发展。通过对文学作品与社会文化关系的深入探讨和分析，可以更好地理解文学的作用和社会文化的演变，从而为推动社会的进步和发展提供更加丰富的思想资源和文化支撑。

第三节　古代文化与经典阅读

一、古代文化概述

中国古代文化是人类历史上辉煌的一笔，它承载着几千年的文明积淀，涵盖了广泛的领域，包括哲学、文学、艺术、宗教、礼仪、科技等等。古代中国文化的基本特点可以概括为传统、深厚、综合和包容。

中国古代文化具有传统性。中国古代文化传承了源远流长的传统，强调尊重历史、尊重祖先、尊重传统。这种传统意识体现在许多方面，如儒家思想中的孝道、礼仪、忠君爱国等观念，以及对古代经典的尊崇和传承。传统文化的重要性在古代中国社会中被广泛认可，成为社会生活的重要组成部分，影响着人们的行为、思想和价值观。

中国古代文化具有深厚的历史积淀。中国是世界上拥有悠久历史的文明古国之一，其文化积淀深厚。在漫长的历史长河中，中国文化经历了多个朝代的更迭和发展，吸收了多种民族文化的精华，形成了独特的文化特色。这种深厚的历史积淀使得中国古代文化在世界文明史上具有重要地位，成为全球文化遗产的重要组成部分。

中国古代文化具有综合性。古代中国文化综合了不同地区、不同民族的文化成果，形成了多元、综合的文化体系。例如，儒家、道家、墨家、法家等不同学派的思想在古代中国得到并存发展，相互交流、相互影响，共同构成了中国古代思想文化的丰富多彩。同时，古代中国的文学、艺术、科技等领域也呈现出多样化的特点，各种文化形式相互交融、相互渗透，形成了独特的文化景观。

中国古代文化具有包容性。中国古代文化强调和谐、包容、平衡的价值观念，在对待不同文化、不同观念的态度上表现出宽容和开放。古代中国社会多元文化的共存，不同民族、不同地域的文化相互交流、相互融合，形成了丰富多彩的文化格局。同时，古代中国文化也对外开放，积极吸收外来文化的精华，促进了中国文化的发展和壮大。

中国古代文化是一座历史的丰碑，它传承了源远流长的传统，具有深厚的历史积淀，综合了多种文化成果，表现出包容开放的特点。这种古代文化的特点不仅在历史上对中国社会产生了深远影响，也对世界文明史产生了重要影响，成为人类文明宝库中的重要一环。

二、经典文学作品阅读

中国古代文学作品源远流长，涵盖了各个时期、各个文学流派，其中的经典作品更是代表了中国文学的精髓。这些作品不仅在古代广为流传，而且在今天依然具有深远的文化影响力。

《红楼梦》是中国古典小说中的巅峰之作，也是世界文学宝库中的一颗璀璨明珠。《红楼梦》由清代作家曹雪芹所著，被誉为中国文学史上的四大名著之一。它以细腻的笔触描绘了贾宝玉、林黛玉等一系列人物的生活与情感，以及他们所处的社会背景。通过对宝玉和黛玉之间错综复杂的感情纠葛的描写，曹雪芹深刻地展现了人性的复杂性和情感的变幻莫测。同时，小说中对封建社会的揭露和批判也是其不可忽视的一部分。通过对权贵世家的生活进行揭示，曹雪芹暗示了封建社会的虚伪和道德沦丧，对人性的探讨也更显深刻。《红楼梦》以其独特的艺术手法和深刻的思想内涵，成为中国文学中的经典之作，对后世影响深远。

另一部不容忽视的经典文学作品是《西游记》。这部小说是中国古代四大名著之一，也是中国文学史上最著名的神话小说之一。《西游记》的作者是明代小说家吴承恩，他巧妙地融合了佛教神话、民间传说和历史故事，塑造了孙悟空、猪八戒、沙和尚等一系列丰满生动的人物形象。作品通过唐僧师徒四人西天取经的奇幻经历，展现了人性的善良与坚韧，同时也反映了封建社会的黑暗和愚昧。《西游记》中丰富的神话故事、精彩的情节设置和丰富的寓意，使其成为中国文学中的一座丰碑，深深地影响了中国文化，也被翻译成多种语言传播到世界各地。

除了《红楼梦》和《西游记》，中国古代还有许多其他精彩的经典文学作品，如《水浒传》《三国演义》等。这些作品在不同的历史时期，以不同的方式反映了中国社会、人文和价值观念的变迁，对后世产生了深远的影响。

在阅读这些经典文学作品时，我们不仅能够领略到作者的文学才华和艺术功底，更能够深刻地理解当时社会的风貌和人们的思想情感。通过分析这些作品，我们可以更好地理解中国古代的文化传统和人文精神，也能够从中汲取智慧，启迪自己的生活。古代经典文学作品之所以能够被称为经典，就是因为它们蕴含着丰富的文化内涵和智慧，具有超越时空的永恒价值。

然而，仅仅是对这些经典作品的泛泛浏览和了解远远不够，要真正领会其内涵和精髓，就需要进行深入的阅读和思考。在阅读这些作品时，我们不仅要注意故事情节和人物形象的塑造，更要关注作者的叙事技巧、语言运用以及作品所反映的社会背景和价值观念。只有通过深入的分析和思考，我们才能够真正领会这些作品的内涵和价值，从中汲取到真正的智慧和启示。

在阅读这些古代经典文学作品时，我们也可以结合当下的社会现实和个人经历，进行更加深入的解读和思考。尽管这些作品所反映的社会背景和价值观念与当今时代有所不同，但其中所蕴含的人性、情感和智慧却是永恒的。通过将经典文学作品与当代社会相结合，我们可以更好地理解当下的社会现实和人文精神，也能够从中获得更多的启示和指导。

三、历史背景与文化内涵

古代中国文学作品是中国文化的瑰宝，反映了古代社会的历史背景和文化内涵。在研究古代文学作品时，理解其历史背景和文化内涵至关重要，因为这些作品不仅仅是文学创作，更是对当时社会、文化、思想的记录和反映。通过分析历史背景和文化内涵，我们可以深入了解古代中国的社会结构、思想观念、道德规范以及人们的生活状态，进而更好地欣赏和解读这些作品。

古代中国文学作品的历史背景多样而丰富，可以分为不同的时期，例如先秦、汉代、魏晋南北朝、唐宋以及元明清等时期。每个时期都有其独特的社会政治背景和文化氛围，对文学作品的创作和发展产生了深远的影响。在先秦时期，诸如《诗经》《论语》等作品反映了春秋战国时期的思想变革和社会动荡；汉代的文学作品如《楚辞》《汉赋》等则反映了汉朝的国家兴盛和文化繁荣；唐宋时期是中国古代文学的鼎盛时期，诗人如杜甫、李白、苏轼等以其卓越的才华在诗歌、词曲等领域达到了巅峰。

与历史背景密切相关的是古代文学作品所蕴含的文化内涵。中国古代文学作品所体现的文化内涵包括但不限于以下几个方面：

首先是价值观念。古代文学作品中反映了中国人民对于道德、仁义、忠孝等传统价值观的追求和崇尚。例如《孟子》中的孟子思想强调仁义道德的重要性，对社会秩序和人伦关系提出了许多深刻的观点；《左传》则反映了春秋时期诸侯间的忠义之风，弘扬了忠君爱国的精神。

其次是审美情趣。古代文学作品中的诗歌、词曲、戏剧等，展现了中国人对于美的追求和审美情趣。例如唐代诗人王之涣的《登鹳雀楼》通过描绘壮美的自然景观表达了对自然之美的赞美；宋代词人李清照的《如梦令》则以细腻婉约的笔触表现了爱情之美。

再次是思想观念。古代文学作品中蕴含着丰富的思想内容，涉及政治、哲学、宗教等多个领域。例如《庄子》中的庄子思想提倡自然无为、道法自然，影响了中国后世的思想观念；《西游记》则反映了明代对于宗教信仰和人生观念的探索，塑造了众多经典的人物形象。

最后是社会风貌。古代文学作品通过描绘各个时代的社会生活、风土人情，展现了古代中国社会的面貌和风貌。例如元杂剧《窦娥冤》通过讲述窦娥冤狱的故事，反映了元代社会的黑暗和冤狱现象；明代小说《水浒传》则以豪杰义气的故事情节展现了宋代社会的动荡和人民的苦难生活。

理解古代文学作品的历史背景和文化内涵，有助于我们更深入地了解古代中国的社会、文化和人民生活，也有助于我们更好地欣赏和解读这些作品。古代文学作品不仅仅是文学的艺术品，更是中国传统文化的重要组成部分，对于传承和弘扬中国传统文化具有重要意义。

四、文化遗产与传承

在探讨中国文化遗产与传承时，我们不仅要考虑其丰富的历史和传统，还要关注当代社会对这些遗产的理解、保护和传承。中国作为一个拥有五千多年文明历史的古老国家，其文化遗产源远流长，包括建筑、文学、艺术、哲学等多个方面。这些传统文化的传承不仅是对过去的尊重，更是对未来的责任，它们承载着民族的记忆、智慧和价值观念，对于塑造国家的精神风貌和社会文明具有重要意义。

中国的文化遗产体现在其丰富多彩的建筑。中国古代建筑是中国文化的一个重要组成部分，如北京的故宫、西安的兵马俑、苏州的园林等都是举世闻名的建筑遗产。这些建筑不仅在结构上体现了中国古代人民的智慧，更蕴含了深厚的文化内涵，是中国传统文化的重要载体。通过对这些建筑的保护和传承，我们可以更好地了解中国古代的社会制度、生活方式以及审美观念，进而传承和发扬这些传统价值观。

中国的文学作品也是重要的文化遗产之一。中国古代文学源远流长，包括诗歌、散文、小说等各种形式。从《诗经》《论语》到《红楼梦》《西游记》，这些作品不仅在语言艺术上具有独特魅力，更反映了中国古代人民的思想观念和价值取向。通过阅读和传承这些经典文学作品，我们可以更好地了解中国古代社会的风土人情、道德观念和人生哲学，从而在当代社会中发扬这些传统文化的精神，为社会的和谐稳定做出贡献。

中国的传统艺术也是其文化遗产的重要组成部分。中国传统艺术包括绘画、书法、剪纸、雕塑等多种形式，这些艺术形式在中国古代社会中起着重要的审美、娱乐和教育作用。例如，中国的山水画在世界范围内享有盛誉，不仅在技艺上精湛，更蕴含了丰富的哲理和情感。通过对传统艺术的传承和发扬，我们可以传递中国古代人民的审美情趣和精神追求，从而提升民族文化自信心，加强文化自觉性，推动国家的文化软实力。

除了以上提到的方面，中国的传统哲学思想也是其文化遗产的重要组成部分。儒家、道家、墨家等各种哲学流派在中国古代文化中都有重要地位，对中国古代社会的政治、经济、道德等方面产生了深远影响。通过研究和传承这些哲学思想，我们可以更好地理解中国古代人民的思想观念和价值取向，从而在当代社会中发扬和弘扬这些传统哲学的精神，为人类的精神文明建设做出积极贡献。

然而，尽管中国拥有丰富的文化遗产，但其传承和保护也面临着一些挑战。首先，随着现代化进程的加速，一些古老的建筑、传统的手工艺等面临着被破坏和遗忘的风险。其次，受到外来文化的冲击和现代生活方式的影响，一些传统文化在当代社会中逐渐失去了其原有的生命力。再次，由于缺乏专业人才和有效的保护机制，一些珍贵的文化遗产无法得到有效的保护和传承。因此，我们需要加强对文化遗产的保护和传承，制定相关的政策和法律法规，提高社会公众的文化素质，培养专业人才，加强国际交流与合作，共同推动中国文化遗产的传承与发展。

中国的文化遗产是中华民族的宝贵财富，它不仅是中国人民的骄傲，更是世界人民的共同遗产。通过对文化遗产的传承与发展，我们可以更好地传承和弘扬中国传统文化的精神，提升国家的软实力和文化影响力，为构建人类命运共同体作出积极贡献。

五、经典与现代生活

中国的古代文化和经典阅读在中国社会中扮演着极其重要的角色，其影响贯穿了几千年的历史。这些古代经典作品，无论是诗歌、哲学、历史、或是文学作品，都深深地植根于中国人民的思想中，并且对现代生活产生着深远的影响。

古代经典对现代生活的影响体现在价值观念和道德规范方面。中国古代经典中包含了大量的道德、伦理观念，如孔子的《论语》《孟子》等儒家经典，以及《道德经》等道家经典。这些经典作品强调了人与人之间的相互尊重、谦逊待人、孝道等传统价值观念，这些观念在中国社会中仍然具有深厚的影响力。比如，尊师重道、孝顺父母等传统美德在现代社会依然被重视，人们在日常生活中会受到这些经典中的教诲而行事，这直接影响了现代社会的道德伦理标准。

古代经典对现代文化的传承与发展也起到了重要作用。中国古代经典作品中的文学、诗歌等文化遗产，一直以来都是中国文化的重要组成部分。这些经典作品不仅在文学艺术方面具有极高的艺术价值，更是中国人民精神文化的象征。例如，唐诗宋词等古代诗歌作品，至今仍然被广泛传诵，并且对现代文学创作有着深远的影响。另外，古代经典中的历史文献也为今天的历史研究提供了重要的参考资料，帮助人们更好地理解和认识自己的历史文化。

古代经典对现代生活的教育意义不可忽视。中国古代经典作品中蕴含着丰富的知识和智慧，这些经典作品不仅可以帮助人们了解古代社会的历史文化，更能够启迪人们的智慧，提高他们的文化素养。例如，古代哲学经典《论语》《孟子》等作品中蕴含着丰富的哲学思想，这些思想不仅可以帮助人们认识自己，更能够指导人们正确地处理现实生活中的种种问题，对于提高人们的思维能力和解决问题的能力具有重要意义。另外，古代经典作品中的文学作品也可以激发人们的想象力和创造力，促进他们的全面发展。

古代经典对现代社会的政治和社会制度也有着一定的影响。中国古代经典中有关政治制度、社会秩序等方面的思想，对中国的政治和社会发展产生了深远的影响。例如，儒家经典中的思想对中国的统治思想和政治制度产生了深远的影响，孔子的"仁政"思想、孟子的"民为贵"思想等都对中国的政治制度产生了重要影响。另外，道家经典中的思想也对中国的社会发展产生了一定的影响，例如《道德经》中提倡的"无为而治"

"道法自然"等思想，都对中国的社会治理产生了一定的影响。

中国的古代文化和经典阅读对现代生活产生了深远的影响。这些古代经典作品不仅影响了现代社会的价值观念和道德规范，更传承了中国的文化遗产，启迪了人们的智慧，对于提高人们的文化素养和解决现实生活中的问题具有重要意义。因此，我们应该继续重视古代经典的阅读和研究，传承和发扬中华民族优秀的传统文化，为构建和谐、文明的现代社会做出更大的贡献。

第四节 现代文阅读与理解

一、现代文学概览

现代文学是 20 世纪以来在各个国家迅速发展起来的一种文学形式，其主要特点和流派反映了社会、政治、文化等方面的变化和发展。以中国为例，现代文学的发展经历了多个阶段，涌现出了许多杰出的作家和作品，其中蕴含着丰富的文化内涵和时代精神。

在中国现代文学的发展过程中，最早的标志性事件可以追溯到"五四运动"以及新文化运动。"五四运动"是中国现代史上一次具有深远影响的爱国运动，同时也是现代文学发展的开端。新文化运动则是"五四运动"的产物之一，它倡导思想解放、文化解放，对传统文化进行了彻底的挑战。在这个时期，鲁迅是中国现代文学的代表人物之一，他的作品批判了封建社会的黑暗和残酷，呼吁民众觉醒，反抗压迫。他的作品《呐喊》《彷徨》等，成为了中国现代文学的经典之作，开启了现代文学的新篇章。

随着时代的变迁，中国现代文学逐渐进入了不同的发展阶段，形成了多样化的流派和风格。其中，现实主义是其中最具代表性的一种流派。现实主义文学强调对社会生活的客观描写和分析，注重反映现实生活中的人物、事件和社会问题。鲁迅的作品就是现实主义文学的典范，他的小说《狂人日记》《阿Q正传》等作品，深刻地揭示了封建社会的种种弊病和人性的丑陋。在 20 世纪 30 年代至 40 年代，由于社会动荡和战争的影响，现实主义文学得到了进一步的发展，作家们纷纷以现实主义的视角探讨战争、贫困、农民等社会问题，如巴金的《家》、茅盾的《子夜》等作品。

除了现实主义文学之外，中国现代文学还涌现了许多其他的流派和风格，如浪漫主义、抒情主义、自然主义等。浪漫主义文学强调个人内心世界的表达和追求，倡导对美好事物的向往和追求；抒情主义文学则注重情感的表达和抒发,强调对生活中美好情感的追求和体验；自然主义文学则更加强调对人性的揭示和探索，强调人类与自然的关系。

除了以上主要流派外，中国现代文学还有一些特殊的流派和风格，如女性文学、民族文学等。女性文学着重表现女性的内心世界和命运，探讨女性在传统社会中的地位和角色；民族文学则强调对民族文化和传统的传承和发展,注重表现民族特色和民族精神。

中国现代文学具有丰富多彩的特点和流派，反映了中国社会、政治、文化等方面的变化和发展。在不同的历史时期，作家们通过各种不同的文学形式和风格，表达了对现实生活的思考和感悟，展现了独特的文化魅力和时代精神。同时，中国现代文学也在国际文学舞台上占据着重要地位，为世界文学的发展做出了积极的贡献。

二、阅读理解技巧

现代文学作品是文学史上的重要组成部分，它反映了当代社会、文化和人们的思想情感。要深入理解和分析现代文学作品，需要具备一定的阅读理解技巧。这些技巧包括对作品内容的理解、对作者意图的把握、对文学形式的分析等等。

理解现代文学作品的内容是阅读的基础。当我们阅读一部现代文学作品时，首先要了解作品的基本情节、人物关系、背景设定等。这需要我们仔细阅读文本，并注意细节。比如，如果我们读到一部关于城市生活的小说，就要注意作者是如何描绘城市的、城市中的人物生活状态是怎样的等等。在理解作品内容的过程中，我们还要注意作者可能使用的象征、隐喻等修辞手法，这有助于深入理解作品的内涵。

分析作者的意图是理解现代文学作品的关键。现代文学作品往往包含丰富的社会、文化内涵，作者通过作品表达自己的思想、情感和对现实的反思。因此，我们需要通过作品中的细节和语言，去推测作者的意图。比如，一部关于青少年成长的小说，作者可能想要表达对当代青少年成长环境的担忧，通过主人公的经历来反映社会的问题。在分析作者意图时，我们还要考虑作者的生平经历、文学风格、时代背景等因素，这些都会影响到作者创作的动机和立场。

除了理解作品内容和作者意图，还需要对现代文学作品的形式进行分析。现代文学作品的形式多样，包括小说、诗歌、散文等，每种形式都有其独特的特点和表现方式。比如，小说往往通过故事情节和人物塑造来表现作者的思想和情感，而诗歌则更注重语言的音韵和意境的营造。在分析作品形式时，我们要注意作者的叙述手法、语言运用、节奏感等方面，这有助于我们更深入地理解作品的艺术特点。

除了以上几点，还有一些其他的阅读理解技巧也很重要。比如，了解作品的文学背景和时代背景，这有助于我们更好地理解作品的内涵和作者的创作动机；另外，多角度思考和对比分析也是提高阅读理解能力的有效方法，可以帮助我们更全面地理解作品内容和作者意图。

要培养对现代文学作品的理解和分析能力，需要不断提升自己的阅读水平和阅读理解技巧。通过深入阅读、多角度思考和对比分析，我们可以更好地理解现代文学作品的内涵和作者意图，从而提高自己的阅读理解能力。

三、作品主题与风格分析

在分析现代文学作品的主题和风格时，我们需要深入挖掘作品所表达的思想、情感和艺术特点，理解其中蕴含的文化内涵和时代精神。中国现代文学在经历了百年的发展与变革后，呈现出了丰富多彩的主题与风格，反映了社会、历史、文化等多方面的变迁与转型。

现代中国文学的主题之一是个体与集体的关系。在近现代中国，个体与集体之间的关系一直是一个重要的话题。许多现代作家通过他们的作品探讨了这种关系，揭示了其中的矛盾与冲突。例如，鲁迅的《阿Q正传》中，阿Q代表了一个普通的个体，他在与集体的关系中屡次失败，最终导致了他的悲剧结局。而在钱锺书的《围城》中，主人公正是通过对个体与集体之间的斗争和矛盾的反思，表现了中国传统文化与现代文明的碰撞与融合。

现代中国文学的另一个主题是对传统与现代的对立与融合。中国作家在面对现代化进程中，不断地思考着传统文化与现代文明的关系。一方面，他们对传统文化进行反思和重新审视，试图从中汲取营养；另一方面，他们也感受到了现代社会的冲击与变革。例如，茅盾的《子夜》就表现了传统家庭与现代文明之间的冲突，以及主人公在这种冲突中所面临的选择与困境。而张爱玲的《色，戒》则通过对传统伦理与现代道德的碰撞，展现了一个女性在传统与现代之间挣扎求存的心路历程。

现代中国文学的主题之一是对个人命运与社会命运的关注。随着中国社会的快速发展和变革，个人与社会之间的关系日益紧密。许多作家通过他们的作品，关注了普通人的命运与生活状态，反映了社会阶层的分化和社会结构的变迁。例如，余华的《活着》中，主人公福贵的命运被置于动荡的历史背景之下，他所经历的种种磨难和挣扎，代表了一个普通人在历史风云变幻中所面对的命运抉择。而在王小波的《黄金时代》中，则通过对一个普通女性的生活经历和内心世界的描写，反映了社会变革对个人命运的影响。

现代中国文学的风格多样，体现了作家个人的文学追求和创作特点。有些作家追求写实主义风格，力求客观地展现现实生活的真实面貌，如鲁迅的作品；而有些作家则更注重表现主义风格，通过夸张、象征等手法，来表达对现实的批判和反思，如茅盾的作品；还有些作家则喜欢探索意识流、内心独白等技巧，来揭示人物内心的复杂世界，如钱锺书的《围城》。总之，现代中国文学的风格多样，反映了作家个人的文学追求和创作特点，丰富了中国文学的表现形式。

现代中国文学作品的主题和风格是一个多维度的、多层次的体系，其中既有个体与集体的关系、传统与现代的对立与融合、个人命运与社会命运的关注等重要主题，也有写实主义、表现主义、意识流等多种风格表现。这些主题和风格不仅反映了中国社会、文化、历史的多样性和复杂性，也体现了作家们对时代的思考和对文学艺术的追求。通过深入分析现代文学作品的主题和风格，我们可以更好地理解和把握中国文学的发展脉络，进一步丰富和深化对中国现代文学的认识。

四、批判性阅读

在当今信息爆炸的时代，批判性阅读和独立思考变得比以往任何时候都更加重要。这种能力不仅是对待文本的一种态度，更是一种思维方式，尤其在现代文阅读与理解中，它扮演了至关重要的角色。针对中国的现状，批判性阅读的学习和独立思考的培养成为教育和社会发展的迫切需求。

我们需要理解批判性阅读的定义和重要性。批判性阅读是一种有目的、有意识地评价和分析文本的能力。它不仅仅是被动地接受信息，而是积极地质疑、思考和挑战信息的真实性、可靠性和价值。在现代社会，信息传播的速度和广度前所未有，但其中也夹杂着大量的误导、虚假和不负责任的信息。如果缺乏批判性思维，人们很容易被误导，甚至走向极端。因此，批判性阅读在个人的信息素养和社会的稳定发展中扮演了至关重要的角色。

在中国，批判性阅读的培养已经成为教育改革的一个重要方向。传统的教育模式注重的是知识的灌输和记忆，而缺乏对学生批判性思维的培养。然而，随着社会的不断发展和变革，传统的教育方式已经不能满足现代社会对人才的需求。因此，中国的教育部门开始倡导培养学生的批判性思维能力，使他们具备面对复杂信息时的分析和判断能力。

批判性阅读的培养不仅仅发生在教育现场，也渗透到了社会各个层面。媒体、网络和社交平台成了信息传播的主要渠道，但也是虚假信息滋生的温床。在这种情况下，培养公民的批判性思维成为了维护社会稳定和公共利益的必然选择。政府和社会组织通过举办培训班、开展宣传活动等方式，向公众传授批判性阅读的方法和技巧，提高公民的信息辨别能力。

批判性阅读不仅仅是对信息的理解和评价，更是一种对社会现实的思考和反思。中国作为一个拥有悠久历史和灿烂文化的国家，面临着各种各样的社会问题和挑战。通过批判性阅读，人们可以更加深入地理解社会问题的本质和原因，提出切实可行的解决方案。例如，面对环境污染、贫富差距等问题，批判性思维能够帮助人们深入分析问题的根源，找到可持续发展的路径。

批判性阅读还能够培养人们的创新能力和解决问题的能力。在信息爆炸的时代，创新成了推动社会进步和经济发展的关键。通过批判性思维，人们可以不断地挑战现有的观念和假设，提出新的理论和观点。这种创新精神不仅仅体现在科技领域，也可以应用于社会管理、文化建设等各个方面。

然而，要想真正培养起批判性思维，还需要克服一些困难和挑战。首先是教育体制和教育资源的不足。虽然中国的教育事业取得了长足的进步，但仍然存在着城乡差距、校际差距等问题，导致一些学生无法获得良好的教育资源。其次是文化传统和社会习惯的影响。中国传统文化注重的是尊师重道、孝道忠诚等传统价值观，而批判性思维则强调的是质疑和挑战。因此，一些人可能会觉得批判性思维与传统文化相冲突，从而不愿意接受。

批判性阅读和独立思考是现代文化素养的重要组成部分，对于个人的发展和社会的进步都具有重要意义。在中国，批判性思维的培养已经成为教育和社会发展的重要任务。通过教育改革、社会宣传等多种途径，我们可以逐步培养起公民的批判性思维，为建设一个富有活力和创新的社会奠定坚实的基础。

五、现代文学与社会议题

现代文学与当代社会议题之间存在着紧密的联系，文学作品往往反映了社会的方方面面，包括政治、经济、文化、伦理等多个层面。在中国这样一个经历了长期发展和变革的国家，现代文学更是与社会议题息息相关，它不仅记录着历史的变迁，还深刻地反映了当下社会的现状和问题。通过对现代文学作品的阅读与理解，我们可以更深入地了解当代社会的发展和变化，以及人们面临的挑战和困境。

在中国，现代文学与社会议题的联系可以从多个方面展开讨论。首先，政治议题是现代文学中常见且重要的内容之一。中国作家们往往通过文学作品来表达对政治体制、权力机构以及社会政治现象的观察和思考。例如，鲁迅的《阿Q正传》就以讽刺的笔调揭示了中国封建社会的种种弊端和道德沦丧。而在当代，随着中国社会的快速发展和变革，一些作家也开始关注更加现实和深层次的政治问题，如权力斗争、腐败现象等，这些问题常常成为现代文学作品的重要题材，通过作品展现出来，引起了社会的广泛关注和讨论。

经济议题也是现代文学不可忽视的一部分。随着中国经济的高速增长，社会结构发生了巨大变化，阶层分化、城乡差距、贫富分化等经济问题成了社会的热点。在文学作品中，我们可以看到对这些问题的反映和探讨。比如，在小说《活着》中，余华通过主人公的一生展现了社会改革时期的种种艰辛和不公，反映了普通人在社会变革中所面临的困境和挑战。同时，一些作家也通过描写商业社会中的道德沦丧、金钱至上等现象，批判了现代社会的利益驱动和人性扭曲。

文化议题也是现代文学的重要内容之一。中国是一个拥有悠久文化传统的国家，文化议题在文学作品中常常得到了体现。作家们通过对传统文化的回顾和反思，以及对当代文化现象的观察和批判，展现了对文化多样性、传统与现代的冲突等问题的思考。例如，莫言的作品《红高粱家族》就在探讨家族、宗族文化在现代社会中的生存状态和价值观念的冲突。同时，一些作家也通过对青年文化、网络文化等现象的描述，揭示了文化传统与现代价值观之间的碰撞与融合。

伦理议题也是现代文学作品中的重要内容之一。随着社会的不断发展和变化，人们的生活方式、价值观念也在不断变化，伦理问题成了现代社会的热点之一。在文学作品中，作家们常常通过对家庭、爱情、友情等关系的描写，展现了当代人在伦理道德方面所面临的困惑和挑战。例如，《解忧杂货店》中的故事就以一家小店为背景，通过一系列生动的人物形象和情节，探讨了人生的意义、家庭的温暖以及友情的珍贵。同时，一些作品也通过对道德底线的挑战、个体与集体利益的冲突等问题的揭示，引发了社会的深思和讨论。

现代文学与当代社会议题之间存在着密切的联系，文学作品通过对政治、经济、文化、伦理等议题的反映和探讨，展现了社会的多样性和复杂性，引发了人们对当代社会问题的关注和思考。通过对现代文学作品的阅读与理解，我们可以更好地把握社会的脉动和变化，加深对时代的认识，为社会的进步和发展提供更深层次的思考和启示。

第五节　书面表达与创意写作

一、写作技巧与风格

写作技巧与风格是写作过程中不可或缺的重要组成部分。通过学习不同的写作技巧和风格，可以提升写作水平，丰富写作表达方式，使文章更加生动、吸引人。写作技巧包括语言运用、结构安排、修辞手法等方面，而写作风格则是作者个人的表达风格和特点。

写作技巧是写作的基础。掌握语言运用是写作的首要技巧之一。语言是表达思想的工具，如何准确、生动地表达思想是写作中的关键。因此，积极学习丰富的词汇和语法知识，提高语言表达能力至关重要。此外，了解不同类型的文章所需的语言特点也是必要的。比如，新闻报道注重客观、简练，而散文则更加强调个人情感和思考。熟练掌握不同类型文章的语言特点，有利于更好地进行写作。

结构安排是写作的另一个重要技巧。良好的结构可以使文章层次清晰，逻辑严密，更容易被读者理解和接受。一般而言，文章结构包括引言、正文和结论三部分。引言用于引出主题，概括文章内容；正文是文章的核心部分，包括主题的论述、论据的展开等；结论是对文章内容的总结和归纳。此外，段落之间的过渡也是结构安排的重要组成部分。良好的过渡可以使文章段落之间关联紧密，逻辑连贯，避免内容跳跃，增强文章整体的连贯性和一致性。

修辞手法是写作中常用的技巧之一。修辞手法包括比喻、拟人、排比、夸张等，可以使文章更加生动、形象，增强表达力。比如，通过使用比喻，可以将抽象的概念具象化，使读者更容易理解和接受。拟人则可以赋予非人物以人的特征和行为，增加趣味性，提升文章的吸引力。排比可以使文章结构更加严谨，逻辑更加清晰，夸张则可以夸大事物的特点，突出表达的效果。因此，熟练掌握各种修辞手法，并恰当地运用于文章中，可以使文章更加丰富多彩，引人入胜。

除了写作技巧外，写作风格也是至关重要的。写作风格是作者个人的表达方式和特点，反映了作者的个性、情感和思维方式。不同的人有不同的写作风格，有的人喜欢用简练明了的语言表达，有的人喜欢运用诙谐幽默的风格，而有的人则喜欢深沉、抒情的表达方式。因此，了解和培养自己的写作风格，对于提升写作水平至关重要。

在学习不同的写作技巧和风格时，需要注意以下几点。首先，要注重实践。只有通过不断地实践，才能真正掌握和运用所学的写作技巧和风格。其次，要善于借鉴。可以通过阅读优秀的文章，学习他人的写作技巧和风格，吸收其中的精华，为自己的写作提供借鉴和启发。再次，要保持开放的心态。写作是一个不断学习和提高的过程，要保持谦虚和进取的态度，不断地完善自己的写作技巧和风格。

学习不同的写作技巧和风格是提升写作水平的重要途径。通过掌握语言运用、结构安排、修辞手法等方面的技巧，以及培养自己的写作风格，可以使文章更加生动、吸引人，达到更好的表达效果。因此，应该不断地学习和提高，不断地完善自己的写作技巧和风格，为写作水平的提升打下坚实的基础。

二、创意思维训练

创意思维是一种能力，它赋予我们在面对问题时以不同的视角思考，并找到创新的解决方案的能力。创意写作是一种锻炼这种思维能力的有效方式。通过创意写作，我们可以训练自己的思维变得更加灵活，开放，有创造性。

创意写作要求我们打破常规的思维模式。在日常生活中，我们往往习惯于按照已有的思维路径来解决问题，这限制了我们的创造性和创新性。而创意写作则是一种挑战这种惯性思维的方式。在创意写作中，我们需要尝试新的想法、新的故事情节，这要求我们摆脱固有的思维框架，勇于尝试和探索未知的领域。通过这种方式，我们可以培养自己的思维变得更加灵活，不再受限于传统的思维模式。

创意写作鼓励我们跳出舒适区。舒适区是一个人习惯的、感到安全的状态，但同时也是创造力和创新力的死敌。因为只有在尝试新的事物、挑战自己的极限时，我们才能够不断地成长和进步。创意写作就是一种让我们走出舒适区的方式。在写作过程中，我们会遇到各种各样的难题和挑战，需要不断地克服困难，这有助于我们培养勇于冒险和挑战自我的精神。当我们逐渐适应了这种跳出舒适区的状态后，我们的思维也会变得更加灵活，更加敢于尝试和创新。

创意写作能够激发我们的想象力。想象力是创意的源泉，它能够让我们看到别人看不到的东西，想到别人想不到的点子。而创意写作正是通过让我们构建虚构的世界、塑造各种各样的人物和情节来锻炼我们的想象力。在创意写作中，我们可以想象出任何我们想要的故事情节和角色，这给了我们充分的空间来发挥想象力。通过不断地锻炼想象力，我们可以培养自己的创造性思维，从而在面对现实生活中的问题时能够提出更多元化、创新化的解决方案。

除了以上提到的几点外，创意写作还能够帮助我们提升思维的连贯性和逻辑性。在创意写作中，我们需要构建一个有机的故事结构，让故事情节一环扣一环，逻辑清晰，这需要我们的思维能够保持连贯性和逻辑性。通过不断地锻炼写作技巧和逻辑推理能力，我们可以提高我们的思维连贯性和逻辑性，从而在解决问题时能够做到有条不紊，不至于东拉西扯，导致思维混乱。

创意写作是一种锻炼思维灵活性的有效途径。通过打破常规的思维模式，跳出舒适区，激发想象力，提升思维连贯性和逻辑性等方式，创意写作能够帮助我们培养出更加灵活、开放、有创造性的思维方式，使我们能够更好地应对生活中的各种挑战和问题。

三、文章结构与布局

文章的结构和布局在写作中扮演着至关重要的角色，它不仅决定了文章的逻辑清晰度和条理性，还直接影响读者对文章内容的理解和接受程度。掌握好文章的结构和布局技巧，可以使文章更加有条不紊地展开，使读者更容易理解作者的观点和意图。

文章的结构应该清晰明了，以确保读者能够顺利地跟随作者的思路。一个典型的文章结构通常包括导言、正文和结论三个部分。导言部分主要介绍文章的主题和背景，引出文章的核心问题，并提出作者的立场或论点。正文部分则是对论点进行详细的阐述和论证，可以分为若干段落，每一段落都围绕着一个主题展开，通过事实、例证、论据等方式来支撑作者的观点。结论部分则是对全文进行总结和概括，强调文章的核心观点，并可能提出展望或建议。这样的结构安排使读者在阅读过程中能够清晰地了解作者的意图和观点，同时也使文章更具有说服力和逻辑性。

合理的布局也是文章成功的关键之一。合理的布局不仅可以增强文章的美观度，还可以提高读者的阅读体验。在进行布局时，需要考虑到文本的字数、段落数量、标题和分隔符等因素。首先，要保证文章的段落间有合适的间距，使得整篇文章看起来不拥挤，易于阅读。其次，在文本中适当加入标题和分隔符，可以帮助读者更好地理解文章的结构和内容，提高阅读效率。另外，还可以通过调整字体大小、颜色和样式等方式来突出重点内容，增强文章的视觉吸引力。总之，一个合理的布局可以使文章更具吸引力和可读性，从而更好地吸引读者的注意力，提高文章的传播效果。

除了传统的文章结构和布局外，还可以根据需要采用一些创新的方式来设计文章的结构和布局。比如，可以采用倒叙的写作手法，先讲述结局，再逐步揭示事件的起因和经过，从而引起读者的好奇心和探索欲。又如，可以采用并列对比的写作方式，将不同的观点或主题并列在一起，通过对比来突出它们之间的差异和联系，从而加深读者对问题的理解和思考。此外，还可以采用叙事性的写作风格，将抽象的概念和观点通过故事、案例等具体的事例来生动地展现出来，从而使读者更易于理解和接受。这些创新的写作方式可以使文章更具有趣味性和吸引力，从而更好地吸引读者的注意力，提高文章的传播效果。

掌握好文章的结构和布局技巧对于提高文本创作的质量和效果至关重要。一个清晰明了的结构可以使文章的逻辑更加严谨，一个合理的布局可以使文章更具美感和吸引力，而创新的写作方式则可以使文章更具趣味性和吸引力。因此，在进行文本创作时，需要充分考虑文章的结构和布局，灵活运用各种写作技巧，使文章既具有说服力和逻辑性，又具有趣味性和吸引力，从而更好地达到写作的目的。

四、故事叙述与人物塑造

在文学创作中，故事叙述与人物塑造是至关重要的两个方面，它们共同构建了作品的情节、氛围和情感共鸣。通过精心描绘故事情节和塑造生动的人物形象，作家能够吸引读者的注意力，引发共鸣，并传达作者想要表达的主题和情感。

故事叙述是文学作品中的核心。一个好的故事不仅需要有引人入胜的情节，还需要有恰到好处的节奏、明晰的结构和吸引人的叙述风格。故事的叙述方式可以是线性的，也可以是非线性的；它可以采用第一人称或第三人称的叙述视角，每种视角都会给读者带来不同的阅读体验。在进行故事叙述时，作家需要考虑如何悬念迭起、情节推进，如何在不同情节之间保持连贯性和平衡，以及如何通过叙述手法来增强作品的张力和吸引力。

人物塑造是故事中不可或缺的部分。生动的人物形象能够使故事更加立体和有趣，读者更容易产生共鸣和情感联系。为了塑造出真实而生动的人物形象，作家需要注意人物的性格、外貌、行为举止、语言风格等方面的描写，以及人物的内心世界、动机和情感变化。通过细致入微的描写，读者能够更好地理解人物的内心世界和行为动机，从而更加深入地投入故事中。

除了故事叙述和人物塑造外，创意写作也是文学创作的重要方面。创意写作可以理解为对语言、结构和形式的创新和探索，它能够为作品注入新鲜的活力和独特的魅力。创意写作可以表现为对叙述风格的独特运用，对语言的富有想象力的运用，以及对文学传统的颠覆和重构。在进行创意写作时，作家可以尝试采用非传统的叙述结构，运用象征、隐喻和比喻等修辞手法，或者以多种艺术形式相结合的方式来创作作品。通过创意写作，作品能够更加富有独特性和创造性，更容易吸引读者的注意力，并留下深刻的印象。

故事叙述与人物塑造是文学创作中至关重要的两个方面，它们共同构建了作品的情节、氛围和情感共鸣。通过精心描绘故事情节和塑造生动的人物形象，作家能够吸引读者的注意力，引发共鸣，并传达作者想要表达的主题和情感。同时，创意写作也是文学创作中的重要组成部分，它能够为作品注入新鲜的活力和独特的魅力，使作品更加富有创造性和吸引力。因此，学习如何叙述故事和塑造人物形象，以及如何进行创意写作，对于提高文学创作水平和创作出优秀的作品具有重要意义。

五、写作项目与实践

写作是一项综合性技能，它不仅仅是简单地表达思想和情感，更是一种传递信息、表达观点、激发共鸣的艺术。通过实际写作项目的练习，我们可以更好地掌握写作技能，提高自己的表达能力和创作水平。

无论是在学校里写作文、论文，还是在工作中写报告、提案，甚至在日常生活中写邮件、留言，写作都是我们与外界沟通交流的重要方式。一个人能否清晰、准确地表达自己的思想，往往直接影响到他在学业、职业和社交中的表现。因此，具备良好的写作能力对个人的发展至关重要。

实际写作项目对于提高写作技能具有重要意义。与单纯的理论学习相比，实践更能帮助我们将知识转化为技能，并通过实际操作不断提高。通过参与写作项目，我们不仅可以在实践中学习写作技巧，还可以从实际反馈中不断改进和完善自己的作品。这种学以致用的方式不仅能够加深我们对写作原理的理解，还能够锻炼我们的逻辑思维、表达能力和创造力。

实际写作项目还可以为我们提供更广阔的视野和更丰富的经验。在写作的过程中，我们可能需要涉及各种不同的主题和领域，这就需要我们不断拓展自己的知识面和阅历。同时，通过与他人合作、交流，我们也能够从他人的经验中汲取营养，拓展自己的思维方式和写作风格。这种多元化的学习和交流方式不仅能够为我们的写作项目注入新的灵感和动力，还能够为我们个人的成长和发展提供更多的机会和可能性。

　　在实际写作项目中，我们不仅可以提高自己的写作技能，还可以培养自己的创意思维和创作能力。创意写作是一种富有挑战性的写作形式，它要求我们不仅要有扎实的写作基础，还需要有丰富的想象力和创造力。在实际项目中，我们可以通过各种方式激发自己的创意，比如观察生活、阅读文学作品、参与讨论等等。同时，我们还可以通过尝试不同的写作形式和风格，如散文、诗歌、小说等，来拓展自己的创作领域，挖掘自己的潜力。

　　除了提高写作技能和培养创意思维外，实际写作项目还可以帮助我们建立自信和自我认同。在写作的过程中，我们需要不断地思考、表达和分享自己的观点和情感，这对于我们的自我认知和价值观培养是非常重要的。通过将自己的思想和情感倾注到文字中，我们可以更清晰地认识自己，并逐渐建立起自己独特的写作风格和个人品牌。同时，通过不断地与他人交流和分享，我们也可以获得他人的认可和支持，进而增强自己的自信心和自豪感。

　　通过实际写作项目的练习，我们不仅可以提高自己的写作技能，还可以培养自己的创意思维、建立自信和自我认同。因此，我们应该积极参与各种写作项目，不断挑战自己，不断提升自己的写作水平，让写作成为我们生活中不可或缺的一部分。

第六节　语言文化与交际能力

一、非语言交际

　　在交际中，非语言交际是一种重要的交流方式，它包括肢体语言、面部表情、眼神交流、姿势动作等多种形式。尽管我们通常关注言语表达，但非语言交际同样扮演着至关重要的角色，有时甚至比言语更具有影响力。

　　肢体语言是人们在交流过程中通过身体动作和姿势传达信息的方式。它可以表达出人们的情感、态度、意图以及个人特征。比如，一个人可能用手势来强调自己的观点，或者倾身靠近对方以显示亲近感。此外，肢体语言还可以传达出信任、紧张、愤怒等情绪，比如人们可能会交叉双臂表示防御或者厌烦，或者用微笑和眼神接触来展示友好和信任。

　　面部表情是非常直观的交流方式，人们往往会通过面部表情来传达情感和意图。例如，微笑通常被视为友好和开放的表达方式，而皱眉则可能表明不满或者疑惑。此外，眼神交流也是面部表情的一部分，眼神可以传递出自信、尊重、恐惧等情绪，眼神接触也可以表明人们之间的连接和亲近程度。

　　非语言交际在人际交往中扮演着至关重要的角色。事实上，研究表明，70%以上的人际交往信息是通过非语言方式传达的。这意味着，如果我们只注重言语表达而忽视了非语言交际，就会大大降低沟通的有效性。因此，理解非语言元素在交际中的作用是至关重要的。

　　非语言交际可以帮助人们更好地理解他人的情感和意图。有时候，人们可能会说出与自己真实感受不符的话语，但是通过观察他们的肢体语言和面部表情，我们可以更准确地了解他们的真实感受。比如，一个人可能说"我很高兴见到你"，但是他的面部表情却是严肃的，这时我们就可以感知到他并不是真的高兴。因此，通过理解非语言元素，我们可以更好地识别他人的情感和意图，从而更有效地进行沟通和交流。

　　非语言交际可以增强人际关系的建立和维护。在人际交往中，信任和亲近感是非常重要的因素。通过运用合适的非语言交际，我们可以向他人传达出友好和信任的态度，从而增强彼此之间的联系。比如，一个真诚的微笑或者一个友好的握手可以让人感受到对方的亲切和尊重，从而促进双方关系的发展。另外，通过运用适当的眼神交流，我们也可以加深与他人之间的情感联系，表达出自己的关注和理解，从而增进彼此之间的亲近感。

　　非语言交际还可以帮助人们更好地解决交流中的误解和冲突。在交流过程中，由于语言表达的不清晰或者信息的误解，可能会导致沟通的障碍和冲突的产生。但是通过观察他人的肢体语言和面部表情，我们可以更好地理解对方的真实意图，从而及时发现和解决潜在的误解和冲突。比如，当一个人在说话时表现出紧张或者不安的肢体语言时，我们可以推测到他可能并不确定或者不自信，这时我们可以采取更加温和和理解的态度来化解潜在的冲突，从而促进沟通的顺利进行。

　　然而，尽管非语言交际在人际交往中扮演着重要的角色，但是我们也需要注意到，非语言交际并不是绝对可靠的。因为非语言信号往往是隐含的，容易受到个体差异、文化差异以及环境因素的影响，所以我们在解读非语言信号时需要保持谨慎和客观。另外，有时候人们也会刻意地控制自己的非语言信号，以达到某种目的，这就需要我们更加敏锐地观察和分析他人的行为，以避免被误导。

非语言交际在人际交往中扮演着不可忽视的重要角色。通过理解非语言元素，我们可以更好地理解他人的情感和意图，增强人际关系的建立和维护，以及解决交流中的误解和冲突。

二、跨文化交际理解

跨文化交际理解是当今社会中至关重要的能力之一。随着全球化的深入发展，不同文化之间的交流与互动日益频繁，跨文化交际的需求也变得越发迫切。在这个背景下，理解并适应不同文化背景下的交际差异成了一项必备技能。

跨文化交际理解的重要性不言而喻。在全球化时代，人们之间的交流不再受限于地域和国界，不同文化的人们常常需要进行合作、交流、甚至是生活在一起。这种情况下，若缺乏跨文化交际的理解能力，很容易引发误解、冲突甚至是失败。因此，了解不同文化背景下的交际差异，成了有效跨文化交流的关键。

跨文化交际理解涉及对不同文化背景的认知和尊重。每个文化都有其独特的价值观、信仰、习俗和行为模式，这些因素都会影响到人们的交际方式和风格。比如，在一些文化中，直接表达意见可能被视为冒犯，而在另一些文化中，则可能被认为是坦诚和直率。因此，了解并尊重不同文化背景下的交际方式，是培养跨文化交际理解的关键一步。

跨文化交际理解也需要具备一定的文化敏感性和适应能力。在跨文化交际中，常常会遇到一些文化冲突和误解。这时，如果能够保持冷静、灵活地调整自己的交际方式，以适应对方的文化背景，就能够有效地化解矛盾，促进沟通。比如，当面对与自己文化相异的礼节时，我们可以试着去理解并接受对方的做法，而不是固守自己的习惯，从而避免尴尬和冲突的发生。

在实践中，培养跨文化交际理解和适应能力是一个渐进的过程。首先，我们可以通过学习和研究不同文化背景的相关知识来增强对跨文化交际的理解。这包括了解他们的历史、宗教、价值观、社会习俗等方面的内容。通过了解这些信息，我们可以更好地理解对方的行为和言语背后的文化含义，从而更好地进行交流。

我们还可以通过与不同文化背景的人交流和互动来锻炼跨文化交际的能力。这种亲身经历可以让我们更直观地感受到不同文化之间的差异，同时也能够促进我们的文化适应能力。在与他人交流时，我们要保持开放的心态，尊重对方的文化背景，同时也要勇于表达自己的观点和看法，这样才能实现真正的跨文化交流。

跨文化交际理解还需要不断地进行反思和调整。在实践中，我们可能会遇到各种挑战和困难，但是只要能够及时总结经验教训，不断地进行反思和调整，就能够逐渐提高自己的跨文化交际能力。比如，当我们在交流中遇到了误解或冲突时，我们可以回顾自己的表达方式和态度，思考是否存在不当之处，并尝试采取更合适的方式来进行交流。

要培养跨文化交际理解和适应能力，还需要有持之以恒的努力和实践。跨文化交际并非一蹴而就的事情，需要我们不断地积累经验，不断地进行实践和尝试。只有通过不断地努力和实践，我们才能够逐渐提高自己的跨文化交际能力，更好地融入多元化的社会环境中。

跨文化交际理解是一项至关重要的能力，它不仅关乎个人在国际舞台上的竞争力，也关乎全球化时代人类社会的和谐与发展。通过了解不同文化背景下的交际差异，并适应这些差异，我们可以更好地促进跨文化交流与合作，建设一个更加美好的世界。因此，我们应该不断地努力去培养和提升自己的跨文化交际理解和适应能力，以应对日益多样化的社会环境，为自己的发展打下坚实的基础。

三、语言的适应性与多样性

语言的适应性与多样性是语言学习中至关重要的一环，它涉及在不同情境和与不同听众交流时如何调整语言风格和用词，以确保有效的交际。语言适应性和多样性的理解和实践在跨文化交流和多元社会中变得尤为重要。

语言的适应性指的是人们在交流中能够根据不同的情境、场合和听众的需求，调整自己的语言风格和用词。这种适应性可以在各种不同的情境下发挥作用，包括正式场合、非正式场合、专业领域、社交场合等等。例如，在商务会议上，人们可能会使用正式的、专业化的语言，而在与朋友闲聊时，则可能会更加随意和非正式。

语言适应性的重要性在于它能够帮助人们更好地融入不同的社交环境，并与不同背景和文化的人进行有效的沟通。通过适应语言，人们能够建立更紧密的关系，增进彼此的理解，避免误解和沟通障碍。此外，对于跨文化交流来说，语言适应性也是至关重要的。在跨文化交流中，人们往往需要面对不同的语言习惯、沟通方式和文化背景，只有通过灵活地调整语言风格和用词，才能实现有效的交流。

与语言适应性密切相关的是语言的多样性。语言的多样性指的是世界上存在着众多不同的语言，每种语言都有其独特的词汇、语法结构和语言习惯。这种多样性反映了不同地区和文化背景的特点，也是人类文化的丰富体现。尊重和理解语言的多样性是建立跨文化交流的重要基础之一。

在实践语言适应性和多样性的过程中，有几个关键因素需要考虑。首先是语言的形式和风格。不同的场合和听众可能需要不同形式和风格的语言。例如，在正式场合，人们可能更倾向于使用正式的、礼貌的语言，而在非正式场合，则可以更加随意和轻松。其次是词汇和用词的选择。不同的听众可能对于某些词汇或用词有不同的理解和反应。因此，在选择词汇和用词时，需要考虑听众的背景和理解能力，尽量避免引起误解或不适。另外，还需要考虑语言的语调、语速和语音特点。这些因素都会影响到交流的效果，因此需要根据具体情况进行调整和适应。

除了在实践中培养语言适应性和多样性外，语言学习者还可以通过一些方法和技巧来提高这方面的交际能力。首先是积极参与跨文化交流。通过与不同背景和文化的人交流，可以更好地理解不同语言和文化之间的差异，从而提高自己的语言适应性。其次是多听多看。通过接触不同类型的语言材料，包括书籍、电影、新闻等，可以拓展自己的语言视野，学习更多不同形式和风格的语言表达。此外，还可以通过参加语言交流活动和实践，如语言角、演讲比赛等，来提高自己的语言适应性和交际能力。

语言的适应性与多样性是语言学习中至关重要的一环。通过培养适应不同情境和听众的语言能力，可以帮助人们更好地融入社交环境，建立更紧密的关系，促进跨文化交流和理解。在实践中，需要考虑语言的形式、词汇选择、语调和语音特点等因素，灵活调整语言风格和用词。通过积极参与跨文化交流，多听多看，参加语言交流活动等方式，可以提高语言适应性和多样性的交际能力，实现更加有效的交流与沟通。

四、有效沟通技巧

在当今社会，有效沟通技巧是至关重要的，它不仅能够促进人际关系的良好发展，还能够提高工作效率、解决问题和达成共识。而要实现有效的沟通，就需要掌握一系列听、说、读、写的技巧，以提高沟通效率。

听的技巧是有效沟通的基础之一。在日常生活和工作中，我们都需要倾听他人的观点、意见和建议。要做到有效地倾听，首先要保持专注，不要让其他事物干扰自己的注意力。其次，要学会倾听并理解对方的观点，而不是仅仅听到表面的言辞。这意味着要注重对语言、语气、表情和肢体语言的综合分析，以更好地理解对方的意图和情感。此外，要善于提出问题和回应对方的观点，以表明自己在倾听的过程中是积极参与的，而不是被动接受信息。

说的技巧也是有效沟通的关键。说话时，要清晰、明了地表达自己的观点和意见，避免使用模糊的词语和复杂的句子，以免引起误解。此外，要注重语调和语气的把握，以确保自己的话语既有说服力又不失礼貌。另外，要学会倾听对方的反馈并作出适当的回应，以建立起双向的沟通交流。

在读的技巧方面，我们需要不断提升自己的阅读能力，以更好地理解他人的观点和意见。阅读不仅可以拓展我们的知识面，还可以提高我们的理解能力和分析能力，从而更好地应对复杂的沟通情境。要提高阅读效率，可以采取一些方法，比如快速浏览、抓重点、提取关键信息等，以便更快地获取所需信息。

写的技巧也是有效沟通不可或缺的一部分。写作是一种重要的表达方式，通过文字可以清晰地传达自己的思想和观点。要提高写作效率，首先要明确表达的目的和对象，然后根据具体情况选择合适的写作风格和结构。此外，要注意语言的准确性和流畅性，避免使用生僻词汇和长句子，以免影响读者的理解。另外，要注重修辞技巧和逻辑思维，使文章既有文采又有说服力。

要实现有效的沟通，需要掌握听、说、读、写等多种技巧，并在实践中不断加以提升和完善。只有这样，我们才能在各种沟通情境中游刃有余地表达自己的观点，理解他人的意图，从而达成共识，促进事情的顺利进行。

五、语言与社会互动

语言在社会互动中扮演着至关重要的角色，其影响深远且多方面。语言不仅是交流思想和情感的工具，更是社会关系的基石之一。通过语言，个体能够建立、维护和调整与他人的关系，同时也能够在社会中获得认同感和地位。

语言在社会互动中扮演的角色之一是作为沟通的工具。语言是人类主要的交流工具，通过语言，人们能够表达自己的思想、情感和意图，与他人进行有效的交流。无论是面对面的对话、书面的文字交流还是虚拟的网络沟通，语言都是连接人与人之间的桥梁。在社会互动中，语言的准确性、清晰度和流畅性对于交流的效果至关重要。通过语言的交流，人们能够建立起彼此的认知，增进彼此之间的理解，从而促进社会关系的发展。

语言在社会互动中还扮演着建立和维护社会关系的重要角色。人类是社会性动物，社会关系对于个体的生存和发展至关重要。语言作为社会关系的重要组成部分，能够在人际交往中发挥着重要作用。通过语言的运用，个体能够表达自己对他人的态度和情感，表现出自己的亲近感、尊重感和信任感，从而建立起良好的社会关系。例如，通过使用礼貌语言和尊重他人的用词，可以彰显出自己的善意和友好，从而促进与他人的和谐相处。此外，语言还能够用来表达对他人的支持和关心，增进彼此之间的亲密程度，建立起真诚的友谊和亲情关系。

除了在个体之间的社会互动中发挥作用外，语言还对社会整体的组织和发展产生着深远的影响。语言不仅仅是交流的工具，更是文化的载体和传播媒介。不同的语言反映了不同的文化传统、价值观念和社会习俗，通过语言的传播，人们能够传承和弘扬自己的文化传统，维护和发展自己的文化身份。在多语言和多文化的社会中，语言交际不仅仅是为了传递信息，更是为了促进文化的交流和融合。通过语言的交流，人们能够了解和尊重他人的文化习俗和价值观念，增进不同文化之间的理解和友谊，促进社会的多元共存和和谐发展。

语言还可以作为权力和身份的象征，在社会互动中发挥着重要作用。在社会中，不同的语言使用者可能会根据自己的语言能力和使用场合的不同而获得不同的社会地位和权力。一些特定的语言，如官方语言、学术语言或商业语言，往往与权力和地位紧密相关。通过掌握和运用这些语言，个体能够在社会中获得更多的资源和机会，提升自己的社会地位和身份认同。同时，语言也可以成为身份认同的标志，通过语言的使用，人们能够表达自己的文化背景、社会地位和身份认同，增强自己的归属感和认同感。

然而，语言在社会互动中的作用不仅仅是积极的，有时也可能会带来一些负面影响。例如，语言的误解、歧视和偏见可能会导致沟通的困难和冲突，破坏社会关系的和谐。在多语言和多文化的社会中，语言的差异和障碍可能会成为交流的障碍，阻碍不同文化之间的交流和理解。此外，语言的滥用和操纵也可能会导致信息的误导和欺骗，损害社会的公信力和信任度。因此，在社会互动中，人们需要注意语言的选择和使用，尊重他人的语言和文化，建立起彼此之间的信任和尊重，促进社会关系的和谐发展。

语言在社会互动中发挥着至关重要的作用，不仅是交流的工具，更是社会关系的基石之一。通过语言的运用，个体能够建立、维护和调整与他人的关系，获得认同感和地位。同时，语言也是文化的载体和传播媒介，通过语言的交流，人们能够传承和弘扬自己的文化传统，增进不同文化之间的理解和友谊。然而，在社会互动中，人们也需要注意语言的选择和使用，避免语言的误解、歧视和滥用，促进社会关系的和谐发展。因此，语言文化与交际能力对于个体的社会适应和发展至关重要，需要不断地加强和提高。

第四章　教学方法与核心素养

　　本章是关于现代教学理论和实践的综合性论述，旨在探讨如何在教学过程中培养学生的核心素养。本章从不同的教学策略和方法入手，重点分析了这些方法如何促进学生综合能力的提升。首先，着重讨论了课堂教学策略的重要性，探讨了如何通过有效的课堂管理和教学方法来提升教学效果。接着，转向合作学习和小组讨论，强调了学生间互动的重要性以及这种互动如何促进知识的深入理解。接下来，着眼于批判性思维的培养，解析了批判性思维在教学中的重要角色以及如何在学生中培养这一能力。此后，讨论了创新与探究学习的方法，着重于如何激发学生的创造力和独立探究能力。接着讨论了信息技术在语文教学中的应用，分析了技术如何改变教学方式，以及如何利用技术来增强教学效果。最后，讨论了评价与反馈机制，强调了持续评估对于学生学习过程的重要性，以及如何通过有效的反馈来指导学生的学习。这一章全面覆盖了现代教育理论中的多个重要方面，强调了在教学中应用这些方法和策略来促进学生核心素养的发展。

第一节　课堂教学策略

一、多元教学方法的应用

在教育领域中，课堂教学策略的设计与应用对于促进学生学习的有效性至关重要。而多元教学方法的应用则是一种灵活且富有创造性的教学策略，能够更好地满足学生的多样化需求。

多元教学方法的应用需要教师深入了解学生的个体差异和学习特点。每个学生都具有独特的学习方式、兴趣爱好和学习需求，因此教师需要通过观察、交流和评估等方式，了解每个学生的学习风格和水平。这样，教师才能有针对性地选择和组合不同的教学方法，以满足学生的多样化需求。

多元教学方法的应用需要教师具备丰富的教学技能和策略。教师应该熟悉各种教学方法的特点、优势和适用范围，能够根据具体的教学目标和学生群体的特点，灵活地选择和运用不同的教学方法。例如，对于善于听觉学习的学生，教师可以采用讲解、演示和讨论等方式进行教学；对于善于视觉学习的学生，教师可以利用图表、图片和视频等视觉化工具进行教学；对于善于动手实践的学生，教师可以设计实验、案例分析和实践活动等教学环节。通过灵活运用不同的教学方法，教师能够更好地激发学生的学习兴趣，提高他们的学习积极性。

多元教学方法的应用还需要教师关注课堂教学的互动性和个性化。在教学过程中，教师应该注重与学生的互动，积极倾听学生的意见和反馈，及时调整教学方法和内容，确保教学过程具有一定的灵活性和针对性。同时，教师还应该重视个性化教学，根据不同学生的学习需求和水平，差异化地设置教学目标、内容和评价标准，帮助每个学生实现个性化的学习目标。

多元教学方法的应用需要教师与学生之间建立良好的师生关系和合作关系。教师应该尊重学生的个体差异，关心他们的学习和生活，给予他们足够的支持和鼓励，激发他们的学习动力和自信心。同时，教师还应该与学生建立密切的合作关系，通过合作学习、小组讨论和项目实践等方式，促进学生之间的互动和合作，培养他们的团队合作能力和创新思维能力。通过良好的师生关系和合作关系，教师能够更好地了解学生的学习需求和困难，有针对性地调整教学方法和内容，提高课堂教学的效果和质量。

多元教学方法的应用是一种有效的教学策略，能够更好地满足学生的多样化需求，提高课堂教学的效果和质量。教师应该深入了解学生的个体差异和学习特点，具备丰富的教学技能和策略，关注课堂教学的互动性和个性化，建立良好的师生关系和合作关系，从而促进学生的全面发展和终身学习能力的培养。相信随着教育理念的不断更新和教学技术的不断发展，多元教学方法的应用将会在未来的教育实践中发挥越来越重要的作用。

二、互动式教学的重要性

在现代教育中，互动式教学被视为一种重要的教学策略，它强调了教师与学生之间的积极互动。这种教学模式不仅仅是简单地传授知识，而是通过积极的参与和交流，促进学生的学习和发展。互动式教学的重要性体现在多个方面，包括促进学生的学习兴趣和主动性、提高教学效果、增强学生的思维能力和解决问题的能力等方面。

互动式教学有助于激发学生的学习兴趣和提高学习主动性。在传统的教学模式中，教师往往是知识的传授者，学生则是被动接受知识。而通过互动式教学，教师与学生之间可以进行双向的交流和互动，使得学习过程更加生动有趣。学生在参与讨论、提出问题、分享观点的过程中，能够更加主动地参与到学习中去，从而提高了他们的学习兴趣和主动性。

互动式教学可以提高教学效果。通过与学生的互动，教师可以及时了解学生的学习情况和困惑，有针对性地进行教学调整和指导，从而更好地满足学生的学习需求。与此同时，学生在积极参与互动的过程中，也能够更深入地理解和消化所学知识，从而提高学习效果。研究表明，与传统的单向授课相比，互动式教学可以显著提高学生的学习成绩和学习动机。

互动式教学有助于增强学生的思维能力和解决问题的能力。在互动式教学中，教师通常会提出一些开放性的问题，引导学生进行思考和讨论。通过这种过程，学生不仅能够掌握知识，还能够培养批判性思维、创造性思维和解决问题的能力。他们在与同学和教师的互动中，学会了如何提出问题、分析问题、寻找解决方法，这对他们今后的学习和工作都具有重要意义。

互动式教学还有助于促进学生的合作能力和沟通能力。在互动式教学中，学生经常需要与同学一起合作完成任务或解决问题，在这个过程中，他们需要进行有效的沟通和协作，才能取得良好的结果。通过这种合作和交流，学生不仅能够增强团队意识和合作精神，还能够提高沟通能力和人际交往能力，这对他们今后的生活和工作都具有重要意义。

互动式教学有助于培养学生的批判性思维和创造性思维。在互动式教学中，学生不仅仅是被动接受知识，而是通过与教师和同学的互动，积极参与到知识的探索和建构中去。他们需要思考问题、分析问题、提出自己的观点，并与他人进行讨论和辩论。通过这种过程，学生能够培养批判性思维和创造性思维，提高问题解决能力和创新能力，这对他们今后的学习和工作都具有重要意义。

互动式教学作为一种重要的教学策略，在现代教育中具有重要的意义。它不仅有助于激发学生的学习兴趣和提高学习主动性，还能够提高教学效果，增强学生的思维能力和解决问题的能力，促进学生的合作能力和沟通能力，培养学生的批判性思维和创造性思维。因此，教师应该积极倡导和采用互动式教学，为学生提供更加丰富、生动和有效的学习体验。

三、教学媒体的选择与使用

在教学中，选择和使用合适的教学媒体是非常重要的一环。教学媒体可以是图书、幻灯片、视频、音频、网络资源等多种形式，它们的有效运用能够提高学生的学习效果，增强他们的学习兴趣，促进知识的深入理解。

要选择适合教学内容和学生特点的教学媒体。不同的教学内容可能需要不同形式的媒体来进行传达。比如，对于某些抽象概念的教学，使用图像、动画或者视频等视觉媒体可能更为有效；而对于一些实践性较强的技能培养，可能需要使用实物模型、演示工具或者实地操作。此外，还要考虑学生的年龄、认知水平、兴趣爱好等因素，选择符合他们接受能力和学习风格的教学媒体。

要注意教学媒体的质量和适用性。教学媒体的质量直接影响着教学效果。选择的教学媒体应当准确、清晰、生动、有趣，能够吸引学生的注意力，激发他们的学习兴趣。此外，教学媒体还应当具有适用性，能够有效地支持教学目标的实现。比如，在教学某一概念时，选择一个恰当的例子或者案例，能够更好地帮助学生理解和应用这一概念。

要灵活运用多种教学媒体。在教学过程中，可以结合使用多种媒体工具，以达到更好的教学效果。比如，在介绍一个历史事件时，可以先通过幻灯片展示相关图片，然后播放一个视频资料，最后进行小组讨论或者课堂演讲，使学生从多个角度、多个感官获得信息，加深对知识的理解和记忆。此外，还可以根据教学内容的需要，灵活选择和组合不同的媒体形式，使教学过程更加多样化、丰富化。

要注重教学媒体与教学内容的有机结合。教学媒体的选择和使用应当与教学内容密切相关，能够有效地支持教学目标的实现。教学媒体不应该成为教学的附属品，而应当成为教学的重要组成部分，与教学内容相辅相成，相互促进。只有将教学媒体与教学内容有机结合起来，才能真正发挥它的作用，提高教学效果。

要注重教学媒体的更新和创新。随着科技的不断发展和社会的不断进步，新的教学媒体不断涌现，教学媒体的形式和内容也在不断更新和改进。因此，教师应当密切关注教学媒体的发展动态，不断学习和尝试新的教学媒体，不断创新教学方式和方法，以满足学生的学习需求，提高教学效果。

要充分发挥教师的主导作用。虽然教学媒体在教学中起着重要作用，但教师仍然是教学活动的主导者和组织者。教师应当根据教学目标和教学内容，灵活选择和使用教学媒体，合理安排教学过程，引导学生积极参与，确保教学的顺利进行和教学效果的达到。同时，教师还应当及时调整教学策略，根据学生的反馈和实际情况，对教学媒体进行评估和优化，不断改进教学方法，提高教学质量。

教学媒体的选择与使用是教学中不可或缺的一环。通过合适的选择和有效的使用教学媒体，可以提高教学效果，增强学生的学习兴趣，促进知识的深入理解。因此，教师应当注重教学媒体的选择与使用，不断学习和尝试新的教学媒体，不断创新教学方式和方法，以提高教学质量，促进学生的全面发展。

四、学习动机的激发

在教学中，激发学生学习动机是至关重要的，因为学习兴趣是学生持续学习的内在驱动力。通过巧妙的教学策略，教师可以有效地提高学生的学习兴趣，促进他们的积极参与和持续学习。

教师可以通过创设具有挑战性和吸引力的学习环境来激发学生的学习动机。这可以通过设计富有创意和启发性的课堂活动来实现。例如，使用故事情节或角色扮演来引入新的知识点，或者设计有趣的游戏和竞赛来加强学习效果。通过这种方式，学生会感到课堂内容更加生动有趣，从而激发他们的学习兴趣。

教师还可以通过与学生建立良好的互动关系来提高学习兴趣。这包括与学生进行积极的沟通，倾听他们的想法和意见，并尊重他们的个人学习需求和兴趣。教师可以采用开放式的教学方式，鼓励学生提出问题、分享观点，从而激发他们的学习热情。此外，教师还可以根据学生的反馈和反应及时调整教学策略，确保课堂教学与学生的学习需求相匹配。

教师还可以通过提供有意义的学习体验来激发学生的学习动机。这意味着让学生参与到真实世界的问题和情境中，通过实践活动来探索和应用所学知识。例如，组织实地考察、实验或项目实践，让学生亲身体验知识的应用和实际意义。通过这种方式，学生可以感受到学习的实际意义和价值，从而增强他们的学习动机。

教师还可以通过积极的激励和认可来激发学生的学习兴趣。这包括及时给予学生积极的反馈和鼓励，表扬他们的努力和成就，激发他们的学习动力和自信心。同时，教师还可以设立奖励机制，鼓励学生在学习中取得更好的成绩和表现。通过这种方式，学生会感到受到肯定和鼓励，从而更加积极地参与到学习过程中。

教师还可以通过激发学生的好奇心和探索欲来提高他们的学习兴趣。这可以通过设计引人入胜的教学内容和活动来实现，激发学生的求知欲和探索欲。例如，通过提出引人入胜的问题或谜题来引发学生的思考和讨论，激发他们主动探索和学习的欲望。同时，教师还可以鼓励学生自主学习和探索，给予他们足够的自由和空间，培养他们独立思考和解决问题的能力。

通过巧妙的教学策略，教师可以有效地提高学生的学习兴趣，从而激发他们的学习动机。这包括创设具有挑战性和吸引力的学习环境，建立良好的互动关系，提供有意义的学习体验，给予积极的激励和认可，以及激发学生的好奇心和探索欲。通过这些策略的综合运用，教师可以帮助学生树立正确的学习态度，提高他们的学习动机和积极性，从而实现更加有效的课堂教学。

第二节　合作学习与小组讨论

一、小组合作学习的框架设置

课堂管理技巧在教学过程中起着至关重要的作用，它不仅仅是为了维持秩序，更是为了创造一个良好的学习环境，促进学生的学习效果和教师的教学效率。有效的课堂管理方法可以使得课堂教学更加顺畅、高效，同时也能够更好地满足学生的学习需求和教师的教学目标。

建立明确的规则和期望是课堂管理的基础。在课堂开始之前，教师应该向学生介绍课堂规则和期望，明确告知学生哪些行为是可以接受的，哪些是不可接受的，并且明确告知违反规则会有什么样的后果。这样可以让学生清楚地知道自己应该如何行动，从而降低违规的可能性，保持课堂秩序。

建立良好的师生关系也是课堂管理的关键。教师应该尊重学生、理解学生，并与学生建立起良好的互动关系。通过与学生的良好沟通，教师可以更好地了解学生的需求和问题，及时解决学生的困惑，从而提高学生的学习积极性和参与度。当学生感受到教师的尊重和关爱时，他们会更加乐意遵守课堂规则，积极参与到课堂教学中。

采用多样化的教学方法和活动也是有效的课堂管理策略之一。在课堂教学中，教师可以结合不同的教学方法和活动，如小组讨论、案例分析、角色扮演等，来满足不同学生的学习需求。通过多样化的教学方法和活动，可以提高学生的学习兴趣和参与度，降低学生的厌学情绪，从而有效地维持课堂秩序。

及时的反馈和奖惩制度也是课堂管理的重要组成部分。教师应该及时给予学生反馈，表扬他们的优秀表现，鼓励他们继续努力，同时也要及时指出他们的不足之处，帮助他们改进。此外，教师还可以设置奖惩制度，对学生的表现进行奖励或惩罚，以激励学生遵守课堂规则，保持课堂秩序。

建立有效的课堂管理需要教师具备一定的技能和能力。教师需要具备良好的沟通能力、情绪管理能力和问题解决能力，能够有效地与学生进行沟通，处理好课堂中出现的各种问题。同时，教师还需要具备灵活运用教学方法和活动的能力，能够根据学生的实际情况进行调整和改进，以提高教学效果。

提供有效的课堂管理方法是确保教学秩序的关键。通过建立明确的规则和期望、建立良好的师生关系、采用多样化的教学方法和活动、及时的反馈和奖惩制度以及教师自身的技能和能力，可以有效地维持课堂秩序，促进学生的学习效果和教师的教学效率。因此，教师应该重视课堂管理，不断探索和实践有效的管理策略，为学生创造一个良好的学习环境。

二、角色分配与合作技巧

在课堂教学中，角色分配与合作技巧是促进学生合作学习和团队合作的重要策略之一。通过合理的角色分配，可以有效地调动学生的积极性和激发学习热情，提高教学效果。

角色分配的策略应该基于学生的个体特点和能力水平。不同的学生具有不同的优势和特长，因此，在进行角色分配时，应该充分考虑每个学生的特点，合理安排角色，使每个人都能发挥自己的优势。例如，一个善于组织和领导的学生可以担任组长的角色，负责协调小组成员的活动和管理小组的进度；而一个擅长分析和总结的学生可以担任记录员的角色，负责记录讨论内容和整理成果；而一个擅长表达和沟通的学生可以担任发言人的角色，负责向外界汇报小组的讨论成果。

角色分配的策略应该注重平衡和多样性。一个成功的讨论小组需要各种不同类型的角色来保持组织的协调和平衡。因此，在进行角色分配时，应该尽量使各个角色的分配相对均衡，避免出现某些角色过于集中或者某些角色空缺的情况。同时，也应该尽量多样化角色的分配，让学生有机会尝试不同的角色，培养其多方面的能力和技能。

角色分配的策略应该与学习目标和任务相适应。不同的学习任务和目标需要不同类型的角色来支持和完成。因此，在进行角色分配时，应该根据具体的学习任务和目标来确定各个角色的分配，确保每个角色都能为实现学习目标做出贡献。例如，如果学习任务是解决一个复杂的问题，那么可以设立一个专门负责分析和解决问题的角色；如果学习任务是展开一个讨论，那么可以设立一个专门负责引导讨论和总结成果的角色。

角色分配的策略应该注重学生的参与和反馈。在进行角色分配之后，应该及时跟踪和评估学生的表现，及时给予反馈和指导，帮助他们更好地发挥各自的角色。同时，也应该鼓励学生之间的互相合作和交流，促进团队的凝聚力和信任感。只有通过不断地参与和反馈，学生才能不断地提高自己的合作技巧和团队意识，从而取得更好的学习效果。

角色分配与合作技巧是课堂教学中重要的策略之一。通过合理的角色分配，可以有效地调动学生的积极性和激发学习热情，提高教学效果。同时，也可以培养学生的合作技巧和团队意识，为其未来的学习和工作打下坚实的基础。因此，在课堂教学中，教师应该充分重视角色分配与合作技巧的培养，为学生提供更好的学习体验和发展空间。

三、小组讨论的引导方法

在教学中，小组讨论是一种被广泛采用的教学策略，可以激发学生的思维，促进学习效果。而教师在小组讨论中的引导技巧则至关重要，它直接影响着讨论的质量和学生的学习效果。

教师在小组讨论中的引导应该注重激发学生的兴趣和积极性。教师可以通过提出具有挑战性的问题或者引入引人入胜的案例来吸引学生的注意力，让学生感到愿意参与到讨论中来。此外，教师还可以运用一些互动性强的教学方法，如游戏化教学、角色扮演等，使讨论更加生动有趣，激发学生的学习热情。

教师在小组讨论中的引导应该注重引导学生发挥团队合作精神。小组讨论不仅仅是学生个体思维的碰撞，更是团队协作的体现。因此，教师在引导学生进行讨论时，应该重视团队合作意识的培养，鼓励学生相互倾听、尊重彼此的意见，共同探讨问题，并及时给予团队成员积极的反馈和肯定，激发团队的凝聚力和创造力。

教师在小组讨论中的引导应该注重促进学生的批判性思维。小组讨论是一个让学生自由表达观点、思考问题、辩论争论的平台，教师应该引导学生不仅仅是围绕表面现象展开讨论，而是要引导学生深入思考问题的本质、原因及其背后的逻辑关系，培养学生分析问题、解决问题的能力，提高学生的批判性思维水平。

教师在小组讨论中的引导应该注重培养学生的沟通能力和表达能力。小组讨论是一个让学生在团队中交流、讨论、辩论的过程，因此，教师在引导学生进行讨论时，应该注重培养学生的语言表达能力，引导学生清晰、准确地表达自己的观点，学会倾听他人的意见，并能够就不同观点展开有效的讨论与辩论，提高学生的沟通交流能力。

教师在小组讨论中的引导应该注重引导学生进行总结和反思。小组讨论结束后，教师应该及时对讨论的过程和结果进行总结，梳理出讨论的重点和亮点，帮助学生对所学知识进行归纳和整理，并引导学生对自己的表现进行反思，总结经验教训，为今后的学习和实践积累经验。

教师在小组讨论中的引导方法是多方面的，既要注重激发学生的兴趣和积极性，又要注重引导学生发挥团队合作精神，促进学生的批判性思维，培养学生的沟通能力和表达能力，同时还要引导学生进行总结和反思。只有通过综合运用各种引导技巧，教师才能够更好地引导学生进行小组讨论，达到更好的教学效果。

四、评估合作学习的效果

在教学中，评估合作学习的效果至关重要，因为它可以帮助教师了解学生在团队合作中的表现和学习成果，进而调整教学策略，促进学生的全面发展。

评价合作学习的效果需要考虑到学生个体的学习成果。这包括评估学生在合作过程中所获得的知识和技能。教师可以通过观察学生在小组内的表现、听取小组成员的反馈、收集小组作业和项目的成果等方式来评估学生的个体学习成果。例如，教师可以通过观察学生在小组讨论中的参与程度、贡献的深度和广度、提出的问题以及解决问题的能力等来评价学生的个体学习成果。此外，教师还可以通过考查学生在小组作业和项目中的表现，如书面报告、口头展示等，来评估学生在合作学习中所获得的知识和技能。

评价合作学习的效果还需要考虑到小组整体的学习成果。这包括评估小组在合作学习过程中所取得的成绩和成果。教师可以通过观察小组合作的效果、评估小组作业和项目的完成情况、听取小组成员的反馈等方式来评价小组整体的学习成果。例如，教师可以通过观察小组成员之间的互动和合作情况，评估小组合作的效果；通过评估小组作业和项目的完成情况，评估小组整体的学习成果。此外，教师还可以通过听取小组成员的反馈，了解小组在合作学习过程中所遇到的问题和困难，进而评估小组的学习成果。

评价合作学习的效果还需要考虑到学生的自我评价和同伴评价。学生的自我评价和同伴评价可以帮助他们更好地认识自己的学习成果，促进他们的学习和成长。教师可以通过设计自我评价和同伴评价的工具和方式，引导学生进行评价。例如，教师可以设计问卷调查、评价表格等工具，让学生根据合作学习的目标和标准，对自己和同伴的表现进行评价。此外，教师还可以通过组织学生之间的讨论和反馈，促进学生之间的交流和合作，帮助他们更好地认识自己的学习成果。

评价合作学习的效果还需要考虑到学生的综合素质发展。合作学习不仅可以促进学生的学科知识和技能的发展，还可以培养学生的合作精神、沟通能力、团队意识等综合素质。因此，评价合作学习的效果需要综合考虑学生的学科知识和技能的发展，以及学生的综合素质的发展。教师可以通过观察学生在合作学习中的表现、听取学生的反馈、收集学生的作品和成果等方式来评价学生的综合素质发展。例如，教师可以观察学生在小组讨论中的沟通和合作情况，评估学生的沟通能力和团队意识；通过收集学生的作品和成果，评估学生的综合素质发展。

评价合作学习的效果是一个综合性的过程，需要考虑学生个体的学习成果、小组整体的学习成果、学生的自我评价和同伴评价，以及学生的综合素质发展等多个方面。通过综合考虑这些方面，教师可以更准确地评价合作学习的效果，促进学生的全面发展。

五、解决合作中的冲突

在教学过程中，合作学习是一种常见的教学策略，它通过让学生相互合作来促进学习，提高学习效果。然而，在合作学习中，往往会出现各种冲突，这些冲突可能会影响到学生的学习效果和团队的凝聚力。因此，解决合作中的冲突是非常重要的一环。

教师在解决小组内部冲突时，应该采取积极的态度。教师应该意识到冲突是合作学习中不可避免的一部分，而不是避免或者惩罚的对象。因此，教师应该以解决问题的态度来对待冲突，而不是简单地把它视为一种负面因素。

教师可以通过建立良好的团队氛围来预防小组内部冲突的发生。一个良好的团队氛围可以增强团队成员之间的信任和合作意识，从而减少冲突的发生。教师可以通过组织团队建设活动、制定合适的规则和规范行为来营造良好的团队氛围。

教师还可以通过教育学生有效沟通的技巧来解决小组内部冲突。沟通是解决冲突的关键，而有效的沟通则是解决冲突的基础。因此，教师应该教育学生如何有效地表达自己的想法和感受，如何倾听他人的意见和建议，以及如何在沟通中保持冷静和理性。

教师可以采取一些具体的策略来解决小组内部冲突。例如，教师可以设立冲突解决小组，让团队成员共同讨论并找到解决冲突的方法。此外，教师还可以采取调解的方式，帮助团队成员找到共同的利益点，并达成妥协。同时，教师也可以采取分析冲突的方式，帮助团队成员了解冲突的根源，并找到解决问题的方法。

教师在解决小组内部冲突时，应该注重团队成员的参与和合作。解决冲突不是教师一个人的责任，而是所有团队成员共同努力的结果。因此，教师应该鼓励团队成员积极参与冲突解决过程，并倡导合作精神，共同努力解决问题。

解决小组内部冲突是合作学习过程中的一个重要环节，也是教师应该重视的问题。教师可以通过建立良好的团队氛围、教育学生有效沟通技巧、采取具体的解决策略等方式来解决小组内部冲突，从而促进学生的学习效果和团队的凝聚力。

第三节 批判性思维训练

一、批判性思维的定义与重要性

批判性思维是指一种能力和态度，它能够帮助人们以理性、深入和系统的方式审视、分析和评价信息、观点和问题。这种思维模式不仅仅是简单地接受或拒绝某种观点，而是通过提出问题、探索证据、进行推理和评估来形成自己的见解。批判性思维强调逻辑性、客观性、综合性和创造性，它不受偏见、情绪或传统观念的束缚，而是依靠严谨的分析和推理来判断事物的真实性和价值。

批判性思维在教学中具有至关重要的作用。首先，它培养了学生的分析能力和判断能力。在学习过程中，学生不仅仅是被动地授予知识，而是通过批判性思维去理解和评价所学的内容。他们学会了怀疑、质疑和探索，而不是盲目地接受。这种能力使他们能够更加全面地理解问题，并做出更加明智的决策。

批判性思维还促进了学生的创造性思维。通过不断地质疑和挑战现有的观点和思维模式，学生们可以找到新的解决问题的方法和观点。这种创造性思维不仅在学术领域有所体现，也在日常生活中具有重要价值。一个具备批判性思维能力的个体能够更好地适应复杂多变的社会环境，并更好地解决问题。

批判性思维还有助于提高学生的信息素养。在信息时代，人们面临着海量的信息，而且信息的真实性和可信度也难以确定。通过批判性思维，学生可以学会如何筛选和评估信息的可靠性，避免被误导或欺骗。这种能力对于学生的学习和生活都至关重要，因为它能够帮助他们更好地利用信息资源，做出明智的决策。

批判性思维还有助于培养学生的批判性判断能力。在现实生活中，人们常常面临着各种各样的选择和决策，而这些决策往往涉及利益、道德、价值观等方面的考量。通过批判性思维的训练，学生可以更加理性地分析和评价选择的利弊，从而做出更加明智的决策。

批判性思维还有助于培养学生的沟通能力。在批判性思维的训练中，学生不仅仅是要理解和评价信息，还需要能够清晰地表达自己的观点和想法。这种能力不仅对于学术研究有所帮助，也对于职场和社交交往具有重要价值。一个具备批判性思维能力的个体能够更好地表达自己的观点，与他人进行理性的讨论和辩论，从而更好地实现个人和社会的发展。

批判性思维在教学中具有极其重要的作用。它不仅可以帮助学生更好地理解和评价所学的内容，还可以培养他们的创造性思维、信息素养、批判性判断能力和沟通能力。因此，在教学中应该注重培养学生的批判性思维能力，从而帮助他们更好地适应未来社会的发展需求。

二、培养学生的批判性思维技能

培养学生的批判性思维技能是现代教育中至关重要的一部分。随着信息的爆炸性增长和知识的普及，培养学生具备批判性思维技能变得尤为迫切。批判性思维不仅仅是简单地接受和记忆知识，而是能够对所接触到的信息进行分析、评估和判断的能力。在教育实践中，有许多方法可以帮助学生发展这种关键的思维能力。

引导学生提出问题。批判性思维的关键之一就是学会提出有深度的问题。教师可以通过激发学生的好奇心和探索欲望来引导他们提出问题。这些问题可以是关于课程内容、社会现象、科学原理等方面的。通过不断提问，学生将逐渐习得提出问题的技巧，从而培养批判性思维。

鼓励学生进行讨论和辩论。在课堂上组织学生进行讨论和辩论是培养批判性思维的有效途径。通过讨论，学生可以分享自己的观点，并听取他人的看法。在辩论中，学生需要理性地分析问题，并据理力争。这不仅可以锻炼学生的逻辑思维能力，还可以培养他们对问题的批判性思考能力。

注重培养学生的信息素养。在信息爆炸的时代，学生需要具备良好的信息素养才能进行批判性思考。教师可以通过教授信息检索、评估和利用的技能来培养学生的信息素养。学生需要学会从海量的信息中筛选出有用的内容，并进行客观地评价和分析。这将有助于他们培养批判性思维。

鼓励学生进行跨学科学习。跨学科学习可以帮助学生从不同的角度思考问题，促进他们的批判性思维。教师可以组织跨学科的课程或项目，让学生在不同学科的知识领域中进行交叉学习和思考。这样可以帮助学生拓展视野，培养批判性思维。

提倡学生进行自主学习和自主思考。在课堂教学之外，学生应该有自主学习的机会。教师可以布置一些开放性的问题或任务，让学生自主进行探究和思考。通过自主学习，学生将更加积极地参与到知识的获取和思考过程中，从而培养批判性思维。

注重评价和反思。评价和反思是培养学生批判性思维的重要环节。教师可以通过作业、考试或其他评价方式对学生的批判性思维能力进行评估。同时，学生也应该对自己的学习和思考过程进行反思，发现不足并加以改进。通过不断的评价和反思，学生的批判性思维能力将得到进一步的提升。

培养学生的批判性思维技能是教育工作的重要任务之一。通过引导学生提出问题、进行讨论和辩论、培养信息素养、跨学科学习、自主学习和反思等方法，可以有效地促进学生的批判性思维能力的发展。这不仅有助于学生在学术上取得更好的成绩，还能够提高他们的综合素质，为他们未来的发展打下坚实的基础。

三、思维训练活动设计

批判性思维训练是培养学生批判性思维能力的重要途径之一。通过设计各种活动，可以激发学生的思维，帮助他们发展出逻辑思维、分析能力、判断力等重要的思维技能。

辩论活动是一种非常有效的批判性思维训练方式。在辩论中，学生需要就某个议题展开争论，分析、评价对方的论据，并提出自己的观点和证据支持。通过辩论，学生不仅可以锻炼自己的逻辑思维和说服能力，还可以学会尊重他人的观点并从中汲取启示。例如，可以就社会热点问题、伦理道德问题或学术问题等展开辩论，让学生在辩论中锻炼批判性思维能力。

在问题解决活动中，学生需要面对一个具体的问题或挑战，然后通过分析、探讨和合作，找出解决问题的方法或策略。这种活动可以激发学生的创造性思维和批判性思维，培养他们解决问题的能力。例如，可以设计一个实际生活中的场景，让学生在小组中合作解决，比如如何解决校园内的交通拥堵问题，或者如何提高学生的学习效率等。

案例分析活动是通过分析实际案例来培养学生的批判性思维能力。教师可以选择一些具有代表性的案例，让学生对案例进行分析，提出问题、找出关键信息、评估证据，并给出解决方案。通过这种活动，学生可以锻炼自己的分析和判断能力，培养批判性思维。例如，可以选择一些历史事件、社会问题或科学实验的案例，让学生进行分析和讨论。

在角色扮演活动中，学生扮演不同的角色，站在不同的立场上，模拟真实情境并进行互动。这种活动可以帮助学生理解不同观点之间的差异，培养他们的同理心和批判性思维。例如，可以设计一个模拟法庭的场景，让学生扮演检察官、辩护律师或陪审团成员，通过角色扮演来分析案件并做出判断。

信息辨析活动是指让学生对所接触到的信息进行分析和评价，从而培养其批判性思维。在这种活动中，学生需要审查信息的来源、真实性、可信度等方面，并对其进行辨析和评价。例如，可以选择一些新闻报道、科学研究或社会调查的信息，让学生对其进行辨析，判断信息的真假和可靠性。

通过以上这些活动的设计和实施，可以有效地提高学生的批判性思维能力。同时，教师在活动中可以担任引导者和指导者的角色，帮助学生克服困难，引导他们进行深入思考和探索，从而达到更好的教学效果。

四、评价学生的思维进步

评价学生的思维进步是教育评估中的重要组成部分。学生的思维能力提升不仅仅是指他们在课堂上学到的知识量，更是指他们在处理问题、分析信息、解决难题以及运用知识的能力。因此，评价学生的思维进步需要综合考虑多个因素，包括学习过程中的反思、学习成果的展示、解决问题的能力等。

评价学生的思维进步需要考虑学生在学习过程中的反思能力。学生的反思能力是指他们对学习过程的主动思考和总结能力。教师可以通过定期的反思活动或者作业，要求学生回顾自己在学习过程中的收获、困惑以及对知识的理解等方面进行思考和总结。通过观察学生的反思作品，可以了解到他们的学习态度、学习方法以及对知识的理解程度，从而评价其思维能力的提升情况。

评价学生的思维进步还需要考虑学生的学习成果展示。学习成果展示是学生将所学知识和思维能力转化为实际成果的过程。教师可以设计一些项目作业或者课堂展示活动，要求学生将所学知识运用到实际问题中，并通过展示的形式呈现出来。通过观察学生的展示作品，可以评价学生是否能够将所学知识运用到实际问题中，并对问题进行深入的分析和解决，从而评价其思维能力的提升情况。

评价学生的思维进步还需要考虑学生解决问题的能力。解决问题是思维能力的一种表现形式，也是评价学生思维能力提升的重要指标之一。教师可以设计一些案例分析、探究性学习活动或者开放性问题，要求学生运用所学知识和思维能力解决问题。通过观察学生解决问题的过程和结果，可以评价其思维能力的提升情况。

评价学生的思维进步还需要考虑学生的批判性思维能力。批判性思维是指学生对所学知识进行深入分析和评价的能力。教师可以通过课堂讨论、论文写作、辩论赛等形式，促进学生的批判性思维能力的发展。通过观察学生在讨论、写作或者辩论过程中的表现，可以评价其批判性思维能力的提升情况。

评价学生的思维进步还需要考虑学生的创新能力。创新能力是指学生在解决问题和应对挑战时能够提出新的思路和方法的能力。教师可以通过设计一些开放性的问题或者项目作业，要求学生运用创新的思维方式解决问题。通过观察学生的解决问题的过程和结果，可以评价其创新能力的提升情况。

评价学生的思维进步需要综合考虑学生在学习过程中的反思能力、学习成果展示、解决问题的能力、批判性思维能力以及创新能力等多个方面。只有全面地考虑这些因素，才能客观地评价学生的思维能力提升情况，为教育教学提供有效的反馈和指导。

五、克服思维偏误

在教育领域中，克服思维偏误是一项至关重要的任务。思维偏误是指个体在认知过程中产生的一种错误思考模式，它们可能导致不正确的推理、决策和行为。因此，帮助学生识别和克服常见的思维偏误对于他们的认知发展和综合能力的提升至关重要。

思维偏误的种类繁多，包括但不限于确认偏误、幸存者偏误、过度归因、固定心态等。学生应该通过案例分析和实际例子来了解这些思维偏误是如何影响人们的认知和决策的。通过引导学生观察和分析自己的思维过程，可以使他们更容易地识别这些偏误。

教育者应该引导学生思考问题的多个角度。思维偏误往往是由于过于局限或片面的观点而产生的。通过培养学生的批判性思维和创造性思维，教育者可以帮助他们跳出固有的思维模式，从多个角度去审视问题。例如，可以通过提出反面观点或者引导学生用不同的方式来思考同一个问题来实现这一目标。

培养学生的信息素养和批判性思维是克服思维偏误的重要手段。在信息爆炸的时代，学生需要学会辨别信息的真实性和可信度，避免受到虚假信息的影响。同时，批判性思维可以帮助他们更好地理解和评估信息，从而减少因为不完整或者不准确的信息而产生的思维偏误。

教育者还可以通过启发式教学方法帮助学生克服思维偏误。启发式教学是一种基于发现和探索的学习方法，通过让学生自己发现问题和解决问题的方法来提高他们的思维能力。通过设计具有挑战性和启发性的任务和活动，教育者可以激发学生的兴趣和好奇心，帮助他们建立正确的思维模式和解决问题的能力。

培养学生的自我反思能力也是克服思维偏误的有效途径。学生应该学会定期审视自己的思维过程和决策行为，分析其中存在的偏误和不足之处，并加以改进。通过反思和总结，学生可以逐渐意识到自己的思维偏误，并采取相应的措施加以克服。

教育者应该成为学生的榜样，树立正确的思维模式和行为规范。教育者在日常教学中应该注重引导学生正确的思考方式和行为习惯，例如要求他们理性思考、客观评价信息、尊重他人的观点等。通过身教和言教相结合的方式，教育者可以为学生树立正确的榜样，引导他们走向正确的认知之路。

帮助学生识别和克服思维偏误是教育工作者的重要任务之一。通过让学生了解思维偏误的概念和分类、培养批判性思维和信息素养、启发性教学、培养自我反思能力以及身教言教相结合等多种方式，可以有效地帮助学生克服思维偏误，提高他们的思维能力和认知水平，为他们未来的学习和生活奠定坚实的基础。

第四节 创新与探究学习

一、探究学习的原理与实践

探究式学习是一种基于学生主动探索、发现和构建知识的教学方法，强调学生的自主性和参与性，注重培养学生的批判性思维、问题解决能力和自主学习能力。其基本原则和实施方法涉及多方面，从教学设计到实践操作都有着独特的特点和要点。

探究式学习的基本原则之一是学生主动性。这意味着教师在设计教学活动时应该尽可能地让学生参与到学习过程中，让他们成为知识的建构者和探索者。这可以通过设立启发性问题、激发学生兴趣、提供资源和指导等方式来实现。例如，可以引导学生提出问题，让他们自己寻找答案，并通过讨论和实验来验证。

探究式学习强调的是学生的合作性。在这种教学模式下，学生之间应该建立合作关系，共同解决问题，分享经验和见解。教师可以设计一些小组活动或者合作项目，让学生通过合作交流、讨论和协作来完成任务。这不仅可以促进学生之间的互动和交流，还能够培养他们的团队合作能力和社交技能。

探究式学习还要求学生具有批判性思维和问题解决能力。教师应该设计一些具有挑战性和启发性的问题，引导学生进行深入思考和分析，并提供相应的指导和支持。学生在解决问题的过程中，应该能够运用所学的知识和技能，提出合理的假设，进行实验和观察，最终得出结论，并对结果进行评价和反思。

探究式学习还需要教师具有引导性和支持性。教师在设计和实施教学活动时，应该充分考虑学生的学习需求和水平，根据不同的情况给予适当的指导和支持。这包括提供相关的资源和材料、解答学生的疑问、引导学生进行思考和讨论等。同时，教师还应该注重及时的反馈和评价，帮助学生发现和纠正错误，促进他们的进步和成长。

探究式学习是一种以学生为中心的教学方法，强调学生的主动性、合作性、批判性思维和问题解决能力。在实施过程中，教师应该充分发挥自己的引导作用，为学生提供必要的支持和指导，帮助他们充分发挥潜力，实现自己的学习目标。同时，学生也应该积极参与到学习过程中，发挥自己的主动性和创造性，不断探索和发现新的知识。这样才能真正实现教育的目标，培养出具有创新精神和终身学习能力的人才。

二、创新思维的培养

创新思维的培养是当今教育领域中备受关注的一个重要议题。随着社会的不断进步和变革，传统的教育模式已经无法满足当代社会对于人才的需求。因此，培养学生的创新思维成为了教育的当务之急。创新思维不仅仅是指在科学技术领域的创新，更是指在各个领域内不断探索、实践和突破的能力。

要培养学生的创新思维，教育者需要改变传统的教学模式。传统的教学往往注重知识的灌输和记忆，忽略了学生的主动性和创造性。因此，教育者应该采用更加开放、探究式的教学方法，激发学生的好奇心和求知欲。例如，可以采用项目式学习、问题解决式学习等方法，让学生在实践中探索、发现和解决问题，从而培养他们的创新意识和创新能力。

要培养学生的创新思维，教育者需要注重培养学生的批判性思维能力。批判性思维是指对信息进行分析、评估和判断的能力，是创新思维的重要组成部分。教育者可以通过让学生参与辩论、讨论和思辨活动，培养他们的批判性思维能力。同时，教育者还可以引导学生学会质疑现状、挑战权威，从而培养他们的创新精神和创新意识。

要培养学生的创新思维，教育者还需要注重培养学生的合作精神和团队意识。创新往往是集体智慧的结晶，需要团队合作和协作。因此，教育者可以通过小组项目、团队竞赛等方式，培养学生的合作精神和团队意识。同时，教育者还可以鼓励学生参与实践活动，让他们在实践中学会团队合作、分工合作，从而培养他们的创新能力和团队精神。

要培养学生的创新思维，教育者还需要为他们提供创新的环境和资源。创新需要有良好的环境和资源作为支撑，教育者可以通过建立创客空间、科技实验室等方式，为学生提供创新的场所和设备。同时，教育者还可以邀请行业专家和企业家来校园举办讲座和交流活动，让学生了解实践中的创新案例和经验，激发他们的创新潜能。

要培养学生的创新思维，教育者需要树立正确的教育理念和价值观。创新不仅仅是一种技能，更是一种态度和精神。因此，教育者应该引导学生树立正确的人生观和价值观，鼓励他们勇于探索、敢于创新。同时，教育者还应该注重培养学生的责任感和社会责任感，让他们在创新的同时能够为社会做出积极的贡献。

要培养学生的创新思维，教育者需要改变传统的教学模式，注重培养学生的批判性思维能力，培养学生的合作精神和团队意识，为学生提供创新的环境和资源，树立正确的教育理念和价值观。只有这样，才能真正激发和培育学生的创新思维，为他们的未来发展打下坚实的基础。

三、项目式学习的设计与实施

项目式学习是一种基于学生实际参与项目的学习方法，它强调学生通过实践解决问题、合作交流、探究知识的过程来获得知识和技能。在设计和执行项目式学习策略时，需要考虑多方面因素，包括项目选择、项目设计、学生指导、评估方式等。

项目选择至关重要。项目应该具有足够的挑战性和现实性，能够激发学生的兴趣和动力，同时又要与课程目标和学习标准相符合。例如，可以选择与当地社区相关的问题作为项目主题，让学生通过实地调查、数据收集等方式来解决问题，这样可以增强学生的社会责任感和实践能力。

项目设计要充分考虑学生的学习需求和能力水平。项目设计应该具有明确的目标和任务，同时要允许学生在任务的完成过程中发挥自己的创造力和想象力。可以采用开放式的设计，让学生自主选择研究方向和解决问题的方法，这样可以增强学生的学习动机和参与度。

学生指导是项目式学习中的关键环节。老师应该充当指导者的角色，提供必要的支持和指导，帮助学生克服困难，解决问题。同时，老师也要尊重学生的自主性和创造性，给予他们足够的空间和自由度，让他们在实践中不断成长和发展。

评估方式应该与项目设计和学习目标相匹配。评估不仅要考察学生的知识掌握程度，还要评价他们解决问题的能力、合作精神和创新意识。可以采用多种评估方法，包括项目报告、展示、口头表达等，这样可以全面地了解学生的学习情况。

项目式学习的执行需要全校师生的共同参与和支持。学校领导要给予足够的资源和支持，为项目的顺利实施提供保障。老师要积极参与项目的设计和执行，与学生一起共同探索和学习。家长也要积极配合，支持学生参与项目式学习，为他们提供必要的支持和鼓励。

设计并执行项目式学习的策略需要全面考虑多方面因素，包括项目选择、项目设计、学生指导、评估方式等。只有充分考虑这些因素，才能够确保项目式学习的有效实施，提高学生的学习效果和素质。

四、资源的整合与运用

资源的整合与运用在促进创新和探究方面具有重要意义。在当今快速发展的社会中，资源的整合与运用已成为创新和探究的关键因素之一。有效整合和利用各种资源，不仅可以加速创新的步伐，还可以提高探究的效率和深度。

资源的整合与运用为创新提供了丰富的支持。创新通常需要多方面的资源，包括人力资源、物质资源、财务资源、信息资源等。通过整合这些资源，创新者可以更好地发挥各种资源的优势，从而提高创新的成功率。例如，当一个团队将技术专家、市场专家和资金支持结合起来，就能够更好地开发出创新产品或服务。因此，资源的整合使创新者能够充分利用各种资源，从而实现创新的目标。

资源的整合与运用有助于提高探究的效率和深度。探究通常需要大量的信息和数据支持，以及多方面的专业知识。通过整合不同的资源，探究者可以更快地获取所需的信息和数据，从而提高探究的效率。同时，资源的整合还可以帮助探究者获得更广泛和深入的视角，从而提高探究的深度。例如，一个团队在探究一个复杂的问题时，可以整合不同领域的专家，以及各种数据和信息资源，从而更好地理解和解决这个问题。

资源的整合与运用还可以促进跨学科合作和跨界创新。在当今复杂多变的社会环境中，很多问题往往涉及多个学科和领域。通过整合不同领域的资源，可以促进跨学科合作，从而更好地解决复杂的问题。同时，资源的整合也可以促进跨界创新，即将一个领域的资源应用到另一个领域，从而产生新的创新和发现。例如，生物学和工程学的结合就产生了生物工程学，从而推动了医学和工程学的发展。

然而，要实现资源的有效整合与运用，并不是一件容易的事情。首先，需要建立有效的资源整合机制和平台。这包括建立合适的组织结构和管理机制，以及建立资源共享和交流的平台。其次，需要加强资源的协同和共享。这包括促进不同团队、组织甚至国家之间的资源共享和合作，以及建立开放式创新平台和生态系统。最后，需要提高资源的整合和利用能力。这包括提高人员的综合素质和能力，以及加强资源管理和运营的能力。

在资源的整合与运用中，信息技术和数字化平台发挥着越来越重要的作用。信息技术和数字化平台可以帮助整合和管理各种资源，提高资源的利用效率和运营效果。例如，云计算和大数据技术可以帮助整合和分析大量的数据资源，从而提供更好的决策支持和业务优化。同时，人工智能和机器学习技术可以帮助挖掘和利用数据资源中的潜在价值，从而实现更高效的资源利用和创新。因此，信息技术和数字化平台在资源的整合与运用中具有重要的推动作用。

除了信息技术和数字化平台，教育和培训也是提高资源整合与运用能力的重要途径。通过教育和培训，可以提高人员的综合素质和能力，从而更好地整合和利用各种资源。例如，可以开设跨学科的课程和项目，培养学生综合运用各种资源的能力。同时，可以开展资源管理和运营的培训，提高人员的资源管理和运营能力。因此，教育和培训在提高资源整合与运用能力方面具有重要的作用。

资源的整合与运用在促进创新和探究方面具有重要意义。通过有效整合和利用各种资源，可以加速创新的步伐，提高探究的效率和深度，促进跨学科合作和跨界创新。然而，要实现资源的有效整合与运用，并不是一件容易的事情。需要建立有效的资源整合机制和平台，加强资源的协同和共享，提高资源的整合和利用能力。同时，信息技术和数字化平台以及教育和培训也是提高资源整合与运用能力的重要途径。通过不断努力，我们可以更好地整合和利用各种资源，实现创新和探究的目标。

五、创新与探究的评价方法

评价学生在创新与探究学习中的表现是教育评价中至关重要的一个方面。传统的评价方法可能无法全面准确地反映学生在创新与探究学习中的实际能力和水平。因此，为了更好地评价学生在这方面的表现，需要采用多样化的评价方法。

一种评价学生创新与探究能力的方法是基于项目或任务的评估。这种方法通过设计具有挑战性的项目或任务，要求学生运用他们的创造性思维和探究能力来解决现实或虚拟的问题。在完成项目或任务的过程中，教师可以通过观察学生的表现、收集他们的作品或成果以及与学生进行交流来评价他们的创新与探究能力。这种方法的优点是能够直接观察学生在实际情境中的表现，反映他们的实际能力。此外，项目或任务的设计可以根据学生的兴趣和能力水平进行个性化，有利于激发学生的学习动机和积极性。然而，这种方法也存在一些挑战，例如评价过程可能更为主观，需要教师有较强的专业能力和经验来进行准确评估。

另一种评价学生创新与探究能力的方法是基于作品展示或产品展示的评估。这种方法要求学生将他们的创新成果或探究成果以作品或产品的形式展示出来,例如科学展览、艺术展览、研究报告、设计作品等。教师可以通过观察学生展示的作品或产品,评价他们的创新性、深度、广度以及解决问题的能力。与基于项目或任务的评估相比,基于作品展示或产品展示的评估更加客观,因为作品或产品本身是客观存在的。同时,学生通过制作作品或产品的过程也能够培养他们的动手能力和实践能力。然而,这种方法也存在一些限制,例如可能无法全面反映学生在探究过程中的思考和探索过程,只能评价最终的成果。

除了基于项目或任务的评估和基于作品展示或产品展示的评估外,还可以采用基于表现评价的方法来评价学生在创新与探究学习中的表现。这种方法通过观察学生在学习活动中的表现,例如解决问题的方法、合作能力、批判性思维、自主学习能力等方面,来评价他们的创新与探究能力。这种方法的优点是能够全面地评价学生在学习过程中的表现,反映他们的学习态度和学习能力。同时,这种方法也有助于培养学生的综合素养和学习能力,使其具备面对未来社会和职业挑战的能力。然而,基于表现评价的方法也存在一些挑战,例如评价过程可能更为主观,需要教师有较强的观察和判断能力,同时可能需要较长的时间来收集和分析数据。

还可以采用基于自我评价和同伴评价的方法来评价学生在创新与探究学习中的表现。这种方法要求学生对自己的学习过程和成果进行评价,同时也要求他们评价同伴的学习过程和成果。通过自我评价和同伴评价,学生不仅可以更深入地了解自己的学习情况,还可以从其他同学的反馈中获得启发和建议,促进他们的自我反思和提升。同时,教师也可以通过观察学生的自我评价和同伴评价,了解他们的学习情况,及时进行指导和支持。然而,自我评价和同伴评价的可靠性和客观性可能不如教师评价,因此需要结合其他评价方法来进行综合评价。

评价学生在创新与探究学习中的表现是教育评价中的重要内容。为了更准确地评价学生的创新与探究能力,需要采用多样化的评价方法,包括基于项目或任务的评估、基于作品展示或产品展示的评估、基于表现评价的评估以及基于自我评价和同伴评价的评估。每种评价方法都有其优缺点,教师可以根据具体情况和评价目的选择合适的方法,以促进学生的全面发展和提升。

第五节　信息技术在语文教学中的应用

一、信息技术工具的选择与应用

在当今信息技术高度发达的时代，信息技术工具已经成为语文教学中不可或缺的一部分。这些工具可以极大地丰富教学内容、激发学生学习兴趣、提高教学效果。在语文教学中，选择适当的信息技术工具并合理应用，不仅能够使教学更加生动有趣，还可以提升学生的学习积极性和能力水平。

语文教学中常用的信息技术工具之一是多媒体课件。多媒体课件通过图像、音频、视频等多种形式，将语文教学内容生动地展现在学生面前，使学生在视听上得到全方位的感受。比如，在教学古诗词时，可以利用多媒体课件展示相关的古代文化背景、名家手迹、艺术作品等，从而帮助学生更好地理解诗词内涵、把握韵律节奏。此外，多媒体课件还可以根据学生的学习特点设置互动环节，引导学生积极参与课堂，增强学习效果。

网络资源也是语文教学中不可或缺的信息技术工具之一。互联网上有大量的语文教学资源，包括教学视频、教学课件、教学游戏等，这些资源丰富了教学内容，拓展了教学方法，为学生提供了更多选择的机会。通过利用网络资源，教师可以为学生提供更加生动、直观的教学材料，让学生在课堂之外也能够进行自主学习，拓展语文知识面，提高语文素养。

除了多媒体课件和网络资源，电子书也是语文教学中常用的信息技术工具之一。相比传统的纸质书籍，电子书具有便携性强、内容更新快、互动性强等特点，更符合当今学生的学习习惯和需求。教师可以根据教学内容，选择适合的电子书供学生阅读，或者利用电子书的标注、笔记功能帮助学生加深对知识的理解和记忆。同时，电子书还可以与其他信息技术工具结合使用，比如配合多媒体课件进行课堂展示，或者与网络资源进行链接，为学生提供更加全面的学习资源。

除了上述几种常见的信息技术工具外，还有许多其他类型的工具也可以在语文教学中发挥重要作用。比如，语音识别技术可以用于语文听力教学，帮助学生提高听力理解能力；人工智能技术可以用于语文作文辅助，提供作文题目、素材搜集、作文评价等服务；虚拟现实技术可以用于语文阅读教学，模拟各种场景，增强学生的阅读体验。这些新兴的信息技术工具为语文教学带来了更多可能性，为教学内容的呈现、教学方法的创新提供了新的途径和思路。

信息技术工具在语文教学中的选择与应用，既要充分考虑教学内容和教学目标的需求，又要结合学生的学习特点和学习需求，以及教师自身的教学经验和专业水平。只有选择适合的信息技术工具，并合理应用于教学实践中，才能够达到事半功倍的效果，真正提升语文教学的质量和效果，促进学生语文素养的全面发展。

二、提高语言学习效率的策略

提高语言学习效率是当今学习者关注的重要问题之一。随着信息技术的迅猛发展，人们可以利用各种工具和资源来提升语言学习效率。

信息技术为语言学习提供了更广泛的资源和渠道。过去，学习者可能只能依赖于传统的课本、教师和课堂来学习语言，但现在他们可以通过互联网访问到丰富的在线资源。这些资源包括语言学习网站、应用程序、在线课程、博客、社交媒体和视频平台等。通过这些资源，学习者可以选择适合自己学习风格和需求的内容，自主学习，提高学习效率。

信息技术提供了更加便捷和灵活的学习方式。传统的课堂学习通常需要学生按照固定的时间和地点上课，但是在线学习可以让学习者根据自己的时间和地点安排学习。这种灵活性使得学习者可以更好地融入学习语言的过程中，提高学习的效率。而且，许多在线课程和应用程序提供了个性化的学习路径和反馈机制，可以根据学习者的水平和进度调整内容，帮助他们更有效地学习语言。

信息技术为语言学习提供了更加生动和互动的学习体验。通过在线课程、语音识别技术、虚拟现实技术等，学习者可以与语言进行更加真实和实践性的互动。例如，一些语言学习应用程序可以通过语音识别技术纠正学习者的发音错误，提供实时反馈；而一些虚拟现实技术可以模拟真实情境，让学习者在虚拟环境中进行语言实践，从而提高学习效率。

信息技术为语言学习提供了更多样化的学习资源和活动。通过社交媒体、在线论坛、语言交流平台等，学习者可以与其他学习者和母语人士进行交流和互动，拓展语言学习的视野和机会。而且，许多在线资源和应用程序提供了丰富多样的学习游戏、挑战和竞赛，可以激发学习者的学习兴趣和动力，提高学习效率。

然而，信息技术提升语言学习效率的同时也存在一些挑战和问题。首先，学习者需要具备一定的数字素养和技能才能充分利用信息技术进行语言学习。对于一些缺乏技术基础的学习者来说，可能需要额外的学习和培训才能适应在线学习的环境。其次，信息技术的发展也带来了信息过载的问题，学习者可能会被大量的信息和资源所淹没，导致学习效率下降。因此，学习者需要具备筛选和管理信息的能力，选择适合自己的学习资源和渠道。另外，信息技术的使用也可能会带来一些安全和隐私方面的问题，学习者需要注意保护个人信息和隐私，选择可信赖的学习平台和资源。

信息技术为语言学习提供了丰富多样的资源和渠道，可以帮助学习者提高学习效率。然而，学习者需要具备一定的技术素养和信息管理能力，以充分利用信息技术进行语言学习，并注意解决相关的安全和隐私问题。通过信息技术的应用，我们可以期待未来语言学习效率的进一步提升，为学习者提供更加丰富、灵活和个性化的学习体验。

三、网络资源在教学中的应用

网络资源在教学中的应用已经成为现代教育中不可或缺的一部分。随着互联网的普及和技术的发展，教师们可以利用各种在线资源来增强他们的教学效果，提供更丰富、更生动的学习体验。有效地利用网络资源可以促进学生的学习兴趣、拓展他们的知识面，并且使教学内容更加生动和具有吸引力。

教师可以利用网络资源来提供多样化的教学内容。在互联网上，有大量的教学资源可供选择，包括视频、图片、演示文稿、动画等。通过引入这些多媒体资源，教师可以使教学内容更加生动、形象化，从而吸引学生的注意力，激发他们的学习兴趣。例如，教师可以利用视频网站上的教学视频来向学生展示具体的实验操作过程，或者利用在线图片库中的图片来辅助讲解抽象的概念，这样可以使学生更容易理解并记忆教学内容。

教师可以利用网络资源来进行个性化教学。互联网上有许多在线教育平台和学习资源，其中不乏提供个性化学习服务的网站。通过这些平台，教师可以根据学生的学习水平和兴趣，为他们提供量身定制的学习资源和活动。例如，一些在线学习平台可以根据学生的学习表现自动调整教学内容的难度和速度，从而帮助学生更有效地学习。

教师还可以利用网络资源来开展远程教学。随着网络技术的不断发展，远程教学已经成为一种越来越受欢迎的教学模式。通过视频会议工具和在线教育平台，教师可以在不同地点与学生进行实时互动，进行远程教学。这种教学模式不仅可以解决地理位置限制，使教育资源更加均衡地分布，还可以为学生提供更加灵活的学习时间和方式。例如，在疫情期间，许多学校采用了远程教学模式来保障学生的学习，这种模式在一定程度上缓解了教育资源不足的问题，也为教育教学带来了新的可能性。

除此之外，教师还可以利用网络资源来进行教学评估。在互联网上有许多在线测验和评估工具可供选择，教师可以利用这些工具为学生进行定期的学习评估，了解他们的学习进度和水平。通过及时的评估反馈，教师可以更好地了解学生的学习情况，及时调整教学策略，帮助学生克服学习困难，提高学习效果。例如，教师可以利用在线测验工具为学生进行课后作业和考试，然后根据学生的表现进行评分和反馈，从而帮助学生及时发现和纠正错误，提高学习效率。

教师还可以利用网络资源来进行教学资源共享和合作。在互联网上有许多教学资源共享平台，教师可以将自己制作的教学资源上传到这些平台上，与其他教师进行资源共享和交流。通过与其他教师的合作，教师可以获取更多的教学资源和灵感，丰富自己的教学内容，提高教学质量。例如，一些在线教育社区可以让教师们分享自己的教学经验和教学资源，从而促进教学方法和资源的创新和改进。

网络资源在教学中的应用具有重要的意义。教师可以通过有效地利用网络资源，提供多样化的教学内容，开展个性化教学，开展远程教学，进行教学评估，进行教学资源共享和合作，从而提高教学效果，激发学生的学习兴趣，培养学生的学习能力和创新能力。随着互联网技术的不断发展，网络资源在教学中的应用将会越来越广泛，为教育教学带来更多的可能性和机遇。

四、促进学生自主学习的方法

促进学生自主学习是教育的重要目标之一。自主学习能力是指学生能够主动地、有目的地、独立地进行学习活动，根据自己的需求和兴趣进行学习，这种能力对于学生未来的发展至关重要。信息技术在促进学生自主学习方面发挥了重要作用，它为学生提供了更多的学习资源、更广阔的学习空间，同时也为教师提供了更多的教学手段和资源。在信息技术的支持下，教师可以更好地引导学生进行自主学习，激发他们的学习兴趣和动力，培养其自主学习的能力。

信息技术为学生提供了丰富的学习资源。通过互联网，学生可以轻松地获取到各种各样的学习资源，包括文字、图片、音频、视频等形式的资料。这些资源不仅来源广泛，而且内容丰富，可以满足学生不同的学习需求和兴趣。例如，学生可以通过搜索引擎找到相关的学习资料，通过在线课程学习新知识，通过学术网站查找最新的研究成果等。这些学习资源的丰富性为学生开展自主学习提供了良好的条件，他们可以根据自己的需求和兴趣选择合适的资源进行学习，从而更好地发挥自主学习的能力。

信息技术为学生提供了便利的学习工具。随着信息技术的发展，各种学习工具如虚拟实验平台、在线学习平台、智能学习系统等不断涌现，这些工具可以帮助学生更加高效地进行学习。例如，学生可以利用虚拟实验平台进行实验操作，通过模拟实验获得实验数据，进而进行数据分析和实验结论的推断；学生还可以通过在线学习平台进行课程学习，根据自己的学习进度和时间安排进行学习，自主选择学习内容和学习方式。这些学习工具的使用不仅提高了学生学习的效率，而且增强了他们的学习动力和自主学习的能力。

信息技术为学生提供了开放的学习环境。传统的学习环境受到时间、空间的限制，学生只能在教室里进行学习，受到课程表和教师安排的束缚。而信息技术打破了这种束缚，为学生提供了更加开放和自由的学习环境。例如，学生可以通过网络课程随时随地进行学习，不受时间和地点的限制；学生还可以通过在线社区与其他学生进行交流和讨论，共同学习、共同进步。这种开放的学习环境为学生发挥自主学习的能力提供了更大的空间和可能性，使他们能够更加自由地探索和学习。

信息技术为学生提供了个性化的学习支持。每个学生的学习需求和学习能力都有所不同，传统的教学模式往往无法满足所有学生的需求。而信息技术可以根据学生的个性化需求提供相应的学习支持。例如，智能学习系统可以根据学生的学习情况和学习习惯为其推荐适合的学习资源和学习路径，帮助学生更好地进行学习；个性化学习平台可以根据学生的学习兴趣和学习目标为其定制个性化的学习计划和学习内容，满足其不同的学习需求。这种个性化的学习支持可以更好地激发学生的学习兴趣和学习动力，提高其自主学习的效果和水平。

信息技术为学生提供了多样化的学习体验。传统的学习方式往往比较单一，学生只能通过听课、看书等方式进行学习，学习体验相对较为单调。而信息技术可以为学生提供更加丰富多样的学习体验。例如，学生可以通过在线游戏进行学习，通过游戏化的学习方式提高学习的趣味性和吸引力；学生还可以通过虚拟现实技术进行沉浸式学习，通过身临其境的体验提高学习的参与度和体验感。这种多样化的学习体验不仅可以激发学生的学习兴趣，而且可以提高他们的学习效果和学习体验，促进其自主学习的发展。

五、信息技术与传统教学方法的融合

信息技术和传统教学方法的融合是教育领域发展的一个重要趋势。在当今数字化时代，信息技术的快速发展使得教学方式和学习体验发生了巨大变革。传统的教学方法通常是基于教师在课堂上口头传授知识，学生通过书本和课堂笔记来获取信息。然而，随着信息技术的普及，教学方法也在不断地更新和创新。信息技术与传统教学方法的融合，可以使教学更加灵活、生动，激发学生的学习兴趣和参与度。

信息技术可以为传统教学方法提供更多的资源和工具。教师可以利用网络、多媒体软件、教学视频等资源来支持课堂教学。例如，教师可以通过视频展示实验操作过程，让学生更直观地理解实验原理；利用网络资源和电子图书馆，让学生获取更广泛的知识和信息；利用交互式多媒体软件设计课堂活动，提高学生的参与度和学习效果。这些信息技术的应用丰富了教学手段，使得传统教学更加生动有趣。

信息技术可以改变传统教学的时间和空间限制。传统教学通常受制于教室的大小和设施条件，而信息技术的应用可以突破这些限制。通过网络教学平台和远程教育技术，教师可以进行在线课堂教学，学生可以随时随地通过电脑或移动设备接受教育。这种方式不仅提高了教学的灵活性，也方便了学生的学习。尤其是在疫情等特殊情况下，远程教育技术的应用更加凸显其重要性。

信息技术可以个性化地辅助传统教学。传统教学往往采用一刀切的方式，教师以固定的教学内容和节奏进行教学。然而，每个学生的学习能力和兴趣都是不同的，信息技术可以根据学生的个性化需求提供相应的学习资源和辅助工具。例如，利用智能化教育软件和学习平台，可以根据学生的学习情况和偏好，为其量身定制学习计划和内容，提供个性化的学习指导和反馈。这种个性化教学可以更好地满足学生的学习需求，提高其学习效率和学习动力。

信息技术还可以促进传统教学的互动与合作。传统教学往往以教师为中心，学生是被动接受知识的对象。而信息技术的应用可以打破这种单向传递的模式，实现教师与学生、学生与学生之间的互动与合作。例如，利用在线讨论平台和社交媒体工具，可以组织学生进行讨论和交流，分享彼此的观点和经验；利用协作编辑软件和虚拟团队工具，可以让学生共同参与项目和作业，提高团队合作能力和解决问题的能力。通过这种互动与合作，学生可以更好地理解知识，培养批判性思维和创新能力。

信息技术还可以提供更多形式的评估和反馈，促进传统教学的评价和改进。传统教学的评价往往局限于考试和作业，反馈也比较有限。而信息技术的应用可以丰富评估手段，提供多样化的评价方式和实时的反馈机制。例如，利用在线测验和自动化评分系统，可以快速、准确地评估学生的学习成绩和掌握程度；利用数据分析和学习分析技术，可以深入了解学生的学习行为和困难点，为教学改进提供依据。这种基于信息技术的评估和反馈可以帮助教师更好地了解学生的学习情况，及时调整教学策略和内容，提高教学效果和学生的学习满意度。

信息技术与传统教学方法的融合可以为教育提供更丰富的资源和工具，突破时间和空间的限制，个性化地辅助学习，促进互动与合作，提供多样化的评估和反馈。然而，要实现信息技术与传统教学方法的有效结合，需要教育者不断学习和探索，注重教学理念和方法的创新，以及技术应用的有效整合。只有这样，才能更好地发挥信息技术在教育中的作用，推动教育变革和提升教育质量。

第六节 评价与反馈机制

一、多元化评价体系的构建

构建多元化评价体系是为了更全面地评估一个对象、项目或者情况，并从不同维度、角度来进行综合评价，以便更准确地了解其整体情况、优劣势和发展方向。一个多元化的评价体系应该包含多种评价方法，涵盖定性和定量分析，考虑主客观因素，同时适应具体评价对象的特点和需要。

多元化评价体系的构建是必要的。传统的单一评价方法难以全面、客观地反映事物的真实情况。例如，单纯依靠定量指标来评价一个项目的成功与否，可能会忽略了项目在社会、环境、文化等方面的影响；而仅仅采用定性分析则可能缺乏科学性和客观性。因此，构建多元化评价体系可以弥补单一评价方法的不足，使评价更加全面、准确。

构建多元化评价体系需要选择合适的评价方法。评价方法可以分为定性和定量两种。定性评价方法主要包括文献综述、专家访谈、案例分析等，能够深入挖掘对象的内在特征和规律，但受主观因素影响较大。定量评价方法包括问卷调查、统计分析、实验研究等，能够提供客观的数据支持，但有时难以反映对象的综合特征。因此，构建多元化评价体系需要综合考虑定性和定量方法的优缺点，根据评价对象的性质和目的选择合适的方法。

构建多元化评价体系需要设计合理的评价指标。评价指标是评价体系的核心，直接影响评价结果的准确性和可靠性。评价指标应该具有客观性、科学性和可操作性，能够全面地反映评价对象的特点和影响因素。评价指标可以从不同维度进行设计，包括经济、社会、环境、文化、技术等方面，以确保评价的全面性和多样性。此外，评价指标之间应该具有一定的关联性和权重，避免指标之间的冗余和重复。

构建多元化评价体系需要进行系统的实施和监测。评价体系的实施过程包括数据收集、分析、结果反馈等环节，需要确保数据的准确性和可靠性。同时，评价体系的监测是评价过程的重要组成部分，可以及时发现问题和改进措施，确保评价体系的有效性和持续性。

构建多元化评价体系是为了更全面、客观地评价一个对象、项目或者情况，从而为决策提供科学依据和参考。构建多元化评价体系需要选择合适的评价方法、设计合理的评价指标，并进行系统的实施和监测，以确保评价的准确性和可靠性。

二、及时有效的反馈策略

给予学生及时有效的学习反馈是教育中至关重要的一环。有效的反馈不仅可以帮助学生了解他们的学习进展和成就，还可以指导他们在未来的学习中取得更好的结果。在设计反馈策略时，教师需要考虑到学生的个体差异、学习目标以及反馈方式的多样性。

个性化反馈是至关重要的。每个学生都是独特的，他们有着不同的学习风格、背景知识和能力水平。因此，针对每个学生的个体差异提供个性化的反馈是非常重要的。个性化反馈可以通过定期与学生进行一对一的讨论来实现，这有助于教师更好地了解学生的学习需求和困难所在。另外，利用技术工具也可以实现个性化反馈，例如使用在线学习平台来跟踪学生的学习进度并根据其表现提供定制化的反馈。

及时性是有效反馈的关键。学习反馈应该及时给予，以便学生能够及时调整他们的学习策略和行为。及时的反馈可以在学生还记得自己的学习过程时提供指导，这有助于加强学习的效果。为了实现及时的反馈，教师可以利用课堂时间给予即时的反馈，例如在学生完成一项作业或者参加一次小测验后立即提供反馈。此外，利用技术工具也可以实现及时的反馈，例如使用自动化评估系统来快速地评估学生的作业并及时提供反馈。

反馈应该具有建设性。有效的反馈不仅要指出学生的错误和不足之处，还应该提供具体的建议和指导，帮助学生改进他们的学习表现。建设性的反馈可以激发学生的学习动机，让他们更愿意接受反馈并将其转化为学习的动力。为了提供建设性的反馈，教师可以提供具体的示例和案例，帮助学生理解他们的错误所在，并提出具体的改进建议。此外，鼓励同学之间相互之间进行反馈也可以促进建设性的反馈，通过互相交流和讨论，学生可以从彼此的经验中学习并改进自己的学习策略。

另一个重要的反馈策略是多样化的反馈方式。学生具有不同的学习偏好和学习风格，因此，为了满足不同学生的需求，教师应该采用多种不同的反馈方式。例如，除了口头反馈之外，还可以利用书面反馈、图像反馈、视频反馈等多种形式来向学生提供反馈。此外，利用同侪反馈也是一种有效的策略，通过让学生相互之间进行反馈，可以促进他们的学习互动并提高他们的学习成效。

连续性反馈是学生学习过程中的关键。学习是一个持续的过程，而不是一次性的事件，因此，连续性反馈是非常重要的。教师应该定期地向学生提供反馈，以便他们可以持续地跟踪学生的学习进展并及时调整教学策略。连续性反馈可以通过定期组织小测验、作业、课堂讨论等方式来实现，这有助于确保学生在学习过程中不断地得到指导和支持。

给予学生及时有效的学习反馈对于提高他们的学习成绩和学习动机至关重要。在设计反馈策略时，教师应该考虑到学生的个体差异、学习目标以及反馈方式的多样性，以确保反馈能够真正地帮助学生提高他们的学习效果。通过个性化、及时性、建设性、多样化和连续性的反馈策略，可以有效地促进学生的学习发展并提高他们的学习成就。

三、自我评价与同伴评价的引入

在教学过程中引入自我评价和同伴评价是一种重要的教学策略，可以促进学生的学习效果、提高他们的学习动机和自我认知能力。通过自我评价，学生可以对自己的学习进行反思和总结，发现自己的不足之处，进而寻求改进和提高。而通过同伴评价，学生可以从不同的角度看待问题，获得来自同伴的建议和意见，促进彼此的学习和成长。下面将探讨如何在教学中有效地引入自我评价和同伴评价。

教师在设计课堂活动时应该充分考虑到自我评价和同伴评价的角色。可以通过设计各种形式的任务和活动，来引导学生进行自我评价和同伴评价。比如，在小组讨论或合作项目中，可以要求学生在讨论结束后对自己的表现进行评价，并且互相对组员的表现进行评价。在完成一项作业或项目后，也可以要求学生写下对自己作品的评价，并且互相交换作品进行评价。通过这种方式，学生不仅可以对自己的学习情况进行反思，还可以从同伴的反馈中获得启发和改进的方向。

教师在引导学生进行自我评价和同伴评价时，应该注意提供具体的评价标准和指导。这样可以帮助学生更清晰地了解自己的表现与期望标准之间的差距，以及如何改进自己的表现。比如，在要求学生进行自我评价时，可以提供一份评价表或者评价标准，让学生根据这些标准对自己的表现进行评价。在要求学生进行同伴评价时，也可以提供一些指导性的问题，引导学生对同伴的表现进行评价，比如"你认为你的组员在合作项目中的贡献是什么？""你觉得你的组员在哪些方面做得比较好？在哪些方面还有改进的空间？"通过这样具体的评价标准和指导，可以帮助学生更准确地进行自我评价和同伴评价，提高评价的有效性。

教师在引导学生进行自我评价和同伴评价时，还应该注重情感上的支持和鼓励。学生在接受自我评价和同伴评价时，往往会感到焦虑和不安，特别是当评价结果与自己的期望有差距时。因此，教师需要给予学生情感上的支持和鼓励，让他们感受到在评价过程中的安全和信任。可以通过赞扬学生的努力和进步，鼓励他们勇于接受挑战和改进自己的表现，从而建立起积极的评价氛围。同时，教师还可以提供一些积极的反馈和建议，帮助学生更好地应对评价结果，促进他们的学习和成长。

教师在引导学生进行自我评价和同伴评价时，应该注重评价的及时性和连贯性。及时的评价可以让学生在学习过程中及时发现和纠正错误，避免将问题积累到最后造成不良后果。同时，连贯的评价可以帮助学生建立起自我评价和同伴评价的习惯，促进他们的自我认知和学习效果。因此，教师应该在教学过程中不断引导学生进行自我评价和同伴评价，确保评价的及时性和连贯性，从而提高评价的有效性和学习的效果。

在教学过程中引入自我评价和同伴评价是一种重要的教学策略，可以促进学生的学习效果、提高他们的学习动机和自我认知能力。通过设计各种形式的任务和活动，提供具体的评价标准和指导，注重情感上的支持和鼓励，以及保持评价的及时性和连贯性，可以有效地引导学生进行自我评价和同伴评价，促进他们的学习和成长。

四、评价结果的应用与分析

评价结果在教学过程中扮演着至关重要的角色，它不仅是对教学效果的反馈，也是改进教学方法和促进学生学习的重要依据。教育工作者和学生可以通过深入分析评价结果，发现问题、总结经验、调整策略，从而实现教学质量的持续提升和学生学习水平的不断提高。

评价结果可以帮助教师全面了解教学情况，发现问题和不足。教学评价不仅包括学生的学习成绩，还应该考虑到学生的学习态度、学习动力、课堂参与度等方面。通过定期对学生进行各种形式的评价，教师可以了解到学生在不同知识点上的掌握情况，以及在学习过程中可能遇到的困难和问题。例如，通过作业、测验、考试等形式的评价，可以直观地反映出学生对知识点的掌握程度和理解程度；而通过观察学生的课堂表现和参与情况，可以了解到学生的学习态度和学习动力。通过分析这些评价结果，教师可以及时发现教学中存在的问题和不足，从而有针对性地调整教学策略和方法，提高教学效果。

评价结果可以帮助教师总结教学经验，改进教学方法。在教学过程中，教师会尝试使用不同的教学方法和策略，但不同的方法和策略可能会产生不同的效果。通过分析评价结果，教师可以了解到哪些教学方法和策略更受学生欢迎，哪些方法和策略更有效果。例如，如果发现学生在某一种教学方法下的学习效果更好，那么教师可以考虑增加这种教学方法的使用频率，或者在其他知识点上尝试类似的教学方法；如果发现学生在某一种教学策略下的学习动力更高，那么教师可以考虑在今后的教学中更加注重这种策略的运用。通过总结教学经验，教师可以不断改进自己的教学方法，提高教学效果。

评价结果可以帮助学生发现学习不足，制定学习计划。学生在接受教育的过程中，需要不断地对自己进行评价和反思，及时发现学习中存在的问题和不足。通过分析评价结果，学生可以了解到自己在不同知识点上的掌握情况，以及在学习过程中可能遇到的困难和问题。例如，如果发现自己在某一门课程的考试成绩较差，那么学生可以思考是不是自己在这门课程的学习方法不对，或者是在学习过程中存在着哪些问题和困难。通过分析评价结果，学生可以及时发现学习中存在的问题和不足，制定针对性的学习计划，有针对性地进行学习和提高。

评价结果可以帮助学校和教育管理部门进行教学质量评估，促进教育教学改革。教育教学是一个系统工程，需要多方共同努力才能取得良好的效果。通过对学校教学过程中的评价结果进行汇总和分析，可以客观地了解到学校教学的整体水平和存在的问题，为学校和教育管理部门提供科学的决策依据。例如，如果发现学校某一门课程的平均成绩较低，那么学校可以思考是不是课程设置不合理，或者是教学方法不够有效。通过对评价结果的分析，学校可以及时发现问题，采取有效措施加以解决，从而不断提高教育教学质量，促进教育教学改革的深入发展。

评价结果在教学过程中的应用和分析具有重要意义。教师可以通过分析评价结果，发现问题和不足，总结经验，改进教学方法；学生可以通过分析评价结果，发现学习不足，制定学习计划；学校和教育管理部门可以通过分析评价结果，进行教学质量评估，促进教育教学改革。因此，在教育教学工作中，我们应该充分重视评价结果的应用和分析，不断完善评价体系，提高评价的科学性和客观性，为教学质量的提升和学生学习水平的提高提供有力支撑。

五、促进学生反思与成长的评价方法

评价结果在教学过程中扮演着至关重要的角色，它不仅是对教学效果的反馈，也是改进教学方法和促进学生学习的重要依据。教育工作者和学生可以通过深入分析评价结果，发现问题、总结经验、调整策略，从而实现教学质量的持续提升和学生学习水平的不断提高。

评价结果可以帮助教师全面了解教学情况，发现问题和不足。教学评价不仅包括学生的学习成绩，还应该考虑到学生的学习态度、学习动力、课堂参与度等方面。通过定期对学生进行各种形式的评价，教师可以了解到学生在不同知识点上的掌握情况，以及在学习过程中可能遇到的困难和问题。例如，通过作业、测验、考试等形式的评价，可以直观地反映出学生对知识点的掌握程度和理解程度；而通过观察学生的课堂表现和参与情况，可以了解到学生的学习态度和学习动力。通过分析这些评价结果，教师可以及时发现教学中存在的问题和不足，从而有针对性地调整教学策略和方法，提高教学效果。

评价结果可以帮助教师总结教学经验，改进教学方法。在教学过程中，教师会尝试使用不同的教学方法和策略，但不同的方法和策略可能会产生不同的效果。通过分析评价结果，教师可以了解到哪些教学方法和策略更受学生欢迎，哪些方法和策略更有效果。例如，如果发现学生在某一种教学方法下的学习效果更好，那么教师可以考虑增加这种教学方法的使用频率，或者在其他知识点上尝试类似的教学方法；如果发现学生在某一种教学策略下的学习动力更高，那么教师可以考虑在今后的教学中更加注重这种策略的运用。通过总结教学经验，教师可以不断改进自己的教学方法，提高教学效果。

评价结果可以帮助学生发现学习不足，制订学习计划。学生在接受教育的过程中，需要不断地对自己进行评价和反思，及时发现学习中存在的问题和不足。通过分析评价结果，学生可以了解到自己在不同知识点上的掌握情况，以及在学习过程中可能遇到的困难和问题。例如，如果发现自己在某一门课程的考试成绩较差，那么学生可以思考是不是自己在这门课程的学习方法不对，或者是在学习过程中存在着哪些问题和困难。通过分析评价结果，学生可以及时发现学习中存在的问题和不足，制订针对性的学习计划，有针对性地进行学习和提高。

评价结果可以帮助学校和教育管理部门进行教学质量评估，促进教育教学改革。教育教学是一个系统工程，需要多方共同努力才能取得良好的效果。通过对学校教学过程中的评价结果进行汇总和分析，可以客观地了解到学校教学的整体水平和存在的问题，为学校和教育管理部门提供科学的决策依据。例如，如果发现学校某一门课程的平均成绩较低，那么学校可以思考是不是课程设置不合理，或者是教学方法不够有效。通过对评价结果的分析，学校可以及时发现问题，采取有效措施加以解决，从而不断提高教育教学质量，促进教育教学改革的深入发展。

评价结果在教学过程中的应用和分析具有重要意义。教师可以通过分析评价结果，发现问题和不足，总结经验，改进教学方法；学生可以通过分析评价结果，发现学习不足，制订学习计划；学校和教育管理部门可以通过分析评价结果，进行教学质量评估，促进教育教学改革。因此，在教育教学工作中，我们应该充分重视评价结果的应用和分析，不断完善评价体系，提高评价的科学性和客观性，为教学质量的提升和学生学习水平的提高提供有力支撑。

第五章　教学资源与核心素养

　　本章全面探讨了教学资源的多样性及其在培养学生核心素养方面的作用。首先，介绍了传统教材和辅助材料的运用，强调其在知识传授中的基础性角色。紧接着，分析了电子教材与在线资源的崛起，及其如何提供更丰富、互动性强的学习体验。第三节讨论了社会文化资源的整合，展示了如何将社会文化元素融入教学，增强学习的现实意义。第四节关注校内外语文活动，探索了这些活动如何促进语言技能和文化理解。第五节着眼于家庭与社区的支持，说明了这一部分对学生学习态度和行为的重要影响。第六节聚焦于个性化学习资源的开发，讨论了如何根据学生的个别需求设计教学资源，以促进他们的全面发展。整章通过这六节的阐述，不仅展示了教学资源的广泛性，也强调了这些资源在培养学生综合能力方面的重要性。

第一节 传统教材与辅助材料

一、经典教科书的运用

传统教科书在教育领域中扮演着重要的角色，尤其是在培养学生核心素养方面具有不可替代的作用。经典教科书的运用不仅可以帮助学生掌握基础知识，还可以促进他们的批判性思维、创造性思维以及解决问题的能力。

经典教科书的内容丰富，涵盖了广泛的学科知识。通过系统地学习教科书中的内容，学生可以建立起对于某一学科的扎实基础。例如，在数学教科书中，学生可以学习到各种基本概念、定理和解题方法，这为他们后续的学习打下了坚实的基础。同时，教科书中的内容经过精心编排，具有逻辑性和连贯性，有助于学生建立起完整的知识体系，培养他们的系统思维能力。

经典教科书的编写通常经过严格的审查和筛选，保证了内容的准确性和权威性。这对于学生来说意味着，通过学习教科书可以获取到可靠的知识，避免了盲目地从各种来源获取信息可能带来的混乱和误导。在信息爆炸的时代，学生需要具备辨别信息真伪的能力，而经典教科书正是一种可信赖的信息源，培养了学生的信息素养。

经典教科书在内容上往往注重于基础知识和概念的传授，而且条理清晰，易于理解。这为学生构建起对知识的全面认识提供了便利。学生通过学习教科书，可以逐步理解各个知识点之间的关联，形成系统的认知结构。这种系统化的认知结构不仅有助于学生更好地掌握知识，还培养了他们的逻辑思维能力和归纳总结能力。

经典教科书的内容往往是经过精心设计和整理的，充分考虑了学生的认知特点和学习规律。通过学习教科书，学生可以逐步提高自己的学习能力，包括阅读理解能力、学习方法和自主学习能力等。这些能力对于学生的终身发展都具有重要意义，不仅可以帮助他们更好地适应学习环境，还可以提升他们的自主学习能力和解决问题的能力。

传统教科书的使用还可以激发学生的学习兴趣和求知欲。优秀的教科书往往不仅注重于知识的传授，还注重于启发学生的思维，激发学生对知识的兴趣。通过引导学生主动地去探索、去思考，教科书可以帮助他们培养批判性思维和创造性思维，提高他们的学习积极性和主动性。这对于学生的综合素质提升具有积极的作用。

经典教科书还可以为学生提供丰富的学习资源和学习工具。除了书中的内容之外，教科书还通常配有大量的习题、案例和实例，供学生进行练习和应用。这些习题和案例既可以帮助学生巩固所学知识，又可以培养他们的解决问题的能力。同时，教科书还提供了丰富的参考资料和学习指导，帮助学生更好地理解和应用知识。

传统教科书在加强学生核心素养方面具有重要的作用。通过系统地学习教科书，学生可以获取到丰富、准确、权威的知识，建立起系统的认知结构，培养批判性思维和创造性思维，提高学习能力和解决问题的能力。因此，在教育教学中，应充分利用传统教科书，发挥其在培养学生核心素养方面的积极作用。

二、辅助教学材料的选择

在教学实践中，教材的选择对于教学效果至关重要，而辅助教学材料的运用则能够进一步丰富教学内容，提升学生的学习体验和理解深度。辅助教学材料包括但不限于图片、视频、音频、实物模型、案例分析等，它们能够通过直观、生动的方式向学生展示抽象概念，激发学生的兴趣，提高学习效率。在选择和利用辅助教材时，教师需要考虑课程目标、学生特点、教学环境等多个因素，并灵活运用各种教学资源，以满足不同学生的学习需求。

教师在选择辅助教材时应考虑教学内容的重点和难点。辅助教材应与教学内容紧密相关，能够突出重点、解决难点，帮助学生理解和掌握知识。例如，在教授生物课程时，教师可以选择使用图文并茂的解剖图、生物实验视频等辅助材料，帮助学生直观地了解生物结构和生命现象，加深对生物学知识的理解。在英语教学中，教师可以选用与教材中文本相关的音频材料或视频片段，帮助学生提高听力理解能力，增强语感。

教师在选择辅助教材时应考虑学生的学习特点和兴趣。不同年龄段、不同学科的学生对于教学内容的接受能力和兴趣爱好有所差异，教师需要结合学生的实际情况选择适合的辅助教材。例如，对于小学生，教师可以选择色彩鲜艳、形象生动的图片或动画片来引导他们学习；对于中学生或大学生，教师可以选择更加具体、深入的案例分析或实验视频来拓展他们的思维，激发他们的学习兴趣。

教师在选择辅助教材时应考虑教学环境和设备条件。不同的教学场所可能拥有不同的教学设备和技术支持，教师需要根据实际情况选择适合的辅助教材，并确保教学设备的正常运行。例如，在多媒体教室中，教师可以通过投影仪展示精美的图片、视频等多媒体资料；在普通教室中，教师可以准备一些简单易行的辅助教材，如图片、实物模型等，来辅助教学。此外，教师还应注意选择与教学设备兼容的教学资源，确保教学过程的顺利进行。

教师在利用辅助教材丰富教学内容时，还应注意合理安排教学活动，激发学生的学习兴趣。辅助教材不仅可以作为教学内容的补充，还可以作为教学活动的载体，促进师生互动，激发学生的学习热情。例如，教师可以设计一些小组讨论、实验操作或角色扮演等活动，引导学生运用辅助教材进行学习，并通过交流讨论、展示演示等方式展示学习成果，提高学生的学习参与度和学习效果。

教师在选择和利用辅助教材时，还应注意辅助教材的质量和来源。优质的辅助教材能够有效地帮助学生理解和掌握知识，而低质量的辅助教材可能会产生误导或混淆学生的思维。因此，教师在选择辅助教材时应注意选择权威可靠的教学资源，如正版教材、权威网站、学术期刊等，避免使用未经审查或来源不明的教学资料，确保教学内容的准确性和可信度。

选择和利用辅助教材来丰富教学内容是教学过程中的重要环节。教师应根据教学内容、学生特点、教学环境等多方面因素综合考虑，灵活运用各种教学资源，设计丰富多样的教学活动，提升教学效果，促进学生的全面发展。同时，教师还应注意辅助教材的质量和来源，确保教学过程的科学性和可信度，为学生提供优质的教育资源和学习环境。

三、传统与现代教学方法的结合

传统教材与现代教学方法的结合是教育领域的一项重要课题，它旨在通过整合传统教材的丰富知识资源与现代教学方法的创新手段，提升教学效果，促进学生的全面发展。

传统教材通常是基于教育学、心理学等学科理论的总结和归纳，内容丰富、系统完整，经过长期的实践检验，具有较高的权威性和可信度。然而，传统教材的缺点也显而易见，它们往往内容呈现单一、枯燥，缺乏足够的灵活性和互动性，不能很好地激发学生的学习兴趣和主动性。相比之下，现代教学方法注重学生的参与和体验，倡导学生中心的教学理念，强调学生的主动探究和合作学习，通过多媒体、互联网等现代技术手段丰富教学内容，提高教学效果。然而，现代教学方法也存在一些问题，比如对传统教育价值的忽视、教学过程中技术的过度应用等。

针对传统教材和现代教学方法的特点，我们可以从以下几个方面将它们相结合：

可以对传统教材进行删减、更新和改编，使其内容更贴近时代发展和学生需求。传统教材往往过于冗长和繁杂，有些知识已经过时，需要进行适当的调整和更新。比如，在历史教科书中加入最新的历史事件和研究成果，在科学教材中引入最新的科研成果和技术发展等。同时，也可以利用现代技术手段对教材进行改编和设计，使其更具互动性和趣味性，比如增加图片、视频、动画等多媒体资源，使学生能够更直观地理解和掌握知识。

可以借鉴现代教学方法中的一些有效手段，如案例教学、问题导向学习、项目式学习等，来激发学生的学习兴趣和主动性。传统教材往往以知识传授为主，学生被动接受，容易导致学习效果不佳。而现代教学方法注重学生的参与和体验，可以通过引入一些案例分析、实践活动等方式，使学生能够主动思考和解决问题，提高学习效果。比如，在教授历史知识时，可以通过分组讨论、历史实地考察等方式，使学生亲身体验历史文化，增强对知识的理解和记忆。

可以充分利用现代技术手段，如智能教育软件、在线课程平台等，来增强教学的灵活性和互动性。传统教材往往呈现形式单一，学生在学习过程中容易产生疲倦和厌倦情绪，而现代技术手段可以通过多媒体、游戏化等方式，使教学内容更生动有趣，激发学生的学习兴趣。比如，利用智能教育软件设计一些互动性强的学习游戏，使学生在游戏中学习知识，既能增强学习效果，又能提高学习积极性。

可以通过教师的角色转变和教学方法的创新，来促进传统教材和现代教学方法的结合。传统教学模式往往是以教师为中心，教师主导教学过程，而现代教学方法倡导学生为中心，强调学生的主动参与和合作学习。因此，教师在教学过程中需要转变角色，从知识传授者转变为学生的引导者和指导者，充分发挥学生的主动性和创造性。比如，教师可以通过设计启发式问题、开展小组讨论等方式，引导学生主动思考和交流，从而达到更好的教学效果。

传统教材与现代教学方法的结合是教育改革和教学创新的重要途径，它不仅可以丰富教学内容，提高教学效果，还可以激发学生的学习兴趣和主动性，促进学生的全面发展。然而，要实现传统教材和现代教学方法的有效结合，需要教育工作者共同努力，不断探索和实践，以满足当代教育的需求和挑战。

四、增强学生的学习兴趣

在教育中，学生的学习兴趣是一个至关重要的因素，它直接影响着学生对知识的接受和消化。而传统教材在提高学生学习动力方面一直扮演着重要的角色。虽然传统教材可能有时被认为缺乏趣味性，但通过巧妙地运用一些策略，我们仍然可以增强学生的学习兴趣，提高他们的学习动力。以下将探讨利用传统教材提高学生学习动力的策略。

了解学生的兴趣和需求是提高学习动力的关键。每个学生都有自己的兴趣爱好和学习风格，教师应该通过调查、观察和与学生交流来了解他们的兴趣所在。一旦了解了学生的兴趣，教师就可以根据这些信息调整教学内容，使其更具吸引力。比如，如果学生对历史感兴趣，教师可以通过历史故事或案例来解释相关概念，从而增加学生的学习兴趣。

创造积极的学习环境也是提高学习动力的重要因素。学生在积极、舒适的环境中学习效果更好。因此，教师应该努力营造一种轻松、愉快的学习氛围，让学生在学习中感到愉悦和兴奋。这可以通过课堂活动的设计和组织来实现，比如小组讨论、游戏、角色扮演等，这些活动可以激发学生的学习兴趣，增加他们的参与度。

利用多媒体技术丰富教学内容，也是提高学生学习动力的有效途径。传统教材通常以纸质书籍的形式呈现，但现代技术的发展为教学提供了更多可能性。教师可以利用多媒体资源，如图片、视频、音频等，来呈现教学内容，使其更具生动性和视觉吸引力。比如，在教学过程中播放相关视频，或者通过幻灯片展示图片和图表，都可以吸引学生的注意力，增加他们的学习兴趣。

提供具有挑战性的任务和活动也是激发学生学习动力的有效途径。学生通常对能够挑战自己、展示自己能力的任务更感兴趣。因此，教师可以设计一些富有挑战性的学习任务，鼓励学生积极参与。比如，组织学生进行辩论、研究项目或者设计实验等，这些任务可以激发学生的求知欲，增强他们的学习动力。

及时给予积极的反馈和鼓励也是提高学生学习动力的重要手段。学生在学习过程中需要得到教师的指导和支持，而及时的正面反馈和鼓励可以增强他们的学习信心和动力。教师可以通过表扬、奖励或者给予一些特殊的机会来鼓励学生，让他们感受到自己的努力和付出得到了认可，从而更加积极地投入到学习中去。

将学习与现实生活联系起来，也是提高学生学习动力的有效途径。学生通常更愿意学习那些与他们日常生活和兴趣相关的内容。因此，教师可以通过引入一些真实生活案例、故事或者问题，来帮助学生理解和应用所学知识，从而增强他们的学习兴趣。比如，教师可以利用新闻报道或者社会事件来讨论相关的知识点，让学生在学习中感受到知识的实用性和价值，从而提高他们的学习动力。

通过了解学生的兴趣和需求、创造积极的学习环境、利用多媒体技术、提供具有挑战性的任务和活动、及时给予积极的反馈和鼓励，以及将学习与现实生活联系起来等策略，可以有效地提高学生的学习动力，增强他们的学习兴趣，从而提高教学效果。因此，教师在教学过程中应该注重运用这些策略，不断激发学生的学习热情，促进他们的全面发展。

五、评估与反馈

评估和反馈是教学过程中至关重要的环节，它们有助于教师了解学生的学习进度和理解程度，同时也为学生提供了改进和提高的机会。在传统教材中，评估和反馈可以通过多种方式来实现，包括考试、作业、课堂参与等。

考试是传统教材中常见的评估方式之一。考试可以分为定期考试和小测验两种形式。定期考试通常覆盖一段时间内的内容，考查学生对整个学习单元的掌握程度。而小测验则可以用来检验学生对课堂上最近学习的内容的理解情况。通过考试，教师可以了解学生对知识的掌握程度，从而调整教学进度和方法，同时也可以激励学生持续学习，因为考试结果往往与学生的学习动力密切相关。

作业也是评估学生学习情况的重要手段。作业可以分为课堂作业和家庭作业两种。课堂作业通常是在课堂上完成的，可以帮助学生及时巩固所学知识，同时也可以帮助教师及时发现学生的理解偏差和错误，进行及时纠正。家庭作业则可以延伸学生的学习时间，帮助他们更深入地理解和应用知识。通过作业，教师可以评估学生的学习情况，并及时给予反馈，指导学生的学习方向和方法。

除了考试和作业，课堂参与也是评估学生学习情况的重要途径。教师可以通过提问、讨论、演示等方式，了解学生对课堂内容的理解和掌握情况。课堂参与不仅可以让学生更深入地理解知识，还可以培养他们的思辨能力和表达能力。通过课堂参与，教师可以及时发现学生的困惑和错误，并给予及时的指导和反馈，帮助他们纠正错误，提高学习效果。

教师还可以通过课堂笔记、口头反馈等方式给予学生评估和反馈。教师可以要求学生在课堂上做笔记，然后对学生的笔记进行评价，指出优点和不足，并给予改进建议。口头反馈则可以在课堂上直接给学生提供反馈，激励他们继续努力，同时也可以及时纠正他们的错误，指导他们的学习方向。

通过传统教材可以有效地提供学习评估和反馈。教师可以通过考试、作业、课堂参与、课堂笔记、口头反馈等方式评估学生的学习情况，并及时给予反馈，指导学生的学习方向和方法，从而提高学生的学习效果。

第二节　电子教材与在线资源

一、电子教材的优势

电子教材在现代教育中扮演着日益重要的角色，其优势在于提供了更加便捷、灵活和多样化的学习体验，从而显著提高了学生的学习效率。

电子教材具有便捷性。学生可以通过电子设备随时随地获取到电子教材，无须携带沉重的纸质书籍。这使得学习变得更加灵活，无论是在校园内还是在家中、公共交通工具上都能轻松地进行学习。此外，电子教材的搜索功能使学生能够快速找到所需内容，节省了查找资料的时间，提高了学习效率。

电子教材提供了丰富的多媒体资源。相较于传统的纸质教材，电子教材可以集成文字、图片、音频、视频等多种形式的媒体内容，为学生提供了更加生动直观的学习体验。通过视听等多种感官的刺激，学生能够更深入地理解知识，提高学习的效果。例如，电子教材中的动画、模拟实验等多媒体资源能够帮助学生更好地理解抽象概念，加深对知识的印象，提升学习效率。

电子教材具有互动性。许多电子教材设计了交互式的学习模块，包括练习题、测验、模拟实验等，使学生能够积极参与学习过程。通过与教材进行互动，学生不仅可以检验自己的理解程度，还可以根据反馈及时调整学习策略，及时纠正错误，提高学习效率。此外，一些电子教材还提供了个性化的学习建议和学习路径，根据学生的学习状态和需求进行智能化的推荐，帮助学生更有针对性地学习，进一步提高学习效率。

电子教材具有更新迭代的便利性。与纸质教材相比，电子教材的更新迭代更加方便快捷。教材内容可以根据最新的教学理论和学科研究进行实时更新，保持教材的时效性和权威性。这使得学生能够及时获取到最新的知识和信息，跟上时代的步伐，避免了使用过时教材带来的学习障碍，从而提高了学习效率。

电子教材具有个性化定制的特点。在电子教材中，教师和学生可以根据自己的教学需求和学习兴趣进行定制化设置。教师可以根据学生的实际水平和学科特点，灵活调整教材内容和学习任务，为学生提供更加个性化的学习体验；学生也可以根据自己的学习节奏和偏好选择学习路径和学习资源，更好地发挥自己的学习潜能。个性化定制的电子教材能够满足不同学生的学习需求，提高学习的针对性和有效性。

电子教材以其便捷性、多媒体性、互动性、更新迭代性和个性化定制性等优势，为学生提供了更加丰富、灵活和高效的学习体验，显著提高了学生的学习效率。随着信息技术的不断发展和应用，电子教材将在未来继续发挥重要作用，为教育教学提供更多可能性，推动教育的持续发展。

二、在线学习资源的整合

在当今数字化时代，在线学习资源的整合变得越来越重要。随着互联网的普及和技术的进步，人们可以通过各种渠道获取各种学习资源，例如视频教程、电子书籍、在线课程等。然而，由于这些资源的数量庞大且分散在不同的平台上，因此如何有效地整合这些资源成为了一个关键问题。

有效整合在线学习资源需要建立一个综合性的平台或者应用程序，这个平台可以汇集各种类型的学习资源，例如视频、文本、练习题等。这个平台应该具有搜索功能，用户可以通过关键词或者主题来搜索他们感兴趣的学习资源。同时，这个平台还应该提供个性化推荐功能，根据用户的兴趣和学习历史推荐相关的学习资源。

为了有效整合各类在线学习资源，我们需要与各大学习平台和内容提供商合作。这样一来，我们可以获取到这些平台上的学习资源，并将它们整合到我们的平台中。与各大学习平台合作还可以为用户提供更多的选择，因为不同的平台可能会有不同类型的学习资源，例如有些平台可能更专注于技术类课程，而有些平台可能更专注于艺术类课程。

为了提高用户体验，我们还可以通过标签和分类来组织学习资源。例如，我们可以根据学科、难度、语言等因素来对学习资源进行分类，这样用户就可以更轻松地找到他们需要的资源。同时，我们还可以为每个学习资源添加标签，例如"免费""付费"、"热门"等，这样用户就可以更容易地区分不同类型的资源。

除了整合各类在线学习资源，我们还可以为用户提供一些额外的功能，例如学习进度跟踪和笔记功能。学习进度跟踪可以帮助用户了解他们在学习过程中的进度，并且可以提醒他们接下来需要学习的内容。而笔记功能可以让用户在学习过程中做一些记录和总结，这样可以帮助他们更好地理解和消化所学的知识。

为了吸引更多的用户，我们还可以通过各种方式来宣传和推广我们的平台。例如，我们可以与知名教育机构合作，举办一些线下活动，例如讲座、研讨会等。我们还可以通过社交媒体和广告来宣传我们的平台，吸引更多的用户关注和使用。

有效整合各类在线学习资源是一项复杂而重要的任务，需要我们综合考虑各种因素，例如技术、内容和用户体验等。通过建立综合性的平台、与各大学习平台合作、组织学习资源、提供额外的功能和推广宣传等方式，我们可以有效地整合各类在线学习资源，为用户提供更好的学习体验。

三、互动式学习平台

互动式学习平台是教育领域中一种越来越受欢迎的教学方式。通过利用在线平台，教师可以促进学生之间的互动与参与度，提高他们的学习效果和兴趣。这种教学方式不仅可以使学生更积极地参与到课堂活动中，还可以为教师提供更多的教学资源和工具，从而提高教学质量。

互动式学习平台可以提供多样化的教学资源，例如视频、音频、图片、文档等，使学生能够以多种形式获取知识。这种多样化的教学资源不仅可以满足不同学生的学习需求，还可以激发学生的学习兴趣，提高他们的学习动力。例如，教师可以通过在线平台上传与课程内容相关的视频，让学生通过观看视频来学习知识，从而使学习过程更加生动有趣。

互动式学习平台可以提供在线讨论和问答功能，促进学生之间的交流与讨论。在传统的课堂教学中，学生可能因为害羞或者其他原因而不愿意发言，导致课堂氛围较为沉闷。而在互动式学习平台上，学生可以通过在线讨论区或者问答板发表自己的观点和想法，与同学们进行交流和讨论。这种形式不仅可以提高学生的表达能力和思维能力，还可以拓展他们的知识视野，促进他们之间的合作与协作。

互动式学习平台还可以提供个性化的学习体验，根据学生的学习水平和兴趣为他们量身定制学习计划。在传统的课堂教学中，教师往往需要面对不同学生的学习差异，很难针对每个学生提供个性化的教学。而在互动式学习平台上，教师可以根据学生的学习情况和反馈，为他们调整教学内容和方法，从而更好地满足他们的学习需求。

互动式学习平台还可以提供实时的反馈和评估功能，帮助学生及时了解自己的学习进度和水平。在传统的课堂教学中，学生往往需要等到期末考试或者测验才能知道自己的学习成绩，这样就无法及时调整学习计划和方法。而在互动式学习平台上，学生可以随时查看自己的学习成绩和表现，及时发现问题并进行改进。同时，教师也可以根据学生的反馈和表现及时调整教学策略，从而更好地指导学生学习。

然而，互动式学习平台也面临一些挑战和问题。技术设施和网络环境可能会对教学效果产生影响。在一些地区，由于技术设施和网络环境的限制，学生可能无法顺利访问在线平台，从而影响到他们的学习效果。此外，一些学生可能对于使用新的技术工具和平台感到不适应，导致他们对于在线学习的抵触情绪。因此，教育部门和学校需要加大对于技术设施和网络环境的建设，提高学生对于在线学习的接受度。

教师的教学能力和水平也会对互动式学习平台的效果产生影响。在传统的课堂教学中，教师往往可以通过面对面的交流和互动来引导学生学习，但是在在线平台上，教师需要具备更多的技能和能力，才能更好地指导学生学习。因此，教育部门和学校需要加强对教师的培训和支持，提高他们的教学水平和能力。

教育资源和教学内容的质量也会对互动式学习平台的效果产生影响。在互动式学习平台上，教师可以利用丰富的教育资源和工具来进行教学，但是如果这些资源和工具的质量不高，就会影响到教学效果。因此，教育部门和学校需要加强对教育资源和教学内容的审核和管理，确保其质量和有效性。

互动式学习平台是一种促进学生互动与参与度的有效方式。通过利用在线平台，教师可以提供多样化的教学资源，促进学生之间的交流与讨论，个性化地指导学生学习，并及时了解学生的学习进度和水平。然而，互动式学习平台也面临一些挑战和问题，例如技术设施和网络环境的限制，教师的教学能力和水平，以及教育资源和教学内容的质量等。因此，教育部门和学校需要加大对互动式学习平台的建设和支持力度，提高其教学效果和质量，促进学生的学习和发展。

四、网络安全与信息素养

网络安全和信息素养在当今数字化时代的重要性愈发凸显。随着互联网的普及和信息技术的发展，人们的生活已经离不开网络，从日常沟通到工作学习，都离不开网络的支持。然而，随之而来的是网络安全面临的挑战不断增加，信息素养的重要性也变得日益突出。在这种背景下，对网络安全和信息素养进行教育已经成为当务之急。

随着互联网的普及，我们的个人信息、财务信息、甚至国家重要信息都可能面临被黑客攻击、网络诈骗等威胁。在网络空间中，信息可以被轻易篡改、窃取，个人隐私被泄露，金融安全受到威胁，甚至国家安全也受到影响。因此，保护网络安全对于个人、组织乃至整个社会都至关重要。

信息素养的提升也是非常必要的。信息素养不仅仅是获取信息的能力，更包括理解信息、评估信息的真实性和价值，以及有效利用信息的能力。在信息爆炸的时代，信息素养的缺失可能导致个人被误导、被欺骗，甚至影响到自身的判断和决策能力。因此，提高信息素养水平，培养人们对信息的敏感性和辨别能力至关重要。

网络安全和信息素养教育应该贯穿于整个教育过程中。从学前教育到高等教育，都应该注重培养学生的网络安全意识和信息素养。在学前教育阶段，可以通过让孩子了解网络的基本概念，教导他们如何正确使用网络，避免上当受骗。在中小学阶段，可以通过课堂教育、校园宣传等形式，向学生普及网络安全知识，让他们明白在网络空间中的危险，并学会保护自己的安全。在高等教育阶段，可以开设网络安全和信息素养相关的课程，培养学生的专业技能和实践能力。

家庭和社会也承担着重要的责任。家长应该引导孩子正确使用网络，监督他们的上网行为，帮助他们树立正确的网络安全意识和信息素养。社会组织、政府部门也应该加强网络安全和信息素养教育的宣传力度，提供相关的培训和指导，帮助人们增强防范网络风险的能力。

同时，技术手段也是保障网络安全的重要途径之一。通过加强网络安全技术的研发和应用，可以提高网络系统的安全性，减少网络攻击的发生。例如，加强网络防火墙、加密技术的应用，提高系统的抗攻击能力。同时，也需要加强对网络安全漏洞的监测和修复，及时堵塞网络安全的漏洞，防止黑客利用漏洞进行攻击。

网络安全和信息素养教育是当今社会不可或缺的一部分。只有加强对网络安全的重视，提高信息素养水平，才能更好地应对网络空间中的各种挑战和威胁，保障个人和社会的安全和稳定。因此，我们每个人都应该认识到网络安全和信息素养的重要性，不断提升自己的网络安全意识和信息素养水平，共同构建一个安全、和谐的网络空间。

五、技术的适应性与可访问性

在当今数字化和技术进步的时代，教育领域的技术适应性与可访问性成了一个关键议题。确保所有学生都能访问和使用教育资源是一项重要而复杂的任务，需要综合考虑各种因素，包括技术设备的可用性、网络连接的稳定性、教育资源的多样性以及学生个体差异等。下文将探讨如何在教育中确保技术的适应性与可访问性，以促进更加包容和公平的学习环境。

技术的适应性意味着教育资源和工具需要能够适应不同学生的学习需求和能力水

平。这包括但不限于以多种语言提供教材、采用不同的教学方法和工具以满足学生的学习风格、提供个性化的学习路径等。例如，对于语言障碍的学生，可以提供语音识别软件或多语言字幕功能来帮助他们理解教学内容；对于有学习障碍的学生，可以利用个性化学习平台提供定制的学习计划和支持。

技术的可访问性是指学生能够轻松获取和利用教育资源和工具。这包括确保技术设备的可用性和质量、提供稳定的网络连接、降低技术门槛等。针对技术设备的可用性，学校可以通过向学生提供笔记本电脑、平板电脑或其他移动设备来帮助他们获得技术资源。同时，学校还可以提供技术支持和培训，帮助学生掌握基本的技术操作技能，提高他们利用技术资源的能力。

在确保技术的适应性与可访问性方面，政府、学校和教育机构都承担着重要责任。政府可以通过制定政策和投入资金来支持学校提供技术设备和网络基础设施，确保所有学生都能够获得必要的技术资源。学校和教育机构则需要积极采用新技术，开发适合不同学生群体的教育资源和工具，同时注重培养教师的技术能力，提高他们利用技术进行教学的水平。

除了政府、学校和教育机构的努力外，家庭和社会也发挥着重要作用。家庭可以为孩子提供技术支持和鼓励，帮助他们克服技术上的困难，培养良好的技术使用习惯。社会可以提供更广泛的支持和资源，例如为低收入家庭提供免费或优惠的技术设备和网络服务，为残障学生提供定制的技术解决方案，以及组织培训和活动来提高社区的技术素养。

在确保技术的适应性与可访问性方面，还需要注意平衡技术与传统教育的结合。虽然技术可以为学生提供更加灵活和个性化的学习体验，但过度依赖技术也可能导致学生对于传统的教学方法和学习方式产生抵触情绪。因此，教育者需要根据具体情况，合理地选择和运用技术资源，充分发挥技术在教育中的积极作用，同时保留和强化传统教学的优势和价值。

教育中的技术适应性与可访问性还需要考虑到不同地区和群体之间的差异。在发达地区，技术资源和网络基础设施可能更加完善，学生能够更容易地获取和利用教育资源；而在贫困地区或偏远地区，技术设备和网络连接可能相对匮乏，学生面临着更大的挑战。因此，政府和教育机构需要采取针对性的措施，缩小不同地区和群体之间的技术鸿沟，确保所有学生都能够平等地享受到教育资源带来的益处。

确保技术的适应性与可访问性是教育领域的重要任务，涉及政府、学校、家庭、社会和个体的共同努力。通过充分利用技术资源、提高技术水平、加强技术支持和培训，以及关注不同地区和群体之间的差异，我们可以创建一个更加包容和公平的学习环境，让所有学生都能够充分发挥自己的潜力，实现个人和社会的发展目标。

第三节　社会文化资源的整合

一、利用地方资源

利用地方资源来融入教学是一种丰富教学内容、增强学生学习体验的重要途径。地方资源包括但不限于地方特色的历史文化、自然风光、社会发展状况等，它们是教学的宝贵素材，可以激发学生的兴趣、增强他们的学习动力，促进他们的全面发展。在教育实践中，如何充分利用地方资源，将其融入教学，需要教师们深入思考和不断探索。

利用地方历史文化资源。每个地方都有自己独特的历史文化底蕴，这是地方发展的历史烙印，也是学生了解地方的重要途径。教师可以通过设计历史文化课程，引导学生深入了解本地区的历史渊源、传统文化，比如古代名人、历史事件、民间传说等。可以组织学生进行实地考察，走进博物馆、古迹、文化遗址等，感受历史的厚重感，增强对本地文化的认同感和自豪感。通过课堂讲解、图片展示、讨论交流等形式，让学生对本地文化有更深入的了解和感悟。

利用地方自然资源。地球是一个多彩多姿的星球，每个地方都有着独特的自然景观和生态环境。教师可以利用地方的自然资源，设计丰富多彩的实践活动，让学生走出教室，走进大自然，亲身体验自然的美妙与神奇。比如组织户外探险活动、生态考察活动、植物动物观察活动等，让学生近距离地感受自然的奇妙与生命的力量。通过观察、探索、实验等方式，激发学生的好奇心和探究欲望，培养他们的环保意识和科学素养。

利用地方社会资源。地方社会资源包括社会机构、社会组织、社区活动等，是学生社会实践的重要场所和载体。教师可以通过与地方企业、社区组织、公益机构等建立联系，开展各种社会实践活动，让学生参与到社会实践中去，体验社会生活的多姿多彩。比如组织社区服务活动、志愿者活动、社会调研活动等，让学生了解社会的运行机制、社会问题的根源，培养他们的社会责任感和团队合作精神。通过参与实践、反思总结，让学生在实践中成长、在实践中感悟，不断提升自己的综合素质和能力水平。

利用地方经济资源。地方经济资源是地方经济发展的物质基础，也是学生了解地方经济状况、就业形势的重要依据。教师可以通过开展经济调研、产业考察等活动，让学生深入了解本地区的产业结构、经济特点，了解不同行业的发展前景和就业需求。可以组织学生参观企业、实习就业、创业创新等，让他们亲身感受企业的运作模式、工作环境，增强就业能力和创业意识。理论学习和实践操作相结合，让学生对本地经济有更清晰的认识和更实际的体验，为他们未来的发展提供有力支撑。

利用地方资源融入教学是一种重要的教学方法，有助于丰富教学内容、激发学生学习兴趣、提升学习效果。教师们应该充分认识到地方资源的重要性，不断探索创新教学方法，将地方资源有机地融入教学中去，为学生提供更丰富多彩的学习体验，促进他们全面发展、实现人生价值。

二、跨学科学习项目

跨学科学习项目是一种融合不同学科知识和技能的教育方法，旨在培养学生综合思考和解决问题的能力。通过跨学科学习，学生可以在多个学科领域之间建立联系，深入理解复杂的现实问题，并提出创新性的解决方案。在跨学科学习项目中，社会文化资源扮演着重要的角色，它们为学生提供了丰富的素材和实践场景，促进他们在不同学科之间进行交叉学习和思维碰撞。

社会文化资源包括但不限于博物馆、艺术画廊、历史遗迹、自然景观等，这些资源承载着丰富的历史、文化、科学和艺术信息，为学生提供了跨学科学习的场景和素材。学生可以通过参观博物馆了解历史事件的背景和文化发展的演变，通过观赏艺术作品感受艺术家的创作理念和审美情趣，通过探索自然景观了解地质、生物等科学知识。例如，学生可以参观一座古城墙，通过历史学家、建筑师和地质学家的解说，了解其历史渊源、建筑结构和地质特征，从而在历史、建筑和地理等多个学科领域进行跨学科学习。

社会文化资源还包括社区组织、非营利机构、艺术团体等，它们为学生提供了参与社会实践和文化活动的机会。学生可以通过志愿活动了解社区发展的需求和挑战，通过参与艺术表演和展览感受文化的多样性和创造力，通过参加科技创新比赛探索科学技术的前沿和应用。例如，学生可以加入环保组织，参与社区清洁活动和环保教育，从而在生态学、社会学和公民教育等领域进行跨学科学习。

社会文化资源还包括数字化资源和虚拟场景，如在线博物馆、数字图书馆、虚拟实验室等，它们为学生提供了灵活和便捷的学习平台。学生可以通过在线课程学习历史事件的解读和文化现象的分析，通过数字图书馆阅读经典文学作品和科学研究论文，通过虚拟实验室进行科学探索和数据分析。例如，学生可以在虚拟实验室进行生物学实验，观察细胞的结构和功能，了解生命的奥秘和进化的机制，从而在生物学、化学和信息技术等领域进行跨学科学习。

跨学科学习项目需要教师和学生之间的紧密合作和积极参与。教师可以根据学生的兴趣和能力设计跨学科学习项目，整合社会文化资源和课程内容，激发学生的学习兴趣和创造力。学生可以通过小组合作和个人研究参与跨学科学习项目，分享自己的观点和发现，提出问题和解决方案，展示个人成长和团队合作的成果。例如，学生可以组成跨学科学习小组，选择一个社会问题或文化现象作为研究对象，利用社会文化资源收集和分析相关信息，提出问题和解决方案，最终展示研究成果和实践经验。

通过社会文化资源进行跨学科学习可以拓展学生的学习视野和思维空间，培养他们的综合素质和创新能力。教育机构和社会组织应共同努力，为学生提供丰富多样的社会文化资源和跨学科学习机会，促进他们在多个学科领域之间建立联系，实现个人发展和社会进步的双赢局面。

三、学习实地考察

学习实地考察是一种教学方法，通过直接参观实地环境、实践操作或实地调研等方式，帮助学生将课堂所学知识与实际情况相结合，从而提高他们的实际应用能力。这种教学方式在教育领域中被广泛采用，因为它能够激发学生的学习兴趣，增强他们的学习体验，并且为他们未来的职业发展提供了更为丰富的素材和经验。

学习实地考察能够激发学生的学习兴趣。相比于传统的课堂教学，实地考察提供了更加直观、生动的学习方式，让学生能够身临其境地感受到所学知识的实际运用场景。例如，学生们在历史课上学习到了关于古代建筑的知识，而通过实地考察古建筑遗址，他们不仅能够看到实物，感受历史的沉淀，还能够了解古人的生活状态和文化风貌，这样的学习方式会让学生产生更强烈的学习兴趣，提高学习积极性。

实地考察能够加深学生对知识的理解和记忆。在实地环境中，学生们能够通过观察、实践等方式深入了解所学知识的内涵和实际运用方法，从而更加深刻地理解和记忆这些知识。例如，学生们在生物课上学习了细胞的结构和功能，而通过观察显微镜下的细胞组织，他们能够清晰地观察到细胞的形态和特点，更好地理解细胞的结构和功能，这样的学习方式能够使学生对知识有更加深入的认识，记忆更加牢固。

实地考察有助于培养学生的实际操作能力。在实地环境中，学生们通常需要进行一些实践操作或者解决实际问题，这样的过程能够促使他们将所学知识转化为实际操作能力。例如，学生们在化学课上学习了酸碱中和的原理，而通过实地考察反应实验，他们不仅能够亲自操作化学试剂，还能够观察到中和反应的现象，从而将理论知识与实际操作相结合，培养了他们的实际操作能力。

实地考察还能够培养学生的团队合作意识和交际能力。在实地考察中，通常需要学生们分组合作完成一些任务或者调研项目，这样的合作过程能够促使他们学会倾听他人意见、与他人合作、解决问题等能力。例如，学生们在地理课上进行野外考察时，需要分组进行地形测量和地貌调查，他们需要相互协作、相互配合，共同完成任务，这样的合作过程不仅培养了他们的团队合作意识，还增强了他们的交际能力。

实地考察能够拓展学生的视野，增强他们的社会实践能力。在实地考察中，学生们有机会接触到各种各样的实际问题和挑战，了解到不同领域的发展现状和需求，从而为他们未来的职业发展提供了更为丰富的素材和经验。例如，学生们在社会实践课程中实地考察社区环境，了解社区的发展状况和存在的问题，他们可以通过自己的努力和实践来解决这些问题，从而提升了自己的社会实践能力。

学习实地考察对于提高学生的实际应用能力具有重要意义。通过激发学生的学习兴趣、加深对知识的理解和记忆、培养实际操作能力、促进团队合作和交际能力、拓展学生的视野和增强社会实践能力等方式，实地考察能够为学生的综合素质和能力提升提供有力支撑。因此，在教育教学实践中，应该重视和积极推广实地考察教学方法，为学生的全面发展提供更为有效的支持和帮助。

四、社区参与

社区参与在教育中的重要性日益凸显。它不仅可以促进学生与社区的互动，还能够实现学以致用的目标。在当今快速变化的社会中，教育不应局限于课堂内的知识传授，而应该与社会实践相结合，培养学生的社会责任感、实践能力和创新思维。通过社区参与，学生可以更好地理解课堂知识与实际应用的联系，同时也能为社区的发展和改善做出积极贡献。

建立起密切的学校与社区联系是实现社区参与的关键。学校应该积极主动地与周边社区进行合作与交流，建立起双向的沟通渠道。这包括与当地政府、企业、非营利组织以及居民等多方面的合作。通过定期举办社区活动、参与社区志愿服务等方式，学校能够加强与社区的联系，拓展学生的社会视野，培养他们的社会责任感。

提供多样化的社区参与机会是促进学生与社区互动的重要途径。学校可以开设社区服务课程或者社区实践项目，让学生有机会实际参与到社区建设与服务中去。这些项目可以涵盖环境保护、社会公益、文化传承等多个领域，让学生通过实践活动，深入了解社会问题，锻炼解决问题的能力。同时，学校还可以鼓励学生参与社区组织的活动，比如参加社区义工队、参与社区文化节庆等，通过这些参与，学生能够更好地融入社区生活，建立起亲近感和归属感。

学校与社区的合作也可以为学生提供更多的实践机会。例如，学校可以与当地企业合作开展实习项目，让学生有机会在真实的工作环境中学习和实践所学知识。通过实习，学生不仅可以提升自己的职业技能，还能够建立起与社会的联系，为将来的就业和职业发展打下坚实的基础。

学校还可以借助现代科技手段，拓展社区参与的形式。例如，利用互联网平台建立起学校与社区的虚拟社区，让学生通过在线交流与合作，参与到社区建设中去。同时，学校还可以利用社交媒体平台宣传社区活动，吸引更多学生参与其中。通过科技手段，可以更好地整合社区资源，促进学生与社区的互动。

评价与激励机制也是促进学生参与社区活动的重要保障。学校可以建立起相应的评价体系，将学生的社区参与情况纳入综合评价中去。同时，学校还可以设立奖励机制，给予积极参与社区活动的学生相应的荣誉或者奖励，激励更多学生参与到社区服务中去。通过这种方式，可以不断激发学生的参与热情，推动社区参与工作取得更好的效果。

社区参与是促进学生与社区互动，实现学以致用的重要途径。学校应该积极主动地与社区合作，提供多样化的参与机会，借助现代科技手段拓展参与形式，同时建立起评价与激励机制，共同推动学生与社区的互动与合作，为学生的全面发展和社区的可持续发展做出积极贡献。

五、文化多样性的理解与尊重

文化多样性的理解与尊重是当今社会中不可或缺的重要议题。随着全球化的加剧和不同文化之间交流的增加，文化多样性的重要性变得愈发凸显。在教育领域，特别是在学校教育中，对文化多样性的理解与尊重不仅仅是一种道德要求，更是培养学生全面发展的重要途径之一。在整合社会文化资源时，必须注重促进学生对文化多样性的理解和尊重，这不仅有助于建立一个更加包容和和谐的社会，也有助于每个个体更好地实现自

我发展

　　理解和尊重文化多样性有助于消除种族歧视和偏见。当人们对不同文化背景的人有更深入的了解时，就能够更好地理解彼此的不同之处，并能够避免对他人的刻板印象和歧视。在学校教育中，教师可以通过多元文化教育的方式，让学生了解不同文化的历史、传统、价值观等，从而打破他们对其他文化的误解和偏见，培养他们的包容心和尊重他人的能力。

　　文化多样性的理解与尊重有助于培养学生的跨文化沟通能力。在今天的社会中，跨文化沟通能力已经成为一个非常重要的素质。只有了解并尊重不同文化背景的人，才能更好地与他们进行交流和合作。通过学习其他文化的语言、习俗和礼仪等，学生可以更好地理解他人，减少文化冲突的发生，从而更好地融入到多元文化的社会中。

　　理解和尊重文化多样性还可以促进个体的自我认同和自尊心的发展。每个人都有自己的文化背景和身份认同，而这些都是构成一个人个性的重要因素。当个体的文化得到理解和尊重时，他们会感到被肯定和接纳，从而更加自信和自豪地面对自己的文化身份。在学校教育中，教师可以通过鼓励学生分享自己的文化和经历，以及欣赏他人的文化，来促进学生对文化多样性的理解和尊重，从而帮助他们建立健康的自我认同。

　　文化多样性的理解与尊重也对个体的心理健康和社会适应能力有着重要的影响。研究表明，当个体面临文化冲突或文化认同危机时，往往会产生焦虑、抑郁等心理问题。而当个体能够理解并尊重不同文化背景的人时，就能够更好地应对文化冲突，减少心理压力，从而提高其心理健康水平。同时，当个体能够融入到多元文化的社会中，并与不同文化背景的人和睦相处时，也能够更好地适应社会环境，提高其社会适应能力。

　　在教育实践中，要促进学生对文化多样性的理解与尊重，并不是一件容易的事情，需要教师付出更多的努力。首先，教师需要从自身做起，具备跨文化教育的意识和能力，不断提升自己的跨文化沟通能力和跨文化教学技能，以身作则，引导学生尊重和欣赏不同文化。其次，教师可以通过多种教学手段，如讲授多元文化教育课程、组织跨文化交流活动等，帮助学生了解和体验不同文化，拓展他们的视野，培养他们的包容心和开放心态。此外，教师还可以通过教学案例、实践活动等方式，引导学生思考和探讨文化多样性相关的问题，从而培养他们的批判性思维和创造性思维能力。

　　除了教师的努力之外，学校和社会也需要共同努力，为促进学生对文化多样性的理解与尊重提供良好的环境和条件。学校可以通过开设多元文化教育课程、组织多元文化活动等方式，营造一个尊重和包容不同文化的校园氛围，让学生在这样的环境中感受到文化多样性的魅力。同时，社会也可以通过制定相关政策和法律，加强对文化多样性的保护和宣传，促进不同文化之间。

第四节　校内外语文活动

一、语文竞赛与活动

语文竞赛与活动在学校内外都扮演着重要角色，它们不仅是促进语文学习的有效途径，更是培养学生综合素养的重要平台。在现代社会，语文不仅仅是一门学科，更是人们交流、思考、表达的重要工具。因此，通过各类语文竞赛与活动，可以激发学生对语文学习的兴趣，提升语文水平，培养语言表达能力，增强综合素养。

在学校内部，语文竞赛与活动是学生语文学习的重要组成部分。学校通常会组织各种形式的语文竞赛，如诗歌朗诵比赛、作文比赛、语言知识竞赛等。这些竞赛旨在激发学生学习语文的热情，培养他们的语言表达能力和创作能力。诗歌朗诵比赛可以锻炼学生的表达技巧和情感表达能力，同时也有助于学生对优秀诗歌的欣赏和理解；作文比赛则是锻炼学生的写作能力和逻辑思维能力，培养他们的文字表达能力和想象力；语言知识竞赛则是考查学生对语言知识的掌握程度，包括词汇、语法、修辞等方面的知识。

除了竞赛，学校还会举办各种语文相关的活动，如诗歌朗诵会、文学欣赏活动、阅读分享会等。这些活动不仅可以拓展学生的语文视野，丰富他们的文化生活，还可以促进学生之间的交流与合作，培养他们的审美情趣和人文素养。诗歌朗诵会可以让学生在舞台上展示自己的朗诵技巧，感受诗歌的魅力，增强自信心；文学欣赏活动可以让学生接触到各种经典文学作品，提升他们的文学修养和审美能力；阅读分享会则是让学生分享自己的阅读体验，交流彼此的感受和见解，促进他们对阅读的兴趣和理解。

在学校外部，也有许多与语文相关的竞赛与活动。这些竞赛与活动通常由地方教育部门、文化机构或学术团体组织举办，面向全市乃至全国范围内的学生。比如，作文比赛、语文知识竞赛、朗诵比赛等。这些竞赛不仅是检验学生语文水平的重要途径，更是展示学生才华和个性的舞台。参加这些竞赛不仅可以让学生接触到更广阔的语文学习领域，拓展他们的语言视野，还可以锻炼他们的应试能力和竞赛技巧，提升他们的综合素养和竞争力。

除了竞赛，学生还可以参加各种语文相关的文化活动和体验活动，如诗词大会、书法比赛、文化节等。这些活动旨在让学生深入了解中国传统文化，感受语言艺术的魅力，培养他们的文化自信和国家意识。诗词大会可以让学生在比赛中学习和欣赏各种经典诗词，提升他们的文学素养和审美能力；书法比赛则是让学生通过临摹和创作书法作品，感受汉字的美丽和艺术，培养他们的艺术情趣和审美观念；文化节则是举办各种展览、演出、讲座等活动，展示和传承中华优秀传统文化，促进学生对文化的理解和认同。

语文竞赛与活动在学校内外都扮演着重要角色，它们不仅是促进语文学习的有效途径，更是培养学生综合素养的重要平台。通过参加各类语文竞赛与活动，学生可以拓展语言视野，提升语文水平，培养语言表达能力，增强综合素养，从而更好地适应社会发展的需要，为国家和社会的建设贡献自己的力量。因此，学校和社会各界应共同关注和支持语文竞赛与活动的开展，为学生提供更广阔的学习空间和发展平台。

二、文学会和阅读俱乐部

文学会和阅读俱乐部对于学生的语文素养的提升具有重要的作用。这两种组织形式不仅能够为学生提供一个良好的阅读环境，促进其阅读兴趣的培养，还能够在交流与分享中促进语言表达能力的提高。在当今信息爆炸的社会中，人们往往面临着大量碎片化的信息，文学会和阅读俱乐部为学生提供了一个系统化、有组织的阅读平台，有助于学生在阅读中形成深入思考的习惯，提升他们的语文素养。

文学会和阅读俱乐部为学生提供了一个良好的阅读环境。在这些组织中，学生可以接触到各种各样的优秀文学作品，包括小说、诗歌、散文等不同体裁的作品。这些作品涵盖了丰富的内容和形式，既有经典名著，也有当代优秀作品，学生可以根据自己的兴趣和需要进行选择。与此同时，文学会和阅读俱乐部也会组织各种形式的阅读活动，如读书分享会、文学沙龙等，为学生营造了一个积极向上、充满学习氛围的阅读空间。

文学会和阅读俱乐部能够促进学生阅读兴趣的培养。在这些组织中，学生可以与同龄人一起分享阅读的快乐，交流阅读心得，相互借鉴阅读方法，从而激发彼此的阅读兴趣。此外，通过参与各种阅读活动，学生可以接触到更多优秀的作品，了解到不同作者的写作风格和思想内涵，进而拓展自己的阅读视野，培养对文学艺术的鉴赏能力，从而更加深入地沉浸在阅读的世界中。

文学会和阅读俱乐部有助于提高学生的语言表达能力。在这些组织中，学生不仅仅是被动地接受阅读材料，更重要的是要通过讨论、分享、写作等方式与他人进行交流与互动。通过参与各种讨论活动，学生可以学会运用语言表达自己的观点和想法，培养逻辑思维能力和语言组织能力。同时，通过参与写作活动，如读后感、评论、作文等，学生可以进一步加深对阅读材料的理解和思考，提高自己的语言表达水平，从而更好地表达自己的想法和情感。

文学会和阅读俱乐部还可以培养学生的团队合作意识和领导能力。在这些组织中，学生需要与他人合作共同完成各种活动，如组织读书讨论会、策划文学活动等。通过与他人合作，学生可以学会倾听他人的意见，协调彼此的关系，培养团队精神和合作能力。同时，一些学生可能会担任文学会和阅读俱乐部的干部，需要组织安排各种活动，管理成员关系，这对于培养学生的领导能力和组织管理能力也具有重要意义。

文学会和阅读俱乐部对于学生的语文素养的提升具有重要的作用。通过提供良好的阅读环境，促进阅读兴趣的培养，提高语言表达能力，培养团队合作意识和领导能力等方面的作用，这些组织可以帮助学生更好地理解和欣赏文学作品，提高自己的语文素养水平，为未来的学习和生活奠定坚实的基础。因此，学校应该积极鼓励学生参加文学会和阅读俱乐部，为他们提供一个更加丰富多彩的学习平台，促进其全面发展。

三、戏剧和口语表达

戏剧和口语表达是语文教育中重要的组成部分，通过这些活动可以促进学生语言能力、情感表达能力、沟通能力等多方面的发展。在课堂教学中，利用戏剧和口语表达活动是一种生动有趣、能够激发学生学习兴趣和参与度的有效方式。

戏剧是一种具有强烈感染力的艺术形式，能够通过角色扮演、情景演绎等方式帮助学生更好地理解文学作品。通过戏剧表演，学生可以将课文中的人物形象栩栩如生地展现出来，使之更加深入人心。例如，学生可以分角色表演古代诗词中的经典对话，或者演绎现代故事中的情节，从而更好地理解和感受其中的情感和内涵。通过这种方式，不仅可以提高学生的语言表达能力，还可以培养他们的想象力和创造力。

口语表达是一种实践性很强的语言活动，可以帮助学生提高语言交际能力和表达能力。在口语表达活动中，学生可以通过辩论、演讲、朗诵等形式展示自己的语言才华，同时也可以锻炼自己的表达能力和思维逻辑能力。例如，组织学生进行辩论赛，让他们就某一话题展开激烈的辩论，不仅可以提高他们的语言组织能力，还可以培养他们的辩证思维和分析能力。又如，组织学生进行演讲比赛，让他们就自己感兴趣的话题进行演讲，不仅可以锻炼他们的口头表达能力，还可以培养他们的自信心和独立思考能力。

戏剧和口语表达活动还可以促进学生的情感表达能力和社会交往能力。在戏剧表演中，学生需要通过表情、动作等方式来表达角色的情感，这不仅可以培养他们的情感表达能力，还可以增强他们的情感共鸣能力。在口语表达活动中，学生需要与他人进行交流和互动，这不仅可以培养他们的社交能力，还可以提高他们的沟通能力和合作能力。通过这些活动，学生不仅可以更好地理解和感受他人的情感，还可以学会与他人有效地交流和沟通。

戏剧和口语表达活动还可以促进学生的审美情趣和文化素养。通过戏剧表演，学生可以欣赏不同形式的艺术作品，了解不同的文化背景和艺术风格，从而提高自己的审美水平和文化素养。通过口语表达活动，学生可以接触到各种各样的文学作品和演讲稿件，了解不同的思想观念和审美观念，从而开阔自己的视野，提高自己的文化素养。

戏剧和口语表达活动是一种生动有趣、实践性很强的语文教育活动，能够全面提升学生的语文能力。通过这些活动，学生不仅可以提高自己的语言能力、情感表达能力和社交能力，还可以提高自己的思维能力、审美能力和文化素养。因此，在语文教学中，应该充分利用戏剧和口语表达活动，为学生创造更多展示自己的机会，让他们在实践中不断提高自己的语文素养。

四、写作工作坊

写作工作坊是一种为学生提供创意写作和批判性写作指导的活动形式。它不仅仅是一堂普通的写作课程，更像是一个充满活力和互动的学习环境。在写作工作坊中，学生们有机会分享他们的作品，接受同伴和导师的反馈，并通过讨论和实践不断提升自己的写作技能。这种活动能够激发学生的创造力、思维深度和表达能力，对于他们的学术和职业发展都具有重要意义。

写作工作坊提供了一个积极的学习环境，鼓励学生进行创意写作。在传统的课堂上，学生可能会感到压力较大，担心自己的作品会被评判或批评。而在写作工作坊中，学生们可以放下心防，尽情展现自己的想法和创意。这种开放和包容的氛围能够激发学生的创造力，让他们敢于尝试新的写作风格和主题。

写作工作坊注重同行反馈，促进学生进行批判性写作。在工作坊中，学生们不仅仅是被动地接受老师的指导，还可以从同学和导师的反馈中获益。他们可以学习到如何审视和评价他人的作品，同时也能够从他人的反馈中发现自己作品的不足之处。通过与他人的交流和讨论，学生们能够培养批判性思维，提升自己的写作水平。

写作工作坊还提供了丰富多样的写作练习和活动。除了传统的论文写作，工作坊还可以组织各种创意写作比赛、写作挑战和写作马拉松等活动。这些活动不仅能够激发学生的写作兴趣，还能够帮助他们拓展写作技能，提高写作效率。例如，通过参加写作马拉松，学生们可以在有限的时间内完成一篇完整的作品，培养自己的写作速度和逻辑思维能力。

写作工作坊还可以邀请专业作家或学者来指导学生。这些专家不仅可以分享自己的写作经验和技巧，还可以为学生提供具体的指导和建议。他们的到来不仅能够激励学生，还能够为他们提供宝贵的学习资源。通过与专业作家的互动，学生们可以了解到写作的实际应用和行业趋势，为自己的未来发展打下坚实的基础。

写作工作坊还可以促进学生的综合发展。在参与写作活动的过程中，学生们不仅能够提升自己的写作能力，还能够培养团队合作、沟通能力和领导才能。例如，在合作撰写一篇作品的过程中，学生们需要相互协调、分工合作，培养团队精神和合作意识。这些能力对于学生的个人成长和职业发展都具有重要意义，能够为他们未来的学习和工作打下坚实的基础。

写作工作坊是一种既能够激发学生的创造力和思维深度，又能够提升他们的写作技能和批判性思维的活动形式。通过参与写作工作坊，学生们可以在积极的学习氛围中不断提升自己，实现个人的学术和职业目标。

五、语言交换项目

语言交换项目是一种有助于提高学生语言实践能力的教育活动。这种项目通常是指学生之间或不同语言背景的人之间进行语言学习和交流的机会。通过语言交换项目，学生可以通过与其他人交流，尤其是母语为目标语言的人交流，来提高他们的语言水平。这种项目不仅仅是语言学习的机会，还可以促进跨文化理解和交流，拓展学生的视野，培养他们的国际意识和跨文化交际能力。

语言交换项目对学生的语言实践能力有着显著的提升作用。在传统的语言学习中，学生主要通过课堂教学学习语言知识，但缺乏实际的语言使用机会。而通过参与语言交换项目，学生可以在与母语为目标语言的人交流中，实践所学的语言知识，提高他们的听、说、读、写能力。在与母语者的交流中，学生不仅能够学习到地道的语言表达方式，还可以了解到语言使用的语境和文化背景，从而提高自己的语言水平。

语言交换项目有助于促进跨文化理解和交流。在语言交换过程中，学生不仅仅是在学习语言，还在与来自不同文化背景的人交流。通过与他人交流，学生可以了解到不同文化之间的共同点和差异，增进彼此之间的理解和尊重。这种跨文化交流不仅有助于拓展学生的视野，还可以培养他们的国际意识和跨文化交际能力，为他们今后的国际交往打下良好的基础。

语言交换项目还可以提供一个开放、自由的学习环境，激发学生学习语言的兴趣。在语言交换项目中，学生可以自由地选择与谁进行语言交流，以及使用何种方式进行交流。这种自由选择的学习环境可以激发学生学习语言的兴趣，增强他们的学习动力。同时，学生在与他人交流的过程中，也会不断地发现自己语言学习的不足之处，从而更加努力地学习语言，提高自己的语言水平。

然而，要开展有效的语言交换项目，也面临着一些挑战。语言交换项目需要有足够的参与者，才能保证学生有充分的语言实践机会。如果参与者数量不足，就会导致学生难以找到合适的语言交流对象，影响语言交换项目的效果。因此，组织者需要积极宣传和组织语言交换项目，吸引更多的学生参与进来。

语言交换项目需要有一定的组织和管理，才能确保交流活动的顺利进行。组织者需要制定明确的交流计划和安排，确定参与者之间的语言交流方式和时间，以及交流活动的内容和目标。同时，组织者还需要提供必要的支持和指导，帮助学生克服语言交流中的困难和障碍，确保交流活动的顺利进行。

语言交换项目还需要解决语言差异和沟通障碍问题。由于参与者的语言背景和水平各不相同，可能会出现语言差异和沟通障碍，影响交流活动的进行。因此，组织者需要提供必要的支持和帮助，帮助参与者克服语言障碍，顺利进行语言交流。同时，参与者也需要具备一定的语言学习能力和沟通技巧，才能更好地参与到交流活动中，取得更好的交流效果。

语言交换项目是一种有效提高学生语言实践能力的教育活动。通过参与语言交换项目，学生不仅可以提高自己的语言水平，还可以促进跨文化理解和交流，拓展自己的视野，培养国际意识和跨文化交际能力。然而，要开展有效的语言交换项目，也需要克服一些挑战，如确保有足够的参与者、有组织地进行交流活动、解决语言差异和沟通障碍等。只有克服这些挑战，才能真正发挥语言交换项目的教育价值，帮助学生提高语言实践能力，实现语言学习的目标。

第五节　家庭与社区的支持

一、家庭作业与家长参与

在当今教育体系中，家庭作业扮演着至关重要的角色，而家长的参与更是教育中不可或缺的一环。家庭作业作为学校教育的延伸，在巩固学生学习内容、培养自主学习能力、促进家校联系等方面发挥着重要作用。而家长作为学生的第一任教师，其在孩子教育中的参与则更是关系到孩子学习成绩和发展的重要因素。

家庭作业是学校教育的重要延伸。在学校里，老师们通过课堂教学将知识传授给学生，而家庭作业则是巩固和加深这些知识的重要途径之一。通过完成家庭作业，学生可以在课后进一步巩固所学知识，加深对知识的理解和掌握。这种学以致用的学习方式有助于学生更好地消化所学内容，形成系统完整的知识体系。同时，家庭作业也是老师了解学生学习情况、及时发现问题、进行个性化指导的重要途径之一。通过检查学生完成的家庭作业，老师可以了解学生对知识的掌握程度，从而调整教学策略，针对性地帮助学生解决学习中的困难。

家庭作业有助于培养学生的自主学习能力。在完成家庭作业的过程中，学生需要自主思考、独立完成任务，这有助于培养学生的自主学习能力和解决问题的能力。通过自主学习，学生可以逐渐摆脱依赖老师的状态，培养自我学习、自我管理的能力，为将来的学习和生活奠定良好的基础。而家庭作业的设置也可以促使学生形成良好的学习习惯，养成勤奋好学、持之以恒的品质，这对学生的整体发展具有重要的意义。

除了对学生个体发展的促进外，家庭作业还有助于加强家校联系，提升教育质量。家庭作业的布置和完成往往需要家长的配合和监督，这就使得家长与学校之间建立了联系和沟通的桥梁。家长通过关注孩子的家庭作业情况，可以更加了解孩子的学习情况和学习需求，及时与老师沟通交流，共同制定学习计划，共同促进孩子的成长和发展。而家长的参与和监督也有助于提高学生完成家庭作业的效率和质量，从而提升整个教育体系的质量和水平。

家庭作业的重要性并不意味着应该无限制地增加家庭作业的数量和难度。适度的家庭作业可以促进学生的学习，但过多的家庭作业可能会加重学生的负担，导致学习效果反而适得其反。因此，在布置家庭作业时，教师需要根据学生的实际情况和能力合理设置作业量和难度，确保家庭作业的质量和效果。

家长在参与学生家庭作业时也需要注意方法和态度。家长不应该代替学生完成作业，而应该通过引导和指导的方式帮助学生解决问题，培养学生独立思考和解决问题的能力。此外，家长在监督学生完成家庭作业时也应该注重方式方法，避免给学生过多的压力和负担，保持良好的家庭氛围，营造良好的学习环境。

家庭作业在教育中的重要性不可忽视，而家长的参与更是家庭作业能够发挥作用的关键。通过合理设置和完成家庭作业，可以有效促进学生的学习，培养学生的自主学习能力和解决问题的能力，加强家校联系，提升教育质量，为学生的成长和发展奠定良好的基础。因此，在未来的教育实践中，应该进一步重视家庭作业的设置和完成，加强家校合作，共同推动教育事业的发展。

二、家庭阅读习惯

家庭阅读习惯是指家庭成员在日常生活中共同培养的阅读习惯和文化。这种习惯不仅仅是简单地将阅读作为一种娱乐活动，更是一种家庭价值观的传承和培养方式。在当今社会，随着科技的发展和信息的爆炸，人们的阅读习惯逐渐被碎片化的信息所替代，家庭阅读习惯的培养显得尤为重要。

家庭阅读习惯对于孩子的成长和发展有着至关重要的影响。孩子的成长不仅需要学校的教育，更需要家庭的熏陶。家庭是孩子最早接触到的社会环境，家庭的阅读氛围会直接影响到孩子的阅读兴趣和能力的培养。通过家庭共读，孩子不仅能够接触到更广泛的知识和信息，还能够培养自己的阅读习惯和思维能力。研究表明，有良好阅读习惯的孩子更容易在学业上取得成功，更具有创造力和批判性思维能力。

家庭阅读习惯对于家庭成员之间的情感交流和沟通有着积极的促进作用。在快节奏的现代生活中，家庭成员往往因为工作、学习等各种原因而无法有足够的时间去交流和沟通。而家庭共读则提供了一个共同的话题和交流的平台，家人们可以通过讨论阅读内容、分享阅读感受来增进彼此之间的情感联系。这种共读不仅仅是一种教育行为，更是一种亲情的传递和沟通的方式，可以加深家庭成员之间的情感纽带，增强家庭的凝聚力。

家庭阅读习惯还有助于培养家庭成员的终身学习意识和能力。阅读是一种终身的学习方式，通过阅读可以获取到丰富的知识和经验。建立良好的家庭阅读习惯可以让家庭成员在日常生活中养成勤奋学习、不断进取的态度，从而使他们能够在不同阶段应对各种挑战和困难，不断提升自己的综合素质和能力。而且，家庭阅读习惯也可以让家庭成员之间相互激励、相互促进，在阅读的过程中共同进步，共同成长。

在建立良好的家庭阅读习惯过程中，家长起着至关重要的作用。作为家庭的领导者和榜样，家长们应该给予孩子足够的关注和引导，为他们创造良好的阅读环境和条件。首先，家长可以通过自己的行动来示范阅读的重要性，例如在孩子面前经常阅读、分享自己的阅读体会等，以此激发孩子的阅读兴趣。其次，家长可以选择适合孩子年龄和兴趣的图书，陪伴孩子一起阅读，并及时给予他们反馈和鼓励。此外，家长还可以利用家庭共读的时间和机会来进行有针对性的教育，例如对阅读内容进行解读和引导，帮助孩子理解和吸收知识。

除了家长的引导和示范，家庭成员之间的互相配合和支持也是建立良好家庭阅读习惯的关键。家庭成员可以相互鼓励、相互借鉴，共同营造一个积极向上的阅读氛围。例如，家庭成员可以定期举行阅读分享会，分享自己的阅读体会和心得，相互学习、相互进步。另外，家庭成员还可以相互监督和督促，共同约定阅读计划和目标，相互督促完成，从而形成一种相互促进、共同进步的良好氛围。

家庭阅读习惯对于家庭成员的成长和发展有着重要的影响，不仅可以促进孩子的学业成绩，增强家庭成员之间的情感联系，还可以培养家庭成员的终身学习意识和能力。家长们应该充分重视并积极引导家庭阅读习惯的培养，为孩子们创造一个良好的阅读环境和条件，让他们在阅读的世界中茁壮成长，成为有知识、有修养、有情感的综合发展的人才。

三、社区资源的利用

社区资源的利用对于学生的学习至关重要。其中包括图书馆、博物馆等资源，它们提供了学生们丰富的学习资料和实践机会。通过充分利用这些资源，学生们可以拓展知识面、提升技能，并且培养批判性思维和创造性思维。

图书馆是学生学习的重要场所之一。在图书馆，学生们可以获取到丰富的书籍、期刊、报纸等资料，这些资料涵盖了各个学科领域。通过阅读不同的书籍和资料，学生们可以拓展自己的知识面，了解更多的文化和历史背景，培养自己的阅读能力和理解能力。此外，图书馆还提供了安静的学习环境，为学生们提供了一个集中精力学习的场所。学生们可以在这里进行自习、查阅资料、借阅书籍等，提高学习效率。

除了纸质书籍，现代图书馆还提供了电子资源和多媒体资源。学生们可以通过图书馆的电子数据库获取到各种学术期刊、论文等资源，这些资源对于学术研究和论文写作非常有帮助。此外，图书馆还可以提供电脑、打印机等设备，方便学生们进行文献检索和打印资料。通过充分利用图书馆的电子资源和设备，学生们可以更加便捷地获取到所需的学习资料，提高学习效率。

博物馆也是学生学习的重要资源之一。博物馆收藏了大量的历史文物、艺术品、科学实物等，这些展品可以为学生们提供直观的学习体验。通过参观博物馆，学生们可以亲眼见到历史的真实面貌、艺术作品的精美细节、科学实物的原貌，从而加深对知识的理解和记忆。同时，博物馆还经常举办各种展览和讲座活动，学生们可以通过参加这些活动了解最新的研究成果和学术讨论，拓展自己的学术视野。

除了参观展览，学生们还可以利用博物馆的教育资源进行深入学习。许多博物馆都提供了教育课程和工作坊，学生们可以通过这些课程了解特定主题的知识，如古代文明、艺术史、自然科学等。这些课程通常由专业的教育工作者或学者授课，内容丰富、生动有趣，能够吸引学生们的兴趣，促进他们的学习和成长。

社区还可以通过其他方式支持学生的学习。例如，举办讲座和研讨会，邀请专家学者分享最新的研究成果和学术观点；开设社区课程和培训班，提供各种学科和技能的学习机会；组织实践活动和志愿服务，让学生们将所学知识应用到实践中，锻炼自己的能力和素质。通过这些举措，社区可以为学生提供一个丰富多彩的学习环境，激发他们的学习兴趣，促进他们的全面发展。

社区资源的充分利用对于学生的学习至关重要。图书馆、博物馆等资源为学生提供了丰富的学习资料和实践机会，帮助他们拓展知识面、提升技能，并且培养批判性思维和创造性思维。通过充分利用这些资源，学生们可以更加有效地学习和成长，为自己的未来奠定坚实的基础。因此，社区应该积极支持和倡导学生利用社区资源，共同促进社会的进步和发展。

四、家庭与学校的沟通

家庭与学校之间的有效沟通对于支持学生的教育需求至关重要。当家庭和学校之间建立了良好的沟通机制，学生的学习和发展会得到更好的支持和指导。

建立积极的沟通氛围是家庭与学校有效沟通的基础。双方应该相互尊重、理解和信任。家长和教师都应该意识到他们都是为了学生的利益而工作，并且应该共同合作以实现这一目标。建立积极的氛围可以让双方更愿意分享信息、解决问题和合作解决学生面临的挑战。

定期的沟通渠道是确保家庭与学校之间保持联系的重要方式。学校可以通过家长会议、家长教师联谊会、电子邮件、电话、家长门诊时间等渠道与家长进行沟通。同时，家长也可以通过这些渠道向学校提供反馈、询问问题或者分享关于孩子的重要信息。这种定期的沟通可以让家长和教师了解彼此的期望、需求和关注点，并且及时解决问题。

透明和及时的信息共享是建立有效沟通的关键。学校应该向家长提供关于学生学习进展、课程安排、学校活动和学生行为的信息。这种信息可以通过学校网站、学校通讯、家长会议等方式进行传达。同时，家长也应该向学校提供有关学生在家庭方面的情况的信息，比如学生的学习习惯、家庭环境对学生学习的影响等。通过及时分享信息，家长和学校可以更好地了解学生的需求，制订更有效的教育计划。

双方应该在解决问题和制定决策时进行合作。家长和学校应该共同讨论并制订适合学生的解决方案。这意味着双方应该共同参与制订学生的学习计划、解决学生的问题，并为学生的发展制订目标。通过合作决策，可以确保学生的利益得到最大化的保障，并且可以加强家庭与学校之间的信任和合作关系。

及时回应和解决问题也是有效沟通的重要方面。家长和学校应该在学生面临问题或挑战时及时采取行动，并尽快解决问题。这意味着教师应该在学生出现学习困难时及时与家长联系，共同制订解决方案。家长也应该在学生出现问题时及时向学校求助，并积极配合学校的解决方案。通过及时的反应和解决问题，可以避免问题的进一步恶化，并为学生提供及时的支持和帮助。

认识到家庭与学校之间的沟通是一种持续的过程是非常重要的。沟通不仅仅发生在学校需要与家长联系时，而是应该成为一种常态。家长和学校应该建立长期的合作关系，并且定期进行沟通和交流。这意味着双方应该在学年开始时制订沟通计划，并且定期进行评估和调整。通过持续的沟通，可以建立起稳固的合作关系，为学生的发展提供持续的支持和指导。

家庭与学校之间的有效沟通对于支持学生的教育需求至关重要。通过建立积极的沟通氛围、定期的沟通渠道、透明和及时的信息共享、合作决策以及及时回应和解决问题，可以建立起良好的家庭与学校之间的合作关系，为学生的学习和发展提供有效的支持和指导。家长和学校应该意识到沟通是一种持续的过程，并且应该定期进行沟通和交流，以确保学生的利益得到最大化的保障。

五、社区活动的参与

参与社区活动对于学生和家庭来说，不仅仅是一种简单的参与行为，更是一种积极的社会参与和学习经验的拓展。在当今社会，社区活动已经成为了一个重要的教育组成部分，它不仅能够为学生提供更广阔的学习空间，还能够促进家庭成员之间的交流和情感沟通。因此，鼓励学生和家庭参与社区活动，不仅仅是为了拓展学习经验和社交技能，更是为了培养他们的社会责任感和团队合作精神。

参与社区活动可以拓展学生的学习经验。学生在学校学习到的知识和技能往往局限于课堂教学和教科书知识，而参与社区活动则能够为他们提供更加真实和丰富的学习经验。比如，参加文化节可以让学生了解到不同文化的风俗习惯和传统节日，参加讲座可以让学生接触到不同领域的专业知识和前沿技术。这些活动不仅能够激发学生的学习兴趣，还能够促进他们的综合素质和能力的提升。

参与社区活动可以促进家庭成员之间的交流和情感沟通。在现代社会，由于工作压力和学习任务的增加，很多家庭成员之间的交流和沟通逐渐变得匮乏起来。而参与社区活动则为家庭成员提供了一个共同的平台，让他们可以共同参与到活动中，共同分享快乐和收获。通过参与社区活动，家庭成员之间的关系会更加紧密，彼此之间的情感也会更加深厚。

参与社区活动还可以培养学生的社会责任感和团队合作精神。在社区活动中，学生不仅仅是参与者，更是活动的组织者和推动者。他们需要与其他成员密切合作，共同解决问题，达成共识，完成活动的筹备和执行工作。在这个过程中，学生会学会如何与他人合作，如何克服困难，如何承担责任。这些都是他们在日后社会生活中所必需的素质和能力。

参与社区活动对于学生和家庭来说意义重大。它不仅能够拓展学生的学习经验和社交技能，还能够促进家庭成员之间的交流和情感沟通，培养学生的社会责任感和团队合作精神。因此，我们应该鼓励学生和家庭积极参与社区活动，共同构建和谐美好的社区环境。

第六节　个性化学习资源的开发

一、识别学生的个人需求

识别学生的个人需求是教育中至关重要的一环。每个学生都是独特的个体，拥有不同的学习方式、兴趣爱好、优点和缺点。因此，了解并满足每个学生的个人需求，是促进其全面发展和成功学习的关键。在教育实践中，识别学生的个人需求包括以下几个方面：

了解学生的学习风格。学生的学习风格可以分为视觉型、听觉型和动手型等不同类型。对于视觉型学生，他们更倾向于通过图像、图表等视觉材料来理解和记忆知识；而听觉型学生则更喜欢通过听讲、听录音等方式学习；动手型学生则更喜欢通过实践操作来掌握知识。因此，教师可以通过观察学生的学习方式和反应，了解其所属的学习风格，并针对性地调整教学方法，以更好地满足其学习需求。

了解学生的学习兴趣。学生的学习兴趣与其个人爱好密切相关，而兴趣是推动学习的重要动力。因此，教师应该尽可能多地了解学生的兴趣爱好，并将其融入教学中。例如，对于喜欢音乐的学生，可以通过音乐教学来激发其学习兴趣；对于喜欢运动的学生，可以通过体育课或户外活动来促进其学习动力。将学生的兴趣融入教学中，可以提高其学习的积极性和参与度，从而更好地满足其个人学习需求。

了解学生的学习能力和水平。学生的学习能力和水平因人而异，有些学生可能具有较高的学习能力和水平，能够较快地掌握知识和技能；而有些学生可能学习能力较低，需要更多的时间和精力来理解和消化知识。因此，教师应该根据学生的学习能力和水平，采用不同的教学方法和策略，以确保每个学生都能够在适合自己的学习节奏下取得进步。例如，对于学习能力较强的学生，可以提供更多的挑战性任务和拓展性学习机会；而对于学习能力较低的学生，则可以采用更加简单明了的教学内容和方法，帮助其逐步提高学习水平。

了解学生的个性特点和学习习惯也是识别个人需求的重要方面。每个学生都有自己独特的个性特点和学习习惯，如性格、情绪状态、学习态度等。了解学生的个性特点和学习习惯，有助于教师更好地与学生沟通、建立良好的师生关系，并根据学生的个性特点和学习习惯，设计符合其需求的教学方案。例如，对于外向活跃的学生，可以采用小组讨论、合作学习等方式来激发其学习热情；而对于内向安静的学生，则可以通过个别辅导、书面作业等方式给予更多的关注和支持。

识别学生的个人需求是教育中的一项重要任务，它涉及了对学生学习风格、兴趣爱好、学习能力、个性特点和学习习惯等方面的全面了解。只有深入了解每个学生的个人需求，并针对性地调整教学方法和策略，才能够更好地满足学生的学习需求，促进其全面发展和成功学习。因此，教师应该不断地提高自己的教育敏感性和专业水平，不断探索适合不同学生的个性化教学方法，为学生提供更加优质的教育服务。

二、定制化学习计划

定制化学习计划是针对每个学生的独特需求和学习风格，制订一套个性化的学习方案，以达到最佳的学习效果。这种学习计划的制订需要考虑到学生的兴趣、学习能力、学习风格以及学习目标等方面的因素，从而帮助学生更有效地掌握知识，提高学习成绩。

了解学生的学习需求是制订个性化学习计划的基础。学生的学习需求包括学习目标、学习动机、学习能力等方面的因素。通过与学生进行沟通，了解他们的学习目标是什么，他们为什么想要学习这门课程或者这个领域，以及他们自认为的学习能力如何，这些信息可以帮助教育者更好地了解学生的需求，从而为他们制订合适的学习计划。

了解学生的学习风格也是制订个性化学习计划的重要步骤。学生的学习风格包括视觉型、听觉型、动手型等不同类型。对于视觉型的学生，可以采用图表、图片等视觉化的方式来呈现知识；对于听觉型的学生，可以通过讲解、听力练习等方式来传递知识；对于动手型的学生，可以通过实验、案例分析等方式来进行学习。了解学生的学习风格，可以帮助教育者选择合适的教学方法和学习资源，从而更好地满足学生的学习需求。

根据学生的学习能力和水平制订个性化学习计划也是至关重要的。不同学生的学习能力和水平存在差异，有些学生可能已经掌握了一定的基础知识，而有些学生可能需要从零开始学习。因此，教育者需要根据学生的实际情况，设置适当的学习目标和学习内容，合理安排学习进度，确保学生在学习过程中既不感到无所适从，也不感到过于轻松。

个性化学习计划还应该考虑到学生的兴趣和爱好。学生对所学知识的兴趣程度直接影响着他们的学习动力和学习效果。因此，在制订个性化学习计划时，教育者可以结合学生的兴趣和爱好，选择相关的学习内容和学习资源，使学习过程更加生动有趣，激发学生的学习兴趣，提高学习效果。

除了以上几点，个性化学习计划还应该注重对学生学习过程的跟踪和评估。在学生开始执行个性化学习计划后，教育者应该定期跟踪学生的学习进度和学习效果，及时发现问题并采取相应的措施加以解决。同时，教育者还应该根据学生的学习表现进行评估，及时调整学习计划，确保学生能够达到预期的学习目标。

个性化学习计划是一种针对每个学生的独特需求和学习风格，制订的一套个性化的学习方案。通过了解学生的学习需求、学习风格、学习能力和兴趣爱好等方面的信息，制订合适的学习目标和学习内容，选择合适的教学方法和学习资源，并定期跟踪和评估学生的学习进度和学习效果，可以帮助学生更有效地掌握知识，提高学习成绩。因此，个性化学习计划在提高学习效果方面具有重要意义，值得教育者和学生共同努力。

三、利用技术进行个性化教学

个性化教学是一种教学方法，旨在根据学生的个别需求、学习风格和能力水平，为每个学生提供定制化的学习体验。随着技术的不断发展和普及，利用技术进行个性化教学已成为教育领域的一项重要趋势。学习管理系统（LMS）是一种广泛应用的技术工具，可为个性化教学提供支持和平台。

LMS可以通过学生数据分析来实现个性化教学。LMS收集并存储了大量学生数据，包括学习成绩、学习进度、作业完成情况等。教师可以利用这些数据来了解每个学生的学习情况和特点，从而为每个学生量身定制教学计划。通过分析学生数据，教师可以发现学生的弱点和优势，有针对性地为他们提供辅导和支持，帮助他们克服困难，提高学习效果。

LMS可以提供个性化学习资源。通过LMS，教师可以为不同水平和学习风格的学生提供各种学习资源，包括文字、图片、视频、音频等。这些学习资源可以根据学生的需求和兴趣进行选择和定制，从而更好地满足每个学生的学习需求。例如，对于喜欢视觉学习的学生，教师可以提供更多的图片和视频资源；对于喜欢听觉学习的学生，可以提供更多的音频资源。通过提供个性化学习资源，LMS可以帮助学生更轻松地理解和消化知识，提高学习效率。

LMS还可以支持个性化学习进度。在传统的课堂教学中，教师往往需要按照固定的教学进度进行教学，而不能根据每个学生的学习速度进行调整。而通过LMS，教师可以为每个学生制订个性化的学习计划和进度安排。学生可以根据自己的学习进度和时间安排，自主选择学习内容和学习速度，从而更好地掌握知识和技能。同时，教师也可以根据学生的学习情况和进度，及时调整教学计划，确保每个学生都能达到预期的学习目标。

LMS 还可以促进个性化学习反馈。在传统的课堂教学中，教师往往难以及时地为每个学生提供个性化的学习反馈。而通过 LMS，教师可以利用各种在线工具和功能，为每个学生提供即时、个性化的学习反馈。例如，教师可以通过在线测验和作业，及时评估学生的学习成绩和理解程度，并提供针对性的建议和指导；学生也可以通过在线讨论和问答平台，与教师和同学交流学习经验和问题，获得更多的学习支持和帮助。通过及时、个性化的学习反馈，学生可以更好地了解自己的学习情况和问题，及时调整学习策略和方法，提高学习效果。

LMS 还可以促进个性化学习互动。在传统的课堂教学中，学生往往被动地作为知识的接收者，缺乏主动参与和互动的机会。而通过 LMS，教师可以为学生提供各种在线互动工具和平台，促进学生之间的互动和合作。例如，教师可以通过在线讨论和协作平台，组织学生进行小组讨论和项目合作，培养学生的团队合作能力和创新思维能力；学生也可以通过在线问答和反馈平台，向教师提出问题和建议，积极参与课堂互动和讨论。通过促进学生之间的互动和合作，LMS 可以帮助学生更好地理解和应用知识，培养学生的合作精神和创造力。

利用技术进行个性化教学是教育领域的一项重要趋势。学习管理系统（LMS）作为一种广泛应用的技术工具，可以为个性化教学提供支持和平台。通过学生数据分析、个性化学习资源、个性化学习进度、个性化学习反馈和个性化学习互动等方式，LMS 可以帮助教师更好地满足每个学生的学习需求，提高学生的学习效果和满意度。因此，教育机构和教育者应积极采用 LMS 等技术工具，推动个性化教学的发展和实践，促进教育的全面发展和进步。

四、多样化教学方法

多样化教学方法是教育领域中的一种重要理念，它强调了在教学过程中采用多种不同的方法和策略，以满足不同学生的学习风格和需求。传统上，教育系统往往采用单一的教学方法，而多样化教学方法的出现使得教育更具包容性和个性化，有助于提高教学效果和学生的学习动机。

多样化教学方法中的一种重要策略是分层教学。分层教学是指根据学生的学习水平和能力，将他们分成不同的小组或班级，并为每个小组或班级设计相应的教学内容和活动。这种方法的优势在于能够更好地满足学生个性化的学习需求，使每个学生都能够在适合自己水平的教学环境中学习，并且能够促进同学之间的合作和互助。在实际教学中，老师可以通过诊断性评估来确定学生的学习水平，然后根据评估结果进行分组，并为每个分组设计相应的教学计划和活动，以确保每个学生都能够得到有效的学习。

另一种多样化教学方法是个性化学习。个性化学习是指根据学生的兴趣、能力和学习风格，为他们量身定制的教学计划和活动。这种方法的优势在于能够激发学生的学习兴趣和动机，使他们更加主动地参与到学习过程中，并且能够更好地发挥他们的潜力。在实际教学中，老师可以通过与学生的沟通和交流来了解他们的兴趣和学习需求，并根据这些信息设计相应的教学内容和活动，以提高教学的针对性和有效性。

除了分层教学和个性化学习外，合作学习也是一种常见的多样化教学方法。合作学习是指通过小组合作的方式来进行学习，学生在小组中共同探讨问题、交流想法，并共同完成任务和项目。这种方法的优势在于能够培养学生的团队合作能力和沟通能力，使他们学会倾听和尊重他人的意见，并且能够促进知识的共享和交流。在实际教学中，老师可以设计各种合作学习活动，如小组讨论、小组项目等，以帮助学生培养合作精神和团队意识，并促进他们的学习和发展。

探究式学习也是一种常见的多样化教学方法。探究式学习是指通过提出问题、开展实验和观察、进行讨论和总结等方式，让学生主动参与到知识的探索和发现中，从而促进他们的思维能力和创造力的发展。这种方法的优势在于能够激发学生的学习兴趣和求知欲，使他们更加积极地参与到学习过程中，并且能够培养他们的解决问题的能力和创新意识。在实际教学中，老师可以通过设计各种探究性的学习任务和活动，如实验、项目研究等，以帮助学生发展科学思维和独立思考能力，并促进他们的全面发展。

除了上述几种常见的多样化教学方法外，还有许多其他的方法和策略，如游戏化学习、项目式学习、问题解决式学习等，这些方法各具特色，可以根据具体的教学目标和学生的需求来灵活运用。总的来说，多样化教学方法的出现为教育带来了新的发展机遇，有助于提高教学的灵活性和个性化，促进学生的全面发展，是教育改革和创新的重要方向之一。因此，在教育实践中，我们应该不断探索和尝试各种多样化教学方法，以提高教学质量和效果，为学生的成长和发展创造更好的条件和环境。

五、持续评估与调整

在教育领域中，持续评估与调整是一项至关重要的实践，它涵盖了对学生学习进步的不断监测和评估，并在必要时对学习资源和方法进行调整，以确保最佳的学习成果。这一过程旨在实现教育的核心目标之一：促进学生的全面发展和持续进步。

持续评估使教育者能够了解学生的学习进步情况，并及时发现任何潜在的困难或挑战。通过这种持续的监测，教育者可以及时采取行动，为学生提供额外的支持或调整教学策略，以确保他们能够充分理解所学内容并取得成功。此外，持续评估还有助于教育者更好地了解自己的教学效果，从而为未来的教学实践提供宝贵的反馈和改进机会。

除了了解为什么持续评估和调整是重要的外，我们还需要了解如何实现这一目标。有效的评估工具和方法是至关重要的。这些工具和方法应该能够全面评估学生的学习成果，并提供有意义的数据，以便教育者能够做出准确的判断和决策。例如，标准化测试、作业和项目评估等都是常见的评估方法，但教育者还可以利用更具创新性的工具和方法，如学生自评、同伴评估或使用技术支持的评估工具。

持续评估还需要与教学过程紧密结合。教育者应该在教学过程中不断收集和分析学生的学习数据，并根据这些数据调整教学方法和资源。例如，如果教育者发现大多数学生在某个特定的概念上有困难，他们可以选择不同的教学策略来解释这个概念，或者提供额外的练习和支持。通过将评估与教学结合，教育者可以更好地满足学生的学习需求，并促进他们的持续进步。

除了评估学生的学习进步外，持续评估还应该包括对教学方法和资源的评估。教育者应该定期审查和评估他们使用的教学方法和资源，以确保它们仍然有效，并根据需要进行调整或更新。这可能涉及采用新的教学技术或资源，或者调整教学策略以更好地适应学生的学习风格和需求。通过不断评估和调整教学方法和资源，教育者可以提高教学的效果，并更好地满足学生的学习需求。

持续评估与调整也需要建立一个支持学生发展的积极环境。这意味着教育者应该鼓励学生接受评估，并将其视为一个机会，而不是一个威胁。教育者还应该向学生解释评估的目的和意义，并提供适当的支持和指导，以帮助他们克服任何学习障碍。此外，教育者还应该与学生建立积极的沟通和合作关系，以共同制订和实施调整学习计划，以确保学生的持续进步和成功。

持续评估与调整是教育中的重要实践，它有助于教育者了解学生的学习进步，并在必要时调整教学方法和资源，以促进学生的全面发展和持续进步。要实现这一目标，教育者需要使用有效的评估工具和方法，将评估与教学过程紧密结合，并定期审查和调整教学方法和资源。此外，建立一个支持学生发展的积极环境也是至关重要的。通过采取这些措施，教育者可以更好地满足学生的学习需求，并为他们的成功铺平道路。

第六章　教师专业发展与核心素养

　　本章综合探讨了教师在职业生涯中的多方面发展。本章首先聚焦于教师的专业知识和技能，强调这些是教育实践的基石。紧接着，探讨了教学观念的更新，指出教师需要不断适应时代的变化和新的教育理念。第三节涵盖了核心素养教育培训，强调对教师全面能力的提升和对学生核心素养培养的重要性。接下来，转向专业成长和自我反思的重要性，这是教师持续进步和自我提升的关键。第五节讨论了教师团队的协作与资源共享，这不仅有助于个体教师的发展，也促进了教育资源的有效利用。最后，本章探索了教育技术在当代教育中的应用与探索，展示了技术如何支持和丰富教育实践。本章深入阐述了教师在知识、技能、观念更新、个人与团队发展，以及技术运用方面的专业发展路径，旨在构建一种全面发展的教师形象。

第一节　教师专业知识与技能

一、基础知识掌握

教师作为教育工作者，在教学实践中需要掌握一系列基础知识，这些知识包括基本的教育理论、学科知识等。这些知识不仅是提升教师教学水平的基础，也是保证教育教学质量的关键。

教师需要掌握基本的教育理论。教育理论是教育学的基础，是指导教育实践的理论依据。教育理论主要包括教育哲学、教育心理学、教育社会学等方面的知识。教师需要理解教育的本质、目的、方法和规律，掌握不同的教育思想和教育理论，以便能够正确地指导自己的教学实践。比如，教育心理学可以帮助教师了解学生的心理特点和发展规律，指导教师进行个性化教学；教育社会学可以帮助教师了解教育与社会的关系，指导教师进行社会实践教育等。教师如果缺乏基本的教育理论知识，就很难做好教学工作，可能会盲目跟风、缺乏教学的针对性和灵活性，影响教育教学质量。

教师需要掌握学科知识。学科知识是指教师所教授的学科内容及相关知识。教师需要对自己所教的学科有深入的了解和掌握，包括学科的基本概念、基本理论、最新研究成果等。只有掌握了扎实的学科知识，教师才能够在教学中准确传授知识，解答学生提出的问题，指导学生进行学科实践活动，培养学生的学科素养和创新能力。比如，语文教师需要掌握语言文字的基本规律和运用技巧，数学教师需要掌握数学的基本概念和证明方法，物理教师需要掌握物理学的基本原理和实验技能等。如果教师对所教学科的知识掌握不够，就会导致教学内容的片面性和肤浅性，影响学生的学习效果和兴趣。

基础知识的掌握对于教师来说是至关重要的。基础知识是教师进行教学设计和教学实施的基础。教学设计是教师进行教学活动的前提和基础，而教学设计需要建立在对教育理论和学科知识的深入理解和掌握基础之上。只有教师掌握了基本的教育理论和学科知识，才能够有针对性地设计教学活动，提高教学的针对性和有效性。比如，教师在进行课堂教学设计时，需要根据教育理论和学科知识来确定教学目标、教学内容、教学方法、教学评价等方面的内容，以确保教学的科学性和有效性。

基础知识是教师进行教学评价和教育研究的基础。教学评价是对教学过程和教学效果进行评估和反馈的过程，而教学评价需要建立在对教育理论和学科知识的深入理解和掌握基础之上。只有教师掌握了基本的教育理论和学科知识，才能够有针对性地进行教学评价，及时发现和解决教学中存在的问题，不断改进和提高教学质量。同时，基础知识也是教师进行教育研究的基础，教育研究需要建立在对教育理论和学科知识的深入理解和掌握基础之上，只有教师掌握了基本的教育理论和学科知识，才能够进行有深度、有广度的教育研究，为教育教学改革和发展提供理论支持和实践经验。

基础知识是教师进行职业发展和专业成长的基础。教师是从事教育教学工作的专业人士，教师需要不断提升自己的教育教学水平，不断完善自己的教育教学理论体系，提高自己的教育教学能力。而基础知识是教师进行职业发展和专业成长的基础。

二、教学方法与技巧

在教学方法与技巧方面，教师的角色不仅仅是传授知识，更是引导学生思考、激发学习兴趣、促进个性发展的重要推动者。有效的教学策略、课堂管理技巧以及激发学生兴趣的方法是教学工作中不可或缺的组成部分。在教学过程中，教师需要根据学科特点、学生需求以及教学环境的变化，灵活运用各种方法和技巧，以达到更好的教学效果。

有效的教学策略是提高教学效果的重要保障。教师应该根据学科内容和学生的认知水平选择合适的教学策略，以便更好地促进学生的学习。例如，在教授理论知识时，可以采用讲授、演示、讨论等方法；在培养学生实践能力时，可以采用案例分析、实验教学、项目实践等方法。此外，多媒体教学、个性化教学、合作学习等教学策略也可以有效地激发学生的学习兴趣，提高他们的学习积极性。

良好的课堂管理技巧是确保教学秩序井然、学生专注学习的关键。教师应该建立良好的师生关系，保持教学内容的连贯性和完整性，合理安排教学时间，及时调整教学节奏，确保每一堂课都能够达到预期的教学目标。在课堂管理中，教师还应该注重激励机制的建立，及时给予学生积极的反馈和奖励，帮助他们树立自信心，提高学习动力，促进学习成果的取得。

激发学生兴趣是提高教学效果的重要途径之一。教师可以通过多样化的教学内容和形式，增加教学的趣味性和吸引力，引导学生主动参与到学习过程中。例如，可以通过生动的故事、丰富的图表、趣味性的游戏等方式来解释抽象的概念，激发学生的好奇心和探索欲。此外，教师还可以根据学生的兴趣爱好和特长，设计个性化的学习任务和项目，让每个学生都能找到适合自己的学习方式，充分发挥自己的潜能。

教学方法与技巧的有效运用对于提高教学效果、促进学生全面发展至关重要。教师应该不断学习和探索，不断改进教学方法和技巧，以适应不同学科、不同年龄段和不同特点的学生，为他们提供更加丰富多彩、富有启发性的学习体验。只有这样，才能真正实现教育的使命，为学生的未来奠定坚实的基础。

三、评估与反馈

评估与反馈在教育中扮演着至关重要的角色，它们是教学过程中的关键环节，直接影响着学生的学习效果和教学质量。

评估方法的选择至关重要。评估方法应该根据教学目标、学生特点和课程内容的实际情况来选择。一般来说，评估方法可以分为定性评估和定量评估两种。定性评估注重对学生的理解、思维能力、创造力等综合素质的评价，可以采用开放性问题、案例分析、讨论等方式进行。而定量评估则注重对学生知识、技能等方面的量化评价，可以采用考试、作业、测验等形式进行。在选择评估方法时，教师应该根据教学目标和学生的实际情况综合考虑，灵活运用各种评估方法，以确保评估的全面性和客观性。

评估的目的应该明确。评估不仅是对学生学习成绩的检查，更重要的是帮助学生发现自己的不足和提高空间，促进其全面发展。因此，评估应该以促进学生学习和发展为目的，注重发现学生的潜力和特长，为其提供个性化的学习支持和指导。评估的目的还包括检验教学效果、改进教学方法、调整教学策略等，为教学过程的持续改进提供依据。

评估应该是多样化的。不同学科、不同年级的教学内容和教学目标不同，因此评估方法也应该因材施教，灵活多样。除了传统的笔试、口试之外，还可以采用项目评估、实践评估、作品评估等形式进行，以满足学生多样化的学习需求和发展需求。多样化的评估方法可以更好地发现学生的潜能和特长，促进其全面发展。

与评估相辅相成的是反馈。有效的反馈可以及时指导学生，帮助其发现错误，改正偏差，提高学习效果。反馈应该是及时的、具体的和建设性的。及时的反馈可以帮助学生及时发现问题、及时改正，避免错误积累，提高学习效果。具体的反馈可以帮助学生清楚地了解自己的不足和提高空间，有针对性地进行学习调整和提高。建设性的反馈可以帮助学生树立正确的学习态度和学习方法，激发其学习兴趣和学习动力，促进其全面发展。

反馈应该是个性化的。不同学生的学习特点和学习需求不同，因此反馈也应该因材施教，个性化指导。教师可以根据学生的实际情况和学习需求，采用不同的反馈方式和手段，为其提供个性化的学习支持和指导。个性化的反馈可以更好地发挥学生的潜能和特长，促进其全面发展。

反馈应该是持续的。学习是一个持续的过程，需要不断地反思和调整。因此，反馈不应该只是一次性的，而应该是持续性的、循环性的。教师可以通过定期的学习检查、作业评价、课堂反馈等方式，持续地为学生提供反馈，及时指导学生，促进其全面发展。

评估与反馈是教学过程中的重要环节，对学生的学习效果和教学质量起着至关重要的作用。教师应该选择科学有效的评估方法，明确评估的目的，灵活多样地进行评估，及时具体地为学生提供建设性的反馈，个性化地指导学生，持续地促进其全面发展。只有这样，才能真正实现教育的目标，促进学生的全面发展。

四、持续学习与更新

持续学习与更新是教师职业发展中至关重要的一环。随着时代的发展和社会的变化，教育领域的知识和技能也在不断更新和演变。因此，教师需要通过各种方式不断地进行研修、阅读等活动，以保持专业知识的更新。这不仅有助于提高教师的教学水平和专业素养，也能够更好地适应教育领域的变化和挑战。

首先，研修是教师进行持续学习和更新的重要方式之一。研修可以包括参加专业培训课程、学术研讨会、教育会议等活动。这些活动通常由专业机构、学校、教育局等组织或举办，涵盖了各个层面和领域的教育内容。通过参加研修活动，教师可以接触到最新的教学理念、教育技术、课程设计等方面的知识，了解到前沿的教育思想和实践经验，从而不断地丰富和更新自己的专业知识。

其次，阅读是教师进行持续学习和更新的另一种重要途径。教师可以通过阅读各种教育类书籍、期刊、论文等来获取新知识、新观点和新思想。这些阅读材料可以来自教育学、心理学、教学法等相关领域，也可以是教育实践中的案例分析、经验总结等。通过阅读，教师不仅可以了解到学术界和教育界的最新研究成果和理论探讨，还可以从实践中汲取经验，借鉴他人的成功经验和教训，为自己的教学实践提供参考和指导。

除了研修和阅读，教师还可以通过参与教育研究项目、进行教学实践探索等方式来保持专业知识的更新。教育研究项目可以是学校或教育机构组织的科研课题，也可以是个人或团队发起的教学改革实践项目。通过参与这些项目，教师可以深入研究教育问题，探索教学方法和策略，积累教育实践经验，提高自己的教学水平和专业素养。同时，教师还可以利用教学实践探索的机会，不断地尝试新的教学方法和教学工具，不断地调整和改进自己的教学实践，以适应学生的需求和教育的发展。

此外，教师还可以通过参与专业社群、交流学习等方式来进行持续学习和更新。专业社群可以是由教育从业者组成的线上或线下的交流平台，可以是学科教研组、教育研究团队、教师交流协作平台等。通过参与专业社群，教师可以与同行进行交流和分享，分享教学经验、教学资源、教学方法等，从中获取启发和反馈，促进自己的成长和发展。同时，教师还可以通过参与学术会议、学术讲座等活动，与专家学者面对面交流，了解最新的研究成果和学术动态，拓展自己的学术视野，激发自己的学术兴趣。

教师通过研修、阅读等方式进行持续学习和更新是非常必要的。随着教育领域的不断发展和变化，教师需要不断地更新自己的专业知识和教学技能，以适应新的教育需求和挑战。通过参加研修活动、阅读教育类书籍和期刊、参与教育研究项目、参与专业社群等途径，教师可以不断地拓展自己的知识视野，提高自己的教学水平和专业素养，为学生的发展和教育事业的发展做出更大的贡献。因此，教师应该重视持续学习和更新，不断地提升自己的教育能力和专业水平，以更好地服务于教育事业和学生的成长。

五、多元文化与包容性

多元文化与包容性是当代教育领域中的重要议题，特别是在多元文化社会中，学校与教育机构必须积极应对不同文化背景的学生。这不仅是一项教育责任，更是一项社会责任，因为它涉及培养学生的全面发展、促进社会和谐与共融。在多元化的学习环境中，如何有效地应对不同文化背景的学生，涉及诸多方面，包括教学方法、课程设计、教育政策等等。

要实现多元文化和包容性教育，需要建立一个尊重、欢迎和包容不同文化的教育环境。这需要教育机构从领导层到教职员工都意识到文化多样性的重要性，以及促进包容性的必要性。学校可以通过组织跨文化交流活动、庆祝各种文化节日、举办文化展览等方式来促进学生之间的交流与了解，以及增进对不同文化的尊重和理解。

教育机构需要制定相关政策和措施，确保不同文化背景的学生在学校中得到平等的机会和待遇。这包括提供文化敏感性培训给教师和工作人员，以便他们能够更好地理解和尊重学生的文化背景，并采取相应的教学策略和支持措施。此外，学校还应该提供多元文化教育课程，让学生了解不同文化的历史、价值观和传统，从而培养他们的跨文化意识和包容性。

　　教学方法也是应对多元文化学生的重要方面。教师需要灵活运用不同的教学方法和策略，以满足不同文化背景学生的学习需求。例如，可以采用小组讨论、合作学习、角色扮演等互动性强的教学方法，以促进学生之间的交流与合作；同时，教师还应该尊重学生的文化差异，避免采用过于西方化的教学内容和范例，而应该结合学生的文化背景设计教学内容和案例，使之更具有针对性和可操作性。

　　课程设计也是关键的一环。学校需要设计具有多元文化特色的课程，以反映学生的多样性和文化背景。这包括在各个学科中融入跨文化内容和案例，让学生从不同文化的角度去理解和分析问题。同时，课程设计还应该考虑到学生的语言和社会文化背景，采用多种教材和资源，以满足不同学生的学习需求。

　　教育机构还应该积极与家长和社区合作，共同关注和支持不同文化背景学生的学习和发展。学校可以组织家长会议、文化活动等，加强家校沟通和合作，使家长更多地参与到学生的教育中来，共同促进学生的成长和成功。同时，学校还可以与社区资源合作，为学生提供更多的支持和帮助，帮助他们更好地适应学校和社会环境。

　　教育机构还应该注重评估和反馈，及时调整和改进多元文化和包容性教育的措施和效果。这需要建立有效的评估机制，定期对教育政策、教学方法、课程设计等方面进行评估和反馈，以发现问题和不足，并及时采取措施加以改进。同时，还需要听取学生、家长和社区的意见和建议，建立起教育机构与社会各界的良好互动机制，共同推动多元文化和包容性教育的不断发展和完善。

　　应对不同文化背景的学生需要教育机构从多个方面入手，建立一个尊重、欢迎和包容不同文化的教育环境，制定相关政策和措施保障学生的平等权利，灵活运用教学方法和课程设计满足学生的学习需求，积极与家长和社区合作共同关注和支持学生的发展，建立有效的评估机制不断改进和完善教育措施。只有这样，才能实现多元文化与包容性教育的目标，促进学生的全面发展，推动社会的和谐与共融。

第二节　教学观念的更新

一、以学生为中心的教学

以学生为中心的教学理念是一种教育理念，它将学生视为学习的核心和主体，强调教学应该围绕学生的需求、兴趣和能力展开，以提高学生的学习效果和满足其个性化的学习需求。这一理念的提出是对传统以教师为中心的教学模式的挑战和革新，其核心在于从教学的角度转向学习的角度，将学生的需求置于教学的核心地位，通过调整教学方式、内容和评价方式等方面，更好地满足学生的学习需求，激发学生的学习兴趣，提高学习的效果。

关注学生的需求和特点。以学生为中心的教学强调因材施教，注重了解每个学生的学习需求、兴趣、学习风格和能力水平，针对不同的学生制定个性化的教学方案，以促进学生的全面发展。

倡导合作学习和交互式教学。以学生为中心的教学强调学生之间的互动与合作，教师不再是单方面的知识传授者，而是学习的引导者和组织者，通过小组讨论、合作项目等形式，激发学生的合作意识和团队精神，促进彼此之间的交流与合作。

强调个性化学习。以学生为中心的教学尊重每个学生的个性化差异，鼓励学生发挥自己的优势和特长，提供多样化的学习资源和活动，满足学生的个性化学习需求，让每个学生都能够在学习中找到自己的兴趣点和发展空间。

注重反馈和评价。以学生为中心的教学强调及时有效的反馈和评价机制，通过定期的评价和反馈，帮助学生了解自己的学习情况和进步，发现学习中存在的问题并及时进行调整和改进，激励学生保持学习的积极性和动力。

提倡自主学习和探究式学习。以学生为中心的教学倡导学生的自主学习和探究式学习，鼓励学生主动探索、思考和解决问题，培养学生的批判性思维和创新能力，使他们成为具有自主学习能力的学习者。

注重情感教育和人文关怀。以学生为中心的教学不仅关注学生的认知发展，更注重情感态度和价值观的培养，关注学生的身心健康和全面发展，注重培养学生的社会责任感和人文素养，通过教育实践促进学生的全面发展和自我实现。

学生为中心的教学理念强调了以学生为中心的教育理念，倡导因材施教、合作学习、个性化学习、反馈评价、自主探究和情感关怀等教学实践方式，旨在提高学生的学习效果、激发学生的学习兴趣、促进学生的全面发展，是教育改革和创新的重要方向。

二、创新教学方法

在当今信息爆炸的时代，传统的教学方法已经难以满足学生的需求，因此创新的教学方法变得尤为重要。

　　翻转课堂的核心思想是颠倒传统教学的顺序,将课堂上的讲授内容转移到课外完成,而把课堂时间用于讨论、解答疑惑和实践。学生在课堂之外通过观看视频、阅读材料等方式获得基本知识,然后在课堂上进行深入讨论和应用。这种教学方法能够激发学生的学习兴趣,增强他们的参与度和自主学习能力。此外,翻转课堂也能够更好地满足不同学生的学习需求,因为学生可以根据自己的学习进度和方式来消化课堂内容。然而,翻转课堂也面临一些挑战,比如需要教师具备制作教学视频等技能,以及需要学生具备自主学习的能力。因此,在应用翻转课堂时,教师需要精心设计课程,提供足够的支持和指导,确保每个学生都能够有效地参与其中。

　　另一个创新的教学方法是项目式学习。项目式学习是一种以项目为驱动的学习方式,学生通过参与真实的项目来学习知识和技能。在项目式学习中,学生通常会被分成小组,每个小组负责一个项目,他们需要在一定的时间内完成项目并展示成果。项目可以是与课程内容相关的实践性任务,也可以是与社会问题相关的实际项目。项目式学习能够激发学生的学习动机和兴趣,培养他们的团队合作能力和解决问题的能力。此外,项目式学习也能够帮助学生将理论知识应用到实际问题中,加深对知识的理解和记忆。然而,项目式学习也存在一些挑战,比如项目的设计和管理需要大量的时间和精力,以及如何确保每个学生都能够积极参与到项目中。因此,教师在应用项目式学习时需要充分考虑学生的学习水平和能力,合理安排项目的任务和时间,提供必要的指导和支持。

　　除了翻转课堂和项目式学习之外,还有许多其他创新的教学方法,比如游戏化学习、合作学习、问题解决学习等。游戏化学习是一种通过游戏化元素来促进学生学习的教学方法,比如设置任务、奖励机制、竞赛等,以增加学生的参与度和积极性。合作学习是一种通过小组合作来完成任务和解决问题的教学方法,能够促进学生之间的互动和交流,培养他们的团队合作能力和沟通能力。问题解决学习是一种通过解决实际问题来学习知识和技能的教学方法,能够激发学生的求知欲和探索精神,培养他们的创新能力和解决问题的能力。

　　创新的教学方法能够有效地提高教学效果,激发学生的学习兴趣和动机,培养他们的自主学习能力和解决问题的能力。然而,教师在应用创新的教学方法时需要注意合理设计课程,提供必要的支持和指导,确保每个学生都能够有效地参与其中。同时,学校和教育部门也需要给予足够的支持和资源,促进创新教学方法的广泛应用和推广,推动教育的不断发展和进步。

三、终身学习的重要性

终身学习是一种不断追求知识、技能和经验的过程，这种学习方式超越了传统的学校教育，涵盖了个人职业生涯的各个阶段。在今天不断变化的社会和职场环境中，终身学习已经成为教师们必须拥抱的一项重要实践。教师是社会中的知识传授者和引导者，他们的终身学习不仅对个人职业发展至关重要，而且对教学质量和学生发展产生深远的影响。

教师的终身学习是保持专业竞争力的关键。随着科技和社会的不断发展，知识和技能的更新换代速度越来越快。仅仅依靠过去获得的知识和经验，很难应对当前和未来的挑战。因此，教师需要不断学习新的教学方法、教学技巧、课程内容和教育技术，以保持自己的专业素养和教学水平。只有终身学习，教师才能跟上时代的步伐，不被淘汰，保持在激烈的教育竞争中立于不败之地。

教师的终身学习可以提升教学质量。教学是一项复杂的工作，需要教师具备丰富的知识和技能，能够有效地传授知识，激发学生的学习兴趣，引导他们全面发展。通过终身学习，教师可以不断完善自己的教学方法和策略，及时吸收教育领域的最新研究成果和教学理论，将其运用到实际教学中，从而提高教学效果和学生学习成果。例如，了解到新的教学技术可以帮助教师更好地与学生互动，个性化教学可以更好地满足不同学生的需求，因此，教师通过终身学习可以不断改进自己的教学方法，提升教学质量。

教师的终身学习也能够激发学生的学习动力和兴趣。教师是学生的榜样和引导者，他们的学习态度和行为会对学生产生深远的影响。如果教师本身就具有积极向上的终身学习态度，不断追求知识和进步，那么学生自然也会受到鼓舞，更加积极地投入到学习中。教师通过自身的终身学习实践，向学生传递了一种追求知识、勇于探索的精神，激发了他们对学习的兴趣和热情，促进了他们的全面发展。

教师的终身学习还可以促进教师之间的合作与共享。在终身学习的过程中，教师不仅要不断学习，还要与其他教师进行交流和分享，共同探讨教学中的问题，分享教学经验，相互学习、借鉴。这种合作与共享的氛围有助于教师之间建立良好的师徒关系和团队合作精神，共同进步，共同提高教学质量，形成良性的教育生态。

教师的终身学习也是一种自我实现和成长的过程。教师通过终身学习，不仅可以提升自己的教学技能，还可以丰富自己的知识结构，拓展自己的视野，提高自己的综合素质，实现个人价值和自我成长。终身学习使教师不断超越自我，不断追求卓越，不断实现自己的教育理想和职业目标，从而获得更大的满足感和成就感。

教师的终身学习对于提升教学质量、激发学生学习兴趣、促进教师合作与共享、实现个人价值和职业发展等方面都具有重要意义。因此，教师应该树立终身学习的意识，积极参与各种学习机会，不断提升自己的专业素养和教学水平，为教育事业的发展做出更大的贡献。

四、技术与教学结合

技术与教学的结合是当今教育领域的一个重要议题。随着科技的迅猛发展，教育方式和教学方法也在不断更新与改进。传统的教学方法在很大程度上已经不能满足当今学生的需求和学习方式，而现代技术的运用则为教学带来了更多可能性。因此，探索现代技术如何与传统教学方法结合，以提高教学效果，已经成为教育改革的重要方向之一。

现代技术为教学提供了更加丰富和多样化的教学资源。在传统教学中，教师通常依赖于教科书、教案等有限的资源进行教学，而现代技术的出现使得教学资源得到了极大丰富。通过互联网，教师可以轻松获取到各种各样的教学资源，如视频、图片、演示文稿等，这些资源可以帮助教师更加形象地向学生展示知识，激发学生的学习兴趣，提高学习效果。同时，现代技术还为学生提供了更多自主学习的机会，他们可以通过网络搜索、在线课程等途径获取所需的知识，从而更好地适应个性化学习的需求。

现代技术为教学提供了更加灵活和多样化的教学方式。传统教学方式往往以教师为中心，学生被动接受知识，而现代技术则可以使教学变得更加灵活和多样化。例如，利用视频会议技术，教师可以与全球各地的专家进行远程交流，邀请他们进行线上讲座或答疑，为学生提供更加丰富的学习资源。同时，通过网络教学平台，教师可以开设在线课程，学生可以根据自己的时间和兴趣选择合适的课程进行学习，实现学习内容的个性化定制。此外，利用虚拟现实、增强现实等技术，教师还可以设计各种交互式教学活动，使学生身临其境，更加深入地理解知识。

现代技术为教学提供了更加全面和及时的评估手段。在传统教学中，教师通常通过考试、作业等方式对学生进行评估，但这些评估方式往往只能反映学生的表面知识掌握情况，难以全面了解学生的学习情况。而现代技术的运用可以使评估更加全面和及时。例如，利用在线测验系统，教师可以随时随地对学生进行测试，及时了解学生的学习情况，及时调整教学策略。同时，通过数据分析技术，教师可以分析学生的学习数据，发现学生的学习问题，及时进行干预，帮助学生提高学习效果。此外，利用人工智能技术，教师还可以设计智能化的评估系统，根据学生的学习情况自动调整评估方式，为学生提供个性化的评估服务。

现代技术为教学提供了更加开放和共享的教学平台。在传统教学中，教学资源往往是封闭的，只有少数教师可以访问和利用，而现代技术的出现使得教学资源变得更加开放和共享。通过网络教学平台，教师可以将自己的教学资源上传到网络上，与全球各地的教师和学生分享，实现教学资源的共享和互通。同时，通过在线社区和论坛，教师可以与同行进行交流和合作，共同探讨教学方法和教学资源，促进教学的不断创新和发展。此外，利用社交媒体等平台，教师还可以与学生进行互动，建立良好的师生关系，提高教学效果。

现代技术与传统教学方法的结合可以极大地提高教学效果。通过丰富多样的教学资源、灵活多样的教学方式、全面及时的评估手段以及开放共享的教学平台，现代技术为教学带来了更多的可能性，为教育改革提供了新的思路和方法。因此，教育部门、学校和教师应积极探索现代技术与传统教学方法的结合，不断创新教学模式，提高教学质量，促进学生全面发展。

五、应对教育挑战

当前教育面临着各种挑战，其中包括网络化学习、学生多样性等。这些挑战不仅是单一的问题，而且相互交织，相互影响，对教育体系的发展和改进提出了重大的要求和挑战。在面对这些挑战时，教育者和政策制定者需要以开放的心态和创新的思维来应对，以确保教育的质量和公平性。

网络化学习是当前教育领域面临的重要挑战之一。随着信息技术的迅猛发展，网络化学习已成为一种趋势。传统的教育模式受到了互联网和智能设备的冲击，学生们可以通过在线课程、教育 App 等方式获取知识。这种学习方式的普及使得教育跨越时空的限制，使得学习更加灵活和便捷。然而，网络化学习也带来了一系列新的挑战。首先，如何确保网络化学习的质量成了一个重要问题。网络上的信息质量参差不齐，如何辨别真假信息，如何筛选优质课程，成了教育者们需要面对的问题。此外，网络化学习也加剧了数字鸿沟的问题，一些贫困地区的学生可能无法享受到网络化学习的便利，导致教育不公平的问题进一步加剧。因此，应对网络化学习所带来的挑战，需要教育者们加强网络素养教育，培养学生的信息识别能力，同时也需要政府加大对数字基础设施建设的投入，缩小数字鸿沟，确保每个学生都能够享受到网络化学习的机会。

学生多样性也是当前教育领域面临的挑战之一。随着社会的发展和进步，学生的背景、文化、认知方式等方面呈现出多样性和复杂性。这种多样性不仅体现在学生的家庭背景、经济条件上，还体现在学生的学习方式、兴趣爱好、价值观念等方面。面对如此多样化的学生群体，传统的"一刀切"式的教育模式显然已经不再适用。教育者需要根据学生的特点和需求，采取多样化的教学方法和手段，促进每个学生的全面发展。例如，针对不同类型的学生，可以采用个性化教学的方式，根据学生的兴趣爱好和学习特点，量身定制教学计划。同时，教育者还需要关注学生的心理健康问题，积极开展心理健康教育，提升学生的心理素质，帮助他们健康成长。

除了网络化学习和学生多样性外，教育还面临着诸如教育资源分配不均、教育公平问题、教育评价体系不合理等一系列挑战。首先，教育资源的分配不均使得教育公平面临严峻挑战。在一些发达地区，教育资源丰富，教育质量较高，而在一些贫困地区，教育资源匮乏，教育质量较低，导致了教育的二元化现象。为了实现教育公平，需要政府加大对教育资源的投入，促进教育资源的均衡配置，确保每个学生都能够获得优质的教育资源。其次，教育评价体系不合理也是一个亟待解决的问题。传统的教育评价主要依靠考试成绩来评价学生的学习情况，这种单一的评价方式容易忽略学生的综合能力和创新能力，导致了应试教育的盛行。因此，教育评价体系需要向多元化、综合化方向发展，充分考虑学生的个性发展和全面素质，促进学生全面发展。

当前教育面临着诸多挑战，如网络化学习、学生多样性、教育资源分配不均、教育公平问题、教育评价体系不合理等。这些挑战不仅是单一的问题，而且相互交织，相互影响。面对这些挑战，教育者和政策制定者需要以开放的心态和创新的思维来应对，以确保教育的质量和公平性。教育改革需要全社会的共同参与，需要政府、学校、家庭等各方的合力推动，共同努力为学生提供更好的教育环境和更广阔的发展空间。

第三节　核心素养教育培训

一、核心素养的定义与意义

核心素养是指个体在知识、技能、态度和价值观等多方面的综合素养，它超越了简单的知识技能层面，是一个人综合发展的重要指标。核心素养的内涵十分广泛，包括但

核心素养下初中语文教学方法探究

不限于批判性思维、创新能力、沟通能力、团队合作精神、跨文化意识、道德品质、情感智慧等。在当代教育中，核心素养的培养已经成为教育改革的重要方向，因为它能够培养学生更全面地发展，更好地适应未来社会的需求。

核心素养是适应信息社会的必备素养。在信息技术飞速发展的时代，信息获取变得更加便捷，但是如何从海量的信息中筛选出有用的、可靠的信息，需要具备批判性思维和判断能力。这种能力是核心素养的重要组成部分，只有拥有了这种能力，个体才能在信息社会中游刃有余地获取、分析和利用信息。

核心素养培养了个体的创新能力。创新已经成为当今社会发展的动力之一，而创新能力不仅仅指技术创新，还包括思维方式、解决问题的方法等方面。培养学生的创新能力是教育的重要任务之一，而核心素养的培养正是在这方面发挥了重要作用。通过跨学科的学习和实践，学生能够培养跨界思维，从而更好地进行创新实践。

核心素养也重视个体的情感智慧。情感智慧是指个体对自己情感的认知和情绪调控能力，也包括对他人情感的理解和同情能力。在当今社会，情感智慧在个人成长、人际交往以及职场发展中都具有重要作用。通过情感教育和情感智慧的培养，学生能够更好地理解自己和他人的情感需求，从而更好地与人沟通、合作，建立健康的人际关系。

核心素养也包括了社会责任感和道德品质。在一个复杂多变的社会中，个体的行为举止不仅仅关系到自身利益，还关系到整个社会的和谐稳定。培养学生的社会责任感和道德品质，有助于他们形成正确的人生观和价值观，成为社会的有益成员。而这种社会责任感和道德品质正是核心素养的体现之一。

核心素养不仅仅关乎个体的个人发展，更关乎整个社会的发展。在当代教育中，培养学生的核心素养已经成为一项重要任务。只有通过全面的教育改革和创新，才能够更好地培养学生的核心素养，使他们成为未来社会的栋梁之材。

二、培养学生的核心素养

培养学生的核心素养是教育的重要任务之一，它涉及学生全面发展的方方面面，包括认知、情感、社交、道德等各个方面。在日常教学中，教师可以通过一系列方法和策略来培养学生的核心素养，以下是一些可行的方法和策略：

建立积极的学习氛围。教师可以通过创设良好的教室环境、鼓励学生发言、奖励积极表现等方式来营造积极的学习氛围。学生在积极的学习氛围中更容易展现出核心素养，比如好奇心、求知欲和自我激励能力等。

　　注重学生的自主学习能力。在日常教学中，教师可以通过启发式教学、探究式学习等方式来培养学生的自主学习能力。例如，教师可以提供一些开放性的问题，引导学生主动探索、思考解决问题的方法，从而培养他们的批判性思维和问题解决能力。

　　注重学生的合作与交流能力。合作与交流是现代社会中必备的能力之一，教师可以通过小组讨论、团队合作项目等方式来培养学生的合作与交流能力。在小组讨论中，学生可以相互交流、分享思想和观点，从而促进彼此之间的理解和合作，培养他们的社交能力和团队精神。

　　注重学生的创新能力。创新是推动社会进步和发展的重要力量，教师可以通过开展创新性的教学活动，激发学生的创新潜能。例如，教师可以鼓励学生提出新的观点、解决问题的方法，引导他们进行实践性的探索和尝试，从而培养他们的创新能力和创造力。

　　注重学生的情感与品德修养。情感与品德修养是核心素养中至关重要的一部分，教师可以通过情感教育和品德教育来培养学生的情感与品德修养。例如，教师可以通过讲故事、树立榜样等方式来引导学生树立正确的人生观和价值观，培养他们的责任心、爱心和公德心。

　　注重跨学科的综合能力培养。在现代社会中，学科之间的界限越来越模糊，跨学科的综合能力成了求职市场上的竞争优势之一。因此，教师可以通过跨学科的教学活动来培养学生的综合能力。例如，教师可以组织跨学科的课题研究、项目实践等活动，让学生在实践中学会综合运用各种知识和技能，培养他们的综合能力和创新思维。

　　培养学生的核心素养是教育的根本任务之一，教师在日常教学中可以通过营造积极的学习氛围、注重学生的自主学习能力、合作与交流能力、创新能力、情感与品德修养以及跨学科的综合能力培养等方式来实现这一目标。这些方法和策略不仅可以提高学生的学习成绩，更重要的是可以培养他们全面发展的核心素养，为其未来的发展打下坚实的基础。

　　三、跨学科学习

　　跨学科学习是指在不同学科之间建立联系和整合知识，以解决复杂问题或深化对某一主题的理解的学习方法。它将不同学科的知识、方法和思维模式结合起来，为学生提供更广阔的视野和更丰富的学习体验。在教育实践中，跨学科学习已经被广泛认为是提高学生核心素养的有效途径之一。

　　跨学科学习可以促进系统性思维和问题解决能力的培养。在传统学科分隔的教育模式下，学生往往只是被动地接受零散的知识，并在各自的学科框架内进行思考和分析。然而，现实世界的问题往往是复杂而多样化的，需要综合运用多学科知识进行分析和解决。通过跨学科学习，学生可以学会将不同学科的知识进行整合，并运用系统性的思维方式来解决问题，这对于他们培养批判性思维、创新能力和解决问题的能力具有重要意义。

跨学科学习有助于培养学生的综合性知识和技能。在传统学科分隔的教育模式下，学生往往只能在某一学科领域深耕，而对其他学科的知识了解较少。然而，现实世界的工作和生活往往需要学生具备多学科的综合知识和技能。通过跨学科学习，学生可以接触到不同学科的知识，并学会将它们进行整合和应用。这不仅有助于学生建立更加全面的知识体系，还可以培养他们的综合运用知识的能力，为他们未来的发展打下坚实的基础。

跨学科学习还可以促进学生的跨文化交流和全球视野的培养。在不同学科的学习过程中，学生往往会接触到不同文化背景下的知识和观念。通过与来自不同文化背景的同学合作，学生可以了解和尊重不同文化之间的差异，培养跨文化交流和合作的能力。同时，通过学习全球性的问题，如气候变化、经济全球化等，学生可以拓宽自己的视野，了解世界各地的发展状况和挑战，从而培养全球视野和国际意识。

跨学科学习还可以促进学生的创造性思维和创新能力的培养。在跨学科学习的过程中，学生往往需要将不同学科的知识进行整合，并运用创造性思维来解决问题。这种跨学科的整合和创新过程可以激发学生的创造性思维，培养他们的创新能力和创业精神。同时，跨学科学习还可以为学生提供更广阔的思维空间和更丰富的学习体验，从而激发他们的求知欲和学习动力。

跨学科学习还可以促进学生的终身学习能力的培养。在不断变化和发展的社会环境中，学生需要具备终身学习的能力，不断适应新的知识和技能的需求。通过跨学科学习，学生可以培养自主学习和自我发展的能力，习得学习新知识和技能的方法和技巧，为他们未来的终身学习打下坚实的基础。

跨学科学习可以有效地强化学生的核心素养。它不仅可以促进学生系统性思维和问题解决能力的培养，还可以培养学生的综合性知识和技能，促进跨文化交流和全球视野的培养，激发学生的创造性思维和创新能力，以及培养学生的终身学习能力。因此，跨学科学习应该成为教育领域重要的发展方向之一，为学生的综合发展和未来的发展提供更加有力的支持。

四、评估学生核心素养

评估学生核心素养是教育中至关重要的一环，因为它涉及学生的综合发展和能力提升。核心素养是指学生在学习过程中所获得的、与学科知识相关的基本能力和品质，它包括但不限于批判性思维、创造力、沟通能力、团队合作、解决问题能力等方面。有效的评估方法是确保学生真正掌握了这些核心素养的关键。

项目式学习是评估学生核心素养的一种有效方式。项目式学习是一种基于实际问题或情境的学习方法，它要求学生运用所学的知识和技能来解决现实生活中的问题。在项目式学习中，学生通常需要进行调查研究、设计方案、实施方案并最终呈现成果。通过这样的学习过程，学生不仅能够掌握学科知识，还能培养批判性思维、创造力、团队合作等核心素养。评估学生在项目式学习中的表现可以通过观察学生的实际行为、分析学生的项目成果以及组织学生展示等方式进行，从而全面地评价学生的核心素养水平。

任务型评估也是评估学生核心素养的一种有效方式。任务型评估是指通过给学生提供具体任务来评估他们的综合能力和素养水平。这些任务通常设计为真实的情境和问题，要求学生根据自己的能力和知识来解决。例如，设计一个社区服务项目、撰写一篇关于环境问题的调研报告等。通过任务型评估，教师可以了解学生的解决问题能力、沟通能力、团队合作能力等核心素养水平，并针对性地进行指导和提升。

反思性评估是评估学生核心素养的另一种有效方式。反思性评估是指通过让学生反思自己的学习过程和成长经历来评估他们的核心素养。在教学过程中，教师可以设计一些反思性的任务和活动，要求学生对自己的学习进行深入思考和分析。例如，要求学生撰写学习日志、进行学习心得分享等。通过这些反思性的活动，学生可以更加清晰地认识到自己的学习成果和不足之处，从而更好地提升自己的核心素养。

多样化的评价方法也是评估学生核心素养的关键。传统的笔试和口试虽然可以评估学生的知识掌握情况，但往往无法全面评价学生的核心素养。因此，教师需要结合多种评价方法来全面地评估学生的核心素养。例如，可以采用观察评价、作品评价、讨论评价等方式来评估学生的批判性思维、创造力、团队合作等核心素养。这样可以更加客观地了解学生的真实水平，为他们的全面发展提供更有效的指导和支持。

要充分考虑学生的个性差异和学习需求，在评估学生核心素养时要注重个性化评价。不同的学生具有不同的学习特点和发展需求，因此在评价学生核心素养时不能一刀切，而是要因材施教，针对性地进行评价和指导。教师可以根据学生的兴趣爱好、学习风格、学习能力等方面的特点，设计个性化的评价方法和评价标准，以更好地促进学生的全面发展。

评估学生核心素养是教育中的重要任务，有效的评估方法可以帮助教师全面了解学生的发展情况，为他们的全面发展提供有效的指导和支持。项目式学习、任务型评估、反思性评估、多样化的评价方法以及个性化评价等都是评估学生核心素养的有效方式，它们可以帮助学生全面发展各方面的能力和素质，为他们的未来发展奠定良好的基础。

五、教师培训与发展

教师培训与发展在现代教育体系中扮演着至关重要的角色。教师的素养和能力直接影响着教育质量和学生的发展。因此，对教师进行核心素养培训成了教育改革和发展的重要任务之一。

教师是教育事业的中坚力量，他们的能力和素养直接决定了教育质量的高低。然而，随着社会的发展和知识的更新，教育领域也在不断变革，要求教师具备更新的知识、技能和方法。因此，对教师进行培训和发展，不仅有助于提高他们的专业水平，还可以增强他们的教育责任感和使命感，从而更好地为学生的发展服务。

关于核心素养培训的重要性。核心素养是指教师在教学过程中所需具备的基本能力和素质，包括但不限于教学设计能力、课堂管理能力、学生关怀能力、教学评价能力等。这些核心素养是教师能否胜任教学工作的基础，也是评价教师专业水平的重要标准。因此，对教师进行核心素养培训是非常必要的，可以帮助教师建立起扎实的教学基础，提高教学质量和效果。

如何进行核心素养培训呢？首先，可以通过专业的师资团队和教育机构提供培训课程和讲座，包括理论知识、案例分析和实践操作等内容。其次，可以组织教师参加教学观摩和交流活动，让他们互相学习借鉴，共同提高。同时，也可以利用现代科技手段，开发在线教育平台和资源，方便教师随时随地进行学习和交流。最后，可以建立完善的评估和反馈机制，及时了解教师培训的效果和问题，从而不断优化培训方案和内容。

然而，教师培训与发展也面临着一些挑战和困难。首先，是培训资源的不足和分配不均衡。在一些地区和学校，由于经济条件和教育投入的差异，可能导致教师培训资源不足，无法满足教师的需求。其次，是教师培训的持续性和延续性问题。由于教育改革和发展的不断推进，教师培训需要与时俱进，不断更新内容和方法，但是这需要大量的时间和精力，也需要政府和学校的长期支持和投入。再者，是教师培训的效果评估和监督机制不健全。培训的最终目的是提高教师的教学水平和学生的学习成果，但是如何评估培训的效果并进行监督管理，仍然是一个亟待解决的问题。

针对上述挑战和困难，我们可以采取一些措施和解决方案。首先，政府和相关部门应加大对教师培训的投入和支持，保障培训资源的充足和均衡分配。其次，建立健全的教师培训管理和评估机制，确保培训内容和方法的科学性和有效性。同时，可以加强对教师培训师资队伍的建设和培养，提高他们的专业水平和教学能力。另外，可以加强学校和教育机构之间的合作和交流，共享教育资源和经验，提高教师培训的效率和效果。

教师培训与发展是教育事业中不可或缺的一部分，对于提高教育质量、促进学生发展具有重要意义。在今后的工作中，我们应更加重视教师培训的重要性，不断探索有效的培训方法和机制，为教师的成长和发展提供更好的支持和保障。只有如此，才能真正实现教育的公平与发展。

第四节　专业成长与自我反思

一、自我评估与目标设定

自我评估与目标设定对于指导教师的个人和专业发展至关重要。通过反思自身的实践经验、专业技能和教学方法，指导教师可以不断提升自己的教学水平，更好地满足学生的需求并实现个人职业目标。

指导教师可以对自己的教学实践进行全面的自我评估。这包括评估自己在课堂上的表现、教学方法的有效性、学生的学习情况以及与同事、家长和学生的沟通等方面。指导教师可以通过观察自己的课堂表现、收集学生的反馈意见、参加同行评课和教学研讨会等方式，来了解自己的优势和不足之处。

指导教师可以审视自己的专业技能和知识水平。这包括评估自己在学科知识、教育理论和教学技能方面的掌握程度。指导教师可以通过参加专业培训课程、阅读最新的教育研究和学术文献、参与教研活动等方式，来不断提升自己的专业能力。

指导教师还可以考虑自己的个人素质和教育理念。这包括评估自己的沟通能力、团队合作精神、领导能力以及对教育事业的热情和执着程度。指导教师可以通过参加心理健康培训、领导力发展课程、参与社会活动等方式，来提升自己的个人素质和教育理念。

在进行自我评估的基础上，指导教师可以设定个人发展目标。这些目标应该具体、可量化并与教育实践和学生需求相匹配。例如，一个指导教师可以设定提高学生学习成绩的目标，提升自己的教学技能和方法；或者设定提升自己在专业领域的知名度和影响力的目标，参与更多的教育研究和学术交流活动。

为了实现个人发展目标，指导教师可以制订具体的行动计划并定期跟踪和评估自己的进展。这包括确定实现目标的具体步骤和时间表，制订相应的学习和培训计划，积极参与教育实践和专业交流活动，并及时调整和修正自己的行动计划。

指导教师还可以寻求他人的帮助和支持，共同实现个人发展目标。他们可以与同事、领导、专家和学生进行积极的交流和合作，分享经验和资源，相互学习和提供反馈，共同推动教育事业的发展。

自我评估与目标设定是指导教师个人和专业发展的重要基础。通过不断反思自己的实践经验、专业技能和教育理念，制定具体可行的发展目标，并采取有效的行动措施，指导教师可以不断提升自己的教学水平和专业能力，更好地满足学生的需求，实现个人职业发展目标。

二、专业发展机会

教师的专业发展是教育领域中至关重要的一环，它不仅有助于教师个人的成长与提升，还直接影响到教学质量和学生的学习效果。在当今日益多元化和不断变化的教育环境中，教师需要不断地更新自己的知识、技能和教学方法，以适应新的教育需求和挑战。

教师可以通过学习进修来提升自己的专业素养。这包括参加培训课程、研讨会、研修班等形式的专业培训。这些培训课程可以涵盖各个学科领域的最新研究成果、教学方法和教学资源，帮助教师更新自己的知识，提高教学水平。同时，教师还可以通过参加学术会议、研究项目等方式，深入研究自己感兴趣的领域，拓展自己的学术视野，促进教育教学的创新和发展。

教师可以利用互联网和数字化技术来获取专业发展资源。现在，互联网上有大量的教育资源和教学工具可供教师使用，包括在线课程、教学视频、教学博客等。教师可以通过这些资源学习最新的教学理念和教学方法，了解全球教育领域的最新动态，与其他教育工作者交流经验和分享教学资源。此外，教师还可以利用数字化技术开展在线教学和远程培训，提高自己的教学效率和灵活性。

教师可以参与学校和社区的专业发展活动。许多学校和教育机构都会定期举办专业发展活动，如教研活动、教学观摩、教学交流会等。教师可以通过参与这些活动，与同行交流经验、分享教学方法，共同探讨教育教学中的难题和挑战，促进教师之间的合作与共享。此外，教师还可以利用学校和社区资源，开展教学实践和教学研究，提升自己的教学能力和教学水平。

教师还可以参与专业协会和组织，获取更广泛的专业发展资源和机会。许多教育专业协会和组织都会组织各种形式的专业活动和培训课程，为教师提供最新的教育理论和实践经验，促进教师之间的交流与合作。通过参与这些组织，教师不仅可以了解教育领域的最新发展动态，还可以结识更多的教育专家和同行，拓展自己的人脉资源，为自己的专业发展打下良好的基础。

教师的专业发展是一个持续不断的过程，需要教师不断地学习、探索和实践。教师可以通过各种形式的专业培训、互联网资源、学校和社区活动、专业组织等渠道获取专业发展资源和机会，不断提升自己的教学能力和教学水平，为学生的学习和成长做出更大的贡献。因此，教师应该积极参与各种形式的专业发展活动，不断完善自己，不断提高自己的专业素养，为教育事业的发展贡献自己的力量。

三、同行交流与合作

同行交流与合作在专业领域中扮演着至关重要的角色，对于个人和行业的发展都具有深远的影响。这种交流与合作不仅仅是为了获取知识和技能，更是为了促进思想碰撞、创新和解决问题。在各个领域，无论是学术研究、医疗保健、科技创新还是其他行业，同行间的交流和合作都是推动行业进步的重要因素。

同行交流和合作为个人专业发展提供了宝贵的机会。在一个人的专业生涯中，常常需要面对各种挑战和问题，而与同行交流合作可以帮助个人获得新的思路和解决方案。通过与其他专业人士分享经验和知识，个人可以更快速地积累经验，提高解决问题的能力。此外，同行间的合作还可以促进个人的学习和成长，使个人在团队中更好地发挥自己的优势，从而取得更好的成果。

同行交流和合作对于行业的发展也具有重要意义。在一个行业中，各个领域的专业人士通常拥有不同的专业知识和技能，而他们之间的交流和合作可以促进知识的跨领域传播和交流。这种跨领域的交流和合作可以促进创新和技术进步，推动整个行业向前发展。例如，在科技领域，不同领域的专家可以共同合作，解决复杂的科学难题，推动科技创新的发展。在医疗保健领域，不同专业的医生、护士和研究人员可以共同合作，提高医疗服务的质量和效率，改善人们的生活质量。

同行交流和合作还可以促进行业的合作与竞争。在一个行业中，不同企业之间往往存在竞争关系，但同时也存在合作的机会。通过与同行进行交流和合作，企业可以了解到行业内最新的发展动态和趋势，从而更好地调整自己的战略和发展方向。同时，同行间的合作也可以促进资源的共享和互惠互利，提高整个行业的效益和竞争力。

同行交流和合作还可以促进行业标准的制定和推广。在一个行业中，制定统一的行业标准对于推动行业的规范化和发展至关重要。通过与同行进行交流和合作，可以更好地了解行业内各个环节的情况和需求，从而制定出更加科学合理的行业标准。同时，通过同行间的合作，可以更好地推广和实施这些行业标准，提高行业的整体水平和质量。

同行交流和合作对于个人和行业的发展都具有重要意义。通过与同行进行交流和合作，个人可以获得宝贵的经验和知识，提高解决问题的能力，促进个人的专业发展；同时，同行间的交流和合作也可以促进行业的创新和进步，推动整个行业向前发展。因此，我们应该重视同行交流和合作，积极参与到同行交流和合作中去，共同促进个人和行业的发展。

四、反思实践

反思实践是一种重要的教学方法和专业发展工具，通过反思实践，教师可以不断地审视自己的教学行为、课程设计和教学效果，从而提升教学质量和专业技能。

教学工作是一项复杂的任务，教师需要不断地适应学生的需求、更新教学方法，并且面对各种挑战。在这个过程中，反思实践可以帮助教师深入思考自己的教学方式、教学目标是否达成以及学生的学习效果。通过反思，教师可以发现自己的优势和不足，及时调整教学策略，提高教学效果。此外，反思实践还可以促进教师与同行之间的交流和合作，共同探讨教学中的问题和解决方案，进一步提升教学质量。

那么，如何实施反思实践呢？首先，教师可以在每节课结束后进行简单的反思。他们可以回顾当天的教学过程，思考自己在课堂上的表现、学生的反应以及教学效果。其次，教师还可以定期进行系统性的反思，例如每个学期末或每个教学周期结束时。在这个过程中，教师可以结合学生的评价和自己的观察，对整个教学周期进行综合性的评估，找出问题并提出改进方案。此外，教师还可以利用现代技术工具，例如教学录像和教学日志，来记录自己的教学过程和反思思考，以便更好地总结经验和改进教学。

除了以上提到的方法，教师还可以与同行进行合作，共同开展反思实践。他们可以组织教学研讨会、参加教学观摩活动，或者加入专业教学团队，共同探讨教学中的问题和挑战，并寻找解决方案。通过与他人的交流和合作，教师可以获得更多的启发和建议，进一步提升自己的教学质量和专业技能。

教师可以通过反思实践发现自己的教学不足和问题，并及时采取措施加以改进。例如，如果教师发现自己在课堂管理方面存在问题，可以尝试新的管理方法或者参加相关的培训课程。其次，教师可以通过反思实践不断地提高自己的教学技能。他们可以尝试新的教学方法和教学工具，积极参与教学改革和创新，不断提高自己的教学水平。教师还可以通过反思实践发现自己的教学风格和特点，并加以发展和完善。例如，如果教师发现自己擅长讲解和启发学生思考，但在激发学生学习兴趣方面有所不足，可以尝试新的教学方法和教学活动，提高自己的教学效果。

反思实践对于提升教学质量和专业技能具有重要的意义。通过反思实践，教师可以深入思考自己的教学行为和教学效果，及时发现问题并加以改进。同时，教师还可以与同行进行合作，共同探讨教学中的问题和解决方案，进一步提升教学质量。因此，我们应该重视反思实践，将其作为提升教学质量和专业技能的重要途径，不断地加以实施和完善。

五、持续学习的重要性

持续学习对于教师职业生涯的重要性是不言而喻的。教师不仅仅是知识的传递者，更是引导学生成长的关键人物。因此，持续学习对于教师来说是至关重要的，它不仅可以增强教师的专业素养，提升教学质量，还可以保持教师的活力和创新能力。

随着社会的发展和科技的进步，知识在不断更新，教学方法也在不断变革。如果教师停止学习，就会跟不上时代的步伐，造成知识与实践脱节，甚至失去对学生的吸引力和说服力。因此，持续学习可以帮助教师及时了解最新的教学理论、方法和技术，使其教学更具针对性和有效性。

持续学习可以提升教师的专业素养。教师作为教育的实施者，需要具备丰富的知识和专业技能。通过不断学习，教师可以加深对教学内容的理解，提高自己的学科水平和教学能力，进而更好地指导学生学习，培养学生的综合素质。

持续学习可以拓宽教师的视野和思维，增强其创新能力。教育是一个复杂而多样化的领域，需要教师具备开放的心态和灵活的思维方式。通过学习不同领域的知识和经验，教师可以拓展自己的思维边界，吸收新的思想和观点，从而更好地应对教学中的各种挑战，提出创新的教学方法和策略。

持续学习可以增强教师的自信心和职业满意度。教师是一个需要不断面对挑战和压力的职业，只有不断学习和提升自己，才能更好地应对各种挑战，保持自信心和职业热情。同时，持续学习也可以为教师提供更多的职业发展机会，让其在教育事业中不断取得成就和进步，从而提高职业满意度和幸福感。

持续学习可以促进教师之间的交流与合作。教育是一个团队工作，教师之间需要相互支持和合作，共同提高教学质量。通过持续学习，教师可以与同行分享自己的学习成果和教学经验，相互借鉴、交流，共同探讨教育教学中的问题和挑战，从而形成良好的教育氛围和合作机制。

持续学习可以帮助教师不断提升个人素质和修养。教师不仅仅是知识的传递者，更是学生的榜样和引导者。通过持续学习，教师可以提升自己的人文素养和道德修养，不断完善自己的教育理念和职业道德，为学生树立良好的榜样，培养学生的健康人格和正确的价值观。

持续学习对于教师职业生涯来说具有重要的意义。只有不断学习和提升自己，教师才能更好地适应时代的变化，提高自己的专业素养和教学能力，增强自信心和职业满意度，更好地为学生的成长和发展贡献自己的力量。因此，教师应该始终把学习作为一种习惯和责任，不断追求进步和完善，为教育事业的发展做出更大的贡献。

第五节　教师团队协作与资源共享

一、团队合作的重要性

团队合作在教育领域中具有极其重要的意义。教育不仅仅是传授知识，更是培养学生的综合能力，包括沟通能力、团队合作能力以及解决问题的能力。团队合作能够有效地促进学生之间的互动和交流，提高学生的学习效率和学习成果，培养学生的团队精神和协作能力，有助于学生在未来的学习和工作中更好地适应社会环境。

团队合作有助于提高学生的沟通能力。在团队合作中，学生需要与团队成员进行有效的沟通，包括表达自己的观点、倾听他人的意见、协商决策等。通过与他人交流，学生能够学会尊重他人的观点，学会倾听他人的意见，提高自己的沟通能力，使自己的观点更加清晰明确，从而更好地表达自己的想法。

团队合作有助于培养学生的团队精神和协作能力。在团队合作中，学生需要与团队成员密切合作，共同完成任务。在这个过程中，学生需要学会互相信任、互相支持，学会分工合作、协调配合，学会共同面对挑战、共同解决问题。通过与他人合作，学生能够培养团队精神，增强集体荣誉感，提高团队凝聚力，从而更好地适应未来的工作和生活。

团队合作有助于提高学生的解决问题能力。在团队合作中，学生需要面对各种各样的问题和挑战，需要与团队成员共同思考、共同分析、共同解决问题。在这个过程中，学生需要学会主动思考、积极探索，学会分析问题、找出解决问题的方法，学会与团队成员合作、共同努力。通过与他人共同解决问题，学生能够培养解决问题的能力，提高自己的创新意识和创新能力，为将来的学习和工作打下良好的基础。

团队合作还有助于促进学生的自我发展和个性成长。在团队合作中，学生不仅仅是个体，更是一个团队的一部分，需要在团队中发挥自己的特长和优势，同时也需要尊重他人的特长和优势。在这个过程中，学生能够学会自我认知、自我管理，学会与他人合作、共同进步，学会发现自己的潜能、拓展自己的能力。通过与他人共同成长，学生能够更好地认识自己、了解自己，找到自己的定位、发展自己的个性，为将来的成长和发展奠定坚实的基础。

团队合作在教育领域中具有重要的意义。通过团队合作，学生能够提高沟通能力、培养团队精神、提高解决问题能力、促进自我发展，从而更好地适应社会环境，为将来的学习和工作打下良好的基础。因此，教育者应该重视团队合作，积极推动团队合作教育，为学生提供更多的团队合作机会，帮助他们在团队合作中不断成长、不断进步。

二、有效沟通策略

在教师团队中建立有效的沟通和理解是确保教育工作高效运转、促进学生成长的关键。有效沟通不仅仅是传递信息，更是建立互信、协作和共同目标的过程。

建立良好的沟通基础至关重要。这包括建立开放、诚实和尊重的沟通氛围。教师们应该感到可以自由地表达自己的想法和观点，而不必担心被批评或被忽视。为了达到这一点，领导者可以通过组织定期的团队会议、倾听和尊重每个成员的声音、提供反馈和支持来示范良好的沟通实践。

促进沟通的透明度和及时性。教师团队中的成员需要了解他们的工作和决策是如何影响整个团队以及学生的。因此，领导者应该及时地分享重要信息，如教学计划、课程安排、学生表现等。同时，鼓励成员之间开展及时的沟通，以便快速解决问题和调整计划。

建立有效的沟通渠道和工具。在现代科技的支持下，教师团队可以利用各种工具来促进沟通，如电子邮件、即时通信应用程序、在线协作平台等。领导者可以根据团队的需求选择最适合的工具，并确保所有成员都熟悉并能够有效地使用它们。

重视团队合作和共同目标。教师团队应该意识到他们是一个整体，共同努力实现学校的使命和目标。因此，建立共同的价值观和目标是至关重要的。通过定期的团队会议和讨论，成员们可以共同制订目标，并确定实现这些目标的具体行动计划。

建立有效的反馈机制也是促进团队沟通和理解的关键。教师们应该感到可以自由地给予和接受反馈，以便改进他们的教学实践和团队合作。领导者可以鼓励成员之间进行同行评议，定期组织教学观摩和反思会议，以及提供个性化的支持和指导。

持续的专业发展和学习也是建立有效沟通和理解的重要组成部分。教师团队应该积极参与各种专业发展活动，如研讨会、工作坊、培训课程等，以不断提升他们的教学技能和专业知识。通过与同行交流和分享经验，教师们可以不断学习和成长，并将这些经验应用于实际教学中。

建立有效的沟通和理解对于教师团队的成功至关重要。通过建立良好的沟通基础、促进透明度和及时性、选择合适的沟通工具、重视团队合作和共同目标、建立有效的反馈机制以及持续的专业发展和学习，教师团队可以更好地协作，提高教育质量，为学生的成长和发展做出积极的贡献。

三、资源共享与管理

资源共享与管理在教育领域中是一项至关重要的任务，它不仅可以提高教师的工作效率，还可以促进教育资源的充分利用，提升教学质量。在当今信息化时代，教育资源的共享和管理已经成为一种趋势，但在实践中仍然存在许多挑战和障碍。因此，探索如何在教师之间共享教学资源并有效管理这些资源，是当前教育改革和发展的重要课题。

教师之间的资源共享可以促进教学经验和教学方法的交流。每位教师都有自己的教学特点和经验，通过共享资源，可以让更多的教师受益于其他教师的经验和方法，从而提高自己的教学水平。例如，一位教师在教学中使用了一种新的教学工具或教学策略，通过资源共享，其他教师可以了解到这种新方法，并尝试在自己的教学实践中应用，从而促进教学方法的创新和提升。

资源共享可以丰富教学内容和教学资源。教师们可以共享各种教学资料、课件、教案等资源，这些资源可以帮助其他教师更好地准备课堂教学。特别是对于一些新任教师或经验不足的教师来说，通过借鉴和利用其他教师的教学资源，可以更快地适应教学工作，提高教学效率。此外，资源共享还可以让教师们更好地利用网络平台和数字技术，获取更多的教学资源，提高教学的多样性和丰富度。

资源共享可以促进教师之间的合作与交流。教育教学工作是一项团队工作，教师之间的合作和交流对于提高教学质量至关重要。通过资源共享，教师们可以更好地进行教学经验的交流与分享，相互之间可以互相借鉴、学习和进步。同时，资源共享还可以促进跨学科的合作与交流，让不同学科的教师能够共同探讨教学问题，促进教学内容的融合与创新。

然而，要实现资源共享与管理，并不是一件容易的事情，需要克服许多困难与挑战。其中一个主要的困难是教师们的观念和文化问题。在一些地区或学校，教师们可能存在着对自己教学资源的保密和排他性观念，不愿意与他人分享自己的教学经验和资源。这种文化习惯往往会阻碍资源共享的开展，需要通过教育和培训来改变教师们的观念，促进资源共享的文化氛围的形成。

教师们在资源共享过程中也会面临着版权和隐私保护的问题。教师们创作的教学资源往往涉及版权问题，因此在共享资源时需要注意版权保护，避免侵犯他人的知识产权。同时，教师们也需要保护自己的隐私信息，在共享资源时要注意个人信息的保护，避免泄露个人隐私。因此，需要建立起一套完善的资源共享与管理制度，明确资源共享的范围和条件，保护教师们的合法权益。

教育部门和学校领导也需要给予资源共享与管理更多的支持和关注。他们可以通过建立专门的资源共享平台或者组织资源共享的培训和交流活动，推动教师之间的资源共享与合作。同时，还可以制定相应的政策和法规，为资源共享提供法律保障和政策支持，营造良好的资源共享与管理环境。

资源共享与管理对于提高教师的工作效率和教学质量具有重要意义，但要实现资源共享与管理，并不是一件容易的事情，需要克服各种困难和挑战。只有通过共同努力，建立起完善的资源共享与管理制度，才能更好地促进教育教学事业的发展与进步。

四、跨学科协作

跨学科协作是指不同学科之间的合作与交流，旨在创造跨越学科边界的新知识、新方法和新理念。在当今社会，跨学科协作已经成为解决复杂问题、推动创新和促进综合性学习的重要方式之一。

跨学科协作的重要性不可低估。在现实世界中，许多问题并不局限于单一学科，而是需要多个学科的知识和方法相互交叉、融合，才能得到全面的解决。比如，气候变化问题涉及气象学、地球科学、环境科学、社会学等多个学科领域，单一学科的研究往往无法全面理解和解决这一复杂问题。

跨学科协作需要建立开放、包容的学术文化。传统上，学术界往往存在学科门槛、学科保守的问题，不同学科之间缺乏有效的交流和合作。要促进跨学科协作，就需要打破学科壁垒，建立起开放、包容的学术文化，鼓励学者之间的跨学科交流和合作。这需要学术界和学术机构共同努力，加强学科交叉培训、跨学科研讨会和合作项目的组织，为跨学科合作提供更多的机会和平台。

跨学科协作需要建立有效的沟通与合作机制。不同学科之间往往存在着专业术语、理论框架、方法论等方面的差异，这就需要建立起有效的沟通与合作机制，促进不同学科之间的理解和交流。比如，可以建立跨学科团队，由不同学科背景的专家组成，共同研究解决特定问题；可以建立跨学科研讨会和研究中心，为不同学科的学者提供交流和合作的平台；可以建立跨学科的教学项目和课程，引导学生从多个学科角度去理解和解决问题。

跨学科协作需要培养跨学科思维和能力。要促进跨学科协作，就需要培养学者和学生的跨学科思维和能力，即能够跨越学科边界，灵活运用不同学科的知识和方法解决问题的能力。这就需要教育机构和教育者加强跨学科教育和培训，引导学生从跨学科的视角去理解和思考问题，培养他们的综合性思维和创新能力。

跨学科协作需要得到学术界和社会的认可和支持。要促进跨学科协作，就需要学术界和社会各界共同认识到跨学科协作的重要性，并给予其足够的支持和鼓励。这就需要加强跨学科研究的评价和认可机制，不仅要重视学术成果的数量和质量，还要重视学者和团队在跨学科合作方面的贡献和影响，为跨学科协作提供更多的资源和奖励。

跨学科协作是解决复杂问题、推动创新和促进综合性学习的重要方式之一。要促进跨学科协作，就需要建立开放、包容的学术文化，建立有效的沟通与合作机制，培养跨学科思维和能力，并得到学术界和社会的认可和支持。只有这样，才能充分发挥跨学科协作的作用，推动学术发展和社会进步。

五、共同目标与项目

团队协作是现代社会中各行各业中不可或缺的一部分，尤其在教育领域中，共同的教学目标和项目更是需要团队协作来实现的重要组成部分。

共同的教学目标和项目对于教育团队的重要性不言而喻。教育是一项复杂而庞大的工程，涉及诸多方面的知识、技能和能力。如果没有明确的共同目标和项目，教育团队很容易陷入各自为政、各自为战的状态，导致资源的浪费、效率的降低，最终影响教育质量。共同的教学目标和项目可以确保整个团队朝着相同的方向努力，共同为学生的学习成果和教育体验而努力。

团队协作在实现共同的教学目标和项目中起着至关重要的作用。在教育环境中，往往需要多个角色的协同合作，包括教师、管理人员、家长、社区等等。这些角色各有不同的职责和专长，只有通过团队协作，才能充分发挥各自的优势，最大程度地实现共同的教学目标和项目。团队协作可以促进信息的共享和交流，避免重复劳动，提高工作效率。

团队协作还可以促进教育团队成员之间的沟通和合作能力。在团队协作的过程中，成员需要相互协调、相互配合，这就需要他们具备良好的沟通和合作能力。通过团队协作，教育团队成员可以学会倾听、理解他人的观点，尊重他人的意见，从而建立起良好的工作关系，提高团队的凝聚力和战斗力。

团队协作也有助于促进创新和改进。在团队协作的过程中，成员可以分享彼此的经验和见解，从而产生新的想法和解决方案。团队协作可以打破传统的思维模式，激发创新的火花，推动教育事业不断向前发展。通过不断地反思和改进，教育团队可以不断提高工作的质量和效率，更好地实现共同的教学目标和项目。

需要明确共同的教学目标和项目。教育团队成员需要共同商讨，确定学生应该达到的目标和项目，确立统一的教育理念和教育方针。只有明确了共同的目标和项目，才能为团队协作提供清晰的方向和指导。

需要建立有效的沟通机制。沟通是团队协作的基础，只有通过良好的沟通，才能实现信息的共享和交流，促进成员之间的理解和合作。教育团队可以利用各种现代技术手段，如电子邮件、在线会议等，加强成员之间的沟通，及时解决问题，推动工作的顺利进行。

需要明确分工和任务。教育团队是由多个成员组成的，每个成员都有自己的专长和职责。因此，需要根据成员的能力和特长，合理分配任务和工作，确保每个成员都能发挥自己的优势，为团队的目标和项目贡献力量。

需要建立良好的团队文化和团队精神。团队文化是团队成员共同遵循的价值观和行为准则，团队精神是团队成员之间相互信任、相互支持的精神状态。通过建立良好的团队文化和团队精神，可以增强团队的凝聚力和向心力，提高团队协作的效率和效果。

需要不断总结和反思。团队协作是一个不断学习和进步的过程，需要不断总结经验，及时发现问题，加以改进。教育团队可以定期组织团队建设和培训活动，提升团队成员的综合素质和团队协作能力，不断提高团队的整体水平和竞争力。

团队协作在实现共同的教学目标和项目中起着至关重要的作用。只有通过团队协作，教育团队才能充分发挥各自的优势，最大程度地实现共同的教学目标和项目。

第六节　教育技术的应用与探索

一、新兴教育技术

随着科技的不断发展，新兴教育技术如人工智能（AI）和虚拟现实（VR）等已经逐渐融入教学中，为教育带来了全新的可能性和机遇。这些技术不仅可以提高学生的学习效率和兴趣，还可以拓展教育的边界，促进个性化学习和全球化教育的发展。

人工智能技术已经成为教育领域的重要驱动力之一，它能够为学生提供个性化的学习体验，提高教学的效率和质量。其中一个最显著的应用是智能教育系统。这些系统利用机器学习和数据分析等技术，根据学生的学习行为和表现，提供个性化的学习内容和建议。例如，智能教育系统可以根据学生的学习习惯和能力水平，推荐适合他们的教材和练习题，帮助他们更高效地掌握知识。

除了智能教育系统，人工智能还可以应用于教学辅助工具的开发。例如，语音识别技术可以用于开发语音交互式学习工具，帮助学生练习语言听力和口语表达能力。另外，自然语言处理技术可以用于开发智能教学助手，回答学生的问题并提供解决方案。这些工具不仅能够提供实时的帮助和反馈，还可以解放教师的时间，让他们更专注于指导和辅导学生。

除了人工智能，虚拟现实技术也在教育领域展现出了巨大的潜力。虚拟现实是一种模拟现实环境的技术，通过头戴式显示器等设备，使用户可以沉浸在虚拟的三维场景中。

在教学中，虚拟现实可以提供身临其境的学习体验，帮助学生更好地理解抽象和复杂的概念。

一个典型的例子是虚拟实验室。传统的实验教学受到实验设备和场地的限制，而虚拟实验室则可以为学生提供更广阔的实验空间和更丰富的实验内容。学生可以通过虚拟现实设备，模拟进行各种实验操作，并观察实验结果，从而加深对科学原理的理解。虚拟实验室不仅可以降低实验成本，还可以提高实验的安全性和可重复性，是一种非常有效的教学工具。

虚拟现实还可以用于模拟现实场景。例如，医学教育中常常使用虚拟现实技术来模拟手术操作和病例诊断，帮助医学生提前接触和熟悉真实的临床环境。类似地，建筑和工程领域也可以利用虚拟现实技术来模拟建筑设计和施工过程，让学生在虚拟的环境中进行实践和演练。

除了人工智能和虚拟现实，其他新兴教育技术如增强现实（AR）、区块链和大数据等也正在逐渐应用于教学中。增强现实是一种将虚拟信息叠加到现实世界中的技术，它可以为学生提供更丰富的学习资源和互动体验。例如，学生可以通过 AR 应用程序，扫描教科书上的图片，获取相关的视频和动画资料，帮助他们更好地理解课程内容。

区块链技术则可以用于学历和成绩认证，确保学生的学习成果得到公正和可信的认证。通过区块链，学生的学历和成绩记录可以被安全地存储和管理，同时保护个人隐私和数据安全。这种去中心化的认证机制不仅可以简化学历认证流程，还可以防止学历造假和成绩篡改等作弊行为。

大数据技术则可以用于教育数据分析和个性化教学。教育机构可以通过收集和分析学生的学习数据，了解他们的学习行为和需求，从而优化教学设计和教学方法。例如，教师可以根据学生的学习数据，调整课程内容和教学进度，以满足不同学生的学习需求。同时，大数据分析还可以帮助教育决策者了解教育系统的运行情况和改进空间，从而提高教育的质量和效率。

新兴教育技术如人工智能、虚拟现实等已经成为教育领域的重要驱动力，为教育带来了全新的可能性和机遇。这些技术不仅可以提高学生的学习效率和兴趣，还可以拓展教育的边界，促进个性化学习和全球化教育的发展。然而，值得注意的是，教育技术的应用也面临着一些挑战和风险，例如技术成本、隐私保护和信息安全等问题。因此，教育机构和政策制定者需要综合考虑各种因素，合理规划和管理教育技术的应用，以实现教育的持续发展和进步。

二、技术与课程整合

在当今数字化时代，技术与教育的融合已经成为教育领域的重要趋势。通过将技术融入课程设计和教学实践，可以提高教学效率、拓展学习资源、增强学生参与度和创造性，进而实现更有效的教育。然而，要将技术有效地融入课程设计和教学实践中，需要综合考虑教学目标、学生特点、技术工具的选择和使用方法等多方面因素。

教学目标是整合技术的出发点和归宿。在设计课程和教学实践时，教师应清晰明确地确定教学目标，技术的融入应该服务于这些目标。例如，如果教学目标是提高学生的创造力和解决问题能力，那么可以利用在线合作平台、虚拟实验室等技术工具，让学生通过协作、实践来解决问题，从而达到教学目标。

了解学生特点和需求是整合技术的基础。不同年龄段、不同学科、不同文化背景的学生对技术的接受程度和使用习惯有所不同，因此在选择和使用技术工具时，需要考虑学生的特点和需求。比如，在小学阶段的数学教学中，可以利用趣味数学游戏软件和互动教学板来激发学生的学习兴趣和参与度；而在高中阶段的物理教学中，可以利用模拟实验软件和数据分析工具来帮助学生理解抽象概念和加深对知识的理解。

选择合适的技术工具也是整合技术的关键。目前，市面上涌现了大量的教育技术工具，如在线课堂平台、教学管理系统、虚拟实验室、个性化学习平台等。在选择技术工具时，教师需要综合考虑工具的功能、易用性、适用性以及与现有课程内容的契合度等因素。比如，如果教学目标是提高学生的阅读能力，那么可以选择一款拥有丰富阅读资源、智能评估和个性化学习功能的在线阅读平台。

除了选择合适的技术工具，教师还需要掌握技术工具的使用方法。即使是最先进的技术工具，如果教师不懂得如何正确地使用和运用，也无法发挥其应有的作用。因此，教师需要接受相关的技术培训和教学方法培训，提升自己的技术水平和教学能力。同时，教师还需要不断地更新自己的技术知识，关注教育技术的发展动态，及时了解和掌握新的技术工具和教学方法。

整合技术还需要教师与学生之间的有效沟通和合作。教师应该与学生充分沟通，了解他们的学习需求和反馈，根据学生的反馈调整课程设计和教学实践。同时，教师还应该与学生合作，共同利用技术工具进行学习和探究，激发学生的学习兴趣和创造力。比如，可以组织学生参与在线讨论、协作项目、虚拟实验等活动，让他们通过与同学和教师的互动，共同探索和解决问题，从而达到更好的学习效果。

将技术有效地融入课程设计和教学实践中，需要综合考虑教学目标、学生特点、技术工具的选择和使用方法等多方面因素。只有在这些方面都做好了充分的准备和考虑，才能够真正实现技术与课程的有效整合，为学生提供更优质的教育服务。

三、促进学生参与

教育技术在提高学生参与度和学习效果方面具有显著的潜力。通过合理的教育技术应用，可以激发学生的学习兴趣，增强他们的参与感，从而促进他们更积极地参与学习活动并获得更好的学习成效。

教育技术可以通过增强学习的趣味性和互动性来提高学生的参与度。传统的课堂教学往往以老师为中心，学生作为被动接受者，容易导致学生的学习兴趣下降和参与度不高。而教育技术则可以通过多媒体、动画、游戏等形式，将学习内容呈现得更加生动有趣，激发学生的好奇心和求知欲。例如，利用虚拟现实技术可以让学生身临其境地探索历史事件或科学现象，增强他们的学习体验；使用教育游戏可以通过游戏化的方式吸引学生，让他们在轻松愉快的氛围中学习知识。这些趣味性和互动性的学习方式能够让学生更加主动地参与到学习过程中，提高他们的学习积极性和主动性。

教育技术可以通过个性化和自适应学习来提高学生的参与度和学习效果。传统的教学模式往往是一种"一刀切"的方式，无法满足每个学生的个性化需求。而教育技术可以根据学生的学习情况和需求，提供个性化的学习路径和内容。例如，智能学习系统可以根据学生的学习表现和兴趣，动态调整学习内容和难度，使每个学生都能够在适合自己的学习环境中学习，从而提高他们的学习效果。此外，教育技术还可以通过数据分析和反馈机制，及时发现学生的学习困难和问题，并针对性地提供帮助和支持，促进他们更好地参与到学习中来。

教育技术可以通过拓展学习场景和提供更多学习资源来提高学生的参与度和学习效果。传统的教学场景往往局限于教室和课本，无法满足学生多样化的学习需求。而教育技术可以通过互联网和移动设备等平台，将学习延伸到更广阔的空间和时间。例如，网络课程、在线学习平台可以让学生随时随地都能够进行学习，打破了时间和空间的限制；开放式教育资源（OER）可以让学生获得更丰富的学习资源，满足他们多样化的学习需求。这些拓展学习场景和提供更多学习资源的举措可以激发学生的学习兴趣，增强他们的参与感，从而提高他们的学习效果。

教育技术还可以通过提供即时反馈和评估来提高学生的参与度和学习效果。传统的教学评估往往是周期性的、静态的，无法及时了解学生的学习情况和问题。而教育技术可以通过在线测验、作业批改等方式，及时获取学生的学习表现数据，并根据数据进行反馈和评估。例如，智能评估系统可以根据学生的答题情况和学习进度，及时给出个性化的评价和建议，帮助学生发现和解决学习中的问题，提高他们的学习效果。这种即时反馈和评估可以让学生更清楚地了解自己的学习情况和进步，增强他们的学习动力和自信心，从而促进他们更积极地参与到学习活动中来。

教育技术在提高学生参与度和学习效果方面具有重要的作用。通过增强学习的趣味性和互动性、个性化和自适应学习、拓展学习场景和提供更多学习资源、即时反馈和评估等举措，可以激发学生的学习兴趣，增强他们的参与感，从而促进他们更积极地参与学习活动并获得更好的学习成效。因此，教育者应当积极借助教育技术，创新教学方法，提高教学质量，为学生的全面发展和未来的成功奠定良好的基础。

四、教师技术能力提升

在当今数字化时代，教育技术的发展已经成为教育领域中不可忽视的一部分。教育技术的广泛应用不仅可以提高教学效率，还可以增强学生的学习兴趣和提升他们的学习成绩。因此，提升教师在教育技术方面的能力显得尤为重要。教师技术能力的提升涉及多个层面，包括掌握基本的技术操作技能、理解教育技术的原理和应用、能够灵活运用教育技术进行教学设计和实施等。

提升教师技术能力可以提高教学效率和质量。随着教育技术的不断发展，利用多媒体、互联网等技术手段进行教学已经成为一种趋势。通过使用教育技术，教师可以更加生动地展示教学内容，使得学生更容易理解和掌握知识。例如，利用多媒体课件可以将图像、音频、视频等多种形式结合起来，丰富了教学内容，激发了学生的学习兴趣。而且，教育技术还可以为教师提供更多的教学资源和工具，帮助他们更好地设计和组织教学活动，提高了教学效率。

提升教师技术能力可以促进教育教学的创新和改革。教育技术的发展为教学模式的创新提供了新的思路和可能性。传统的教学模式往往以教师为中心，学生是被动接受知识的对象。而利用教育技术，可以实现教学内容的个性化定制和差异化教学，更好地满足学生的学习需求。例如，通过在线教学平台，教师可以为不同水平、不同兴趣的学生提供不同的学习内容和任务，使得每个学生都能够在自己的学习节奏下进行学习，激发了学生的学习动力和主动性。同时，教育技术还可以为教学评价提供更多元化的手段，帮助教师更全面地了解学生的学习情况，及时调整教学策略，实现教育教学的个性化、差异化发展。

提升教师技术能力可以拓展教学资源和渠道，促进教育公平。传统的教学资源受制于时间、空间和人力等因素，往往难以满足不同地区、不同学校和不同学生的教学需求。而利用教育技术，可以打破传统的教学限制，实现教学资源的共享和开放。例如，通过远程教学技术，可以将名师的优质课程传递到全国各地的学校和学生，弥补了地区教育资源的不均衡。同时，教育技术还可以为弱势群体提供更多的学习机会和平台，促进教育公平。通过提供在线教育资源和课程，可以帮助那些由于地理位置、经济条件等原因无法获得优质教育资源的学生进行学习，缩小城乡、区域之间的教育差距，促进教育资源的均衡发展。

提升教师技术能力还可以促进教师专业发展和职业提升。教育技术的发展为教师提供了更多的专业发展机会和平台。通过参加教育技术培训、研修和交流活动，教师可以不断提升自己的技术水平和教学能力，增强自身的竞争力和吸引力。同时，教育技术的应用也为教师提供了更广阔的职业空间和发展路径。例如，一些教育技术公司、在线教育平台等都需要具有一定教育技术能力的专业人才，教师可以通过转岗、兼职等方式进入到这些领域，实现自己的职业转型和提升。

提升教师技术能力对于促进教育教学的创新和改革，拓展教学资源和渠道，促进教育公平，以及促进教师专业发展和职业提升都具有重要意义。教育部门和学校应该重视教师技术能力的培养和提升工作，建立健全相关的培训机制和制度，为教师提供更多的培训资源和机会，帮助他们不断提升自己的技术水平和教学能力，更好地适应数字化时代的教育需求，推动教育事业的发展。

五、未来趋势与挑战

教育技术在当今社会中扮演着日益重要的角色，它不仅为教育带来了前所未有的便利和创新，还为学生和教师提供了更广阔的学习和教学空间。然而，随着科技的不断发展和社会的变迁，教育技术也面临着诸多的挑战和机遇。

随着人工智能和大数据技术的发展，个性化教育将成为未来教育技术的重要趋势。传统教育往往采用一刀切的教学方式，而个性化教育则能够根据每个学生的学习能力、兴趣和学习风格提供定制化的学习方案。通过分析学生的学习数据和行为模式，教育技术可以为每个学生量身定制适合其需求的教学内容和方法，从而提高学习效率和成绩。

然而，实现个性化教育也面临着技术和隐私等方面的挑战，如何平衡个性化教育与学生隐私保护之间的关系将是未来教育技术发展的一个重要课题。

虚拟现实和增强现实技术将为教育带来全新的学习体验。通过 VR 和 AR 技术，学生可以身临其境地参与到虚拟的学习环境中，如探索古代文明、体验科学实验等，从而提高学习的趣味性和参与度。此外，VR 和 AR 技术还可以为教师提供更直观、生动的教学工具，帮助他们更好地向学生解释抽象概念和复杂理论。然而，虚拟现实和增强现实技术的应用也面临着硬件设备成本高昂、内容开发周期长等挑战，如何降低技术成本并提高内容质量将是未来发展的关键。

在线教育将继续蓬勃发展，并逐渐改变传统教育的格局。随着互联网的普及和网络技术的不断进步，越来越多的学生选择通过在线平台获取知识和技能。在线教育具有时间和空间的灵活性，学生可以根据自己的学习节奏和时间安排进行学习，而不受地域限制。同时，在线教育还可以通过大数据分析和智能推荐系统提供个性化的学习建议和资源，进一步提高学习效果。然而，在线教育也存在着教学质量参差不齐、学习氛围不浓厚等问题，如何保障在线教育的教学质量和学习效果将是未来发展的挑战之一。

跨界合作和跨文化交流将成为教育技术发展的重要趋势。随着全球化进程的加速，不同国家和地区之间的教育资源和经验将得到更广泛的共享和交流。教育技术可以通过在线平台和虚拟教室将来自不同文化背景的学生和教师连接起来，促进跨文化交流和理解。同时，跨界合作也能够为教育技术的创新和发展提供更广阔的空间和资源，推动教育技术在全球范围内的应用和普及。然而，跨界合作也面临着语言、文化、法律等方面的障碍，如何有效地解决这些问题将是未来发展的一大挑战。

教育技术的发展还将对教育体制和教育观念产生深刻影响。传统教育往往注重知识传授和考试成绩，而教育技术则更加强调学生的综合素养和创新能力。教育技术可以通过项目式学习、合作式学习等方式培养学生的问题解决能力和团队合作精神，使其具备适应未来社会发展的能力。同时，教育技术还能够为学校和教师提供更多样化的教学资源和教学方法，促进教育观念的更新和转变。然而，教育技术的发展也可能会引发一些社会和道德问题，如如何保障教育资源的公平分配和利用、如何防范网络安全风险等，这些问题需要政府、学校和社会各界共同协作来解决。

参考文献

[1] 徐晓华. 核心素养下初中语文信息化教学探究 [J]. 山海经：教育前沿，2020，000(032)：P. 1-1.

[2] 张玉清. 核心素养下初中语文阅读教学探究 [C]// 中国教育发展战略学会论文集卷二——课程改革. 2018.

[3] 万长虹. 核心素养下初中语文古诗鉴赏教学探究 [J]. 中学生作文指导，2021(16)：P. 1-1.

[4] 李兴建. 核心素养视域下的初中语文教学方法分析 [J]. 2021.

[5] 生伟. 核心素养下初中语文阅读教学探究 [J]. 当代家庭教育，2020(5)：1.

[6] 丁中华. 核心素养下初中历史教学方法探究 [J]. 明日，2018(10)：1.

[7] 黄晓莉. 核心素养背景下初中语文创新教学探究 [J]. 科学咨询：科技·管理，2019.

[8] 林占峰. 探究初中语文核心素养的课堂实践 [J]. 新课程：中学，2019(6)：1.

[9] 方伟红. 基于核心素养下的初中语文教学方法 [J]. 天津教育，2019(29)：2.

[10] 山彩兰. 语文核心素养培养下初中阅读教学方法探究 [J]. 语文课内外，2020.

[11] 倪同林. 核心素养背景下初中语文教学探究 [J]. 新作文（语文教学研究），2019.

[12] 文兵元. 核心素养下初中语文探究性阅读教学初探 [J]. 学周刊，2021(27)：2.

[13] 毛红兰. 核心素养下初中语文分层教学探究 [J]. 科学咨询，2020(39)：242.

[14] 刘晓超.基于核心素养视角下初中语文教学模式探究[J].智力，2020(18)：83-84.

[15] 吕树堂.核心素养下初中语文探究性阅读教学研究[J]. 2020.

[16] 陈崇山.核心素养下的初中语文教学策略探究[J].考试周刊，2020.

[17] 孙林.基于核心素养下的初中语文课堂教学模式探究[J].语文天地，2020(14)：2.

[18] 王巍.核心素养下初中语文阅读教学的探究[J].中学课程辅导：教师教育，2019(16)：1.

[19] 高联盟.核心素养下初中语文分层教学探究[J].科学咨询，2019(32)：1.

[20] 赵红艳.核心素养下初中语文教学中的情感教育的探究[J].语文课内外，2018.

[21] 杨焕林.语文核心素养下初中阅读教学策略探究[J].中国校外教育：中旬，2018(5)：1.

[22] 黄俐华.探究核心素养融入初中语文教学的策略[J].课外语文，2019(18)：2.

[23] 张福林.初中语文教学中核心素养培养的策略探究[J].中国教育学刊，2019(S02)：40-42.

[24] 左薇薇.核心素养下的自主探究活动实施策略[J].中学物理教学参考，2018(3X)：2.

[25] 许大成.教师课程建构力：核心素养引领下的课程创生[J].中学政治教学参考，2016(7)：3.

[26] 彭莹，罗浩波.”核心素养”是语文课改”再出发”的引擎[J].教学与管理：理论版，2017(4)：4.